浙江理工大学学术著作出版资金资助（2021年度）

编委会

浙江理工大学
办学史料汇编

高　山　主编

浙江大学出版社
ZHEJIANG UNIVERSITY PRESS

声　明

　　本书选编的史料，跨越的历史周期较长，最早的资料是 1897 年的；史料的来源比较广泛，有官方的文书、报刊文章，也有私人的回忆文章。因此，书中的纪年、时间、称谓等，或彼此无法统一，或与当前的用法不尽相同；有些观点、做法只是历史的忠实记录或作者当时的看法，不代表编者的观点。为表示对历史的敬畏、对作者的尊重，除个别明显不妥之处稍做修正外，其余基本保持了作品原貌；因部分文章成稿年代较久远，故本书在体例格式上并不追求全书一致，而旨在最大限度地保持全貌。望读者朋友明察。

　　本书选编的史料，主要来自浙江省档案馆、浙江图书馆等机构的馆藏，也有部分来自公开出版的图书、公开发表的论文、校友的回忆文章。在实际工作中，我们已与相关资料提供者建立了良好的关系，并取得了出版授权；但是由于种种困难，还有个别作者我们尚未联系到，无法直接表达感谢和敬意，甚为抱憾。如涉及版权问题，欢迎相关作者、作者亲属与我们联系。

编　者

2022 年 3 月

序

    浙江理工大学是一所办学历史悠久的高等学府，其前身最早可追溯到1897年杭州知府林启先生创办的蚕学馆，距今已有120余年的历史。办学百余年来，学校虽几度易名，数迁校址，但始终不忘初心，潜心育人，先后培养出报业巨子史量才、民族企业家都锦生、丝绸教育家朱新予等诸多爱国志士和业界翘楚。新中国成立以来，尤其是改革开放以来，学校取得了前所未有的辉煌成就，逐步发展成为一所以工科为主、特色鲜明、优势突出、多学科协调发展的省属重点建设大学，先后为国家培养、输送了20余万名各类专业人才，为经济和社会发展做出了积极贡献。可以说，浙江理工大学的办学历史是我国高等教育发展史的一个生动缩影，这既是一部自强不息、开拓进取的奋斗史，也是一部与时代同频、与文明同行的发展史，更是一部与国家和民族同呼吸、共命运的爱国史。

    欲知大道，必先为史。校史文献资料记载着学校各个历史时期的办学状态，反映了学校的发展历程和办学成果，是大学精神和校园文化的重要体现，整理和汇编校史文献是一件功在当代、利在千秋的大事和好事。浙江理工大学办学史料汇编课题组历时一年多，在认真梳理学校已有档案的基础上，通过查阅省、市相关档案馆、图书馆文献资料，考察、调研学校办学旧址，寻访相关校友和校友亲属等多种途径，广泛收集到各类校史文献资料近300件；在对大量办学史料进行整理及分析的基础上，根据学校各历史阶段办学情况等实际，本着真实可信、严谨规范的原则，精挑细选出102篇校史资料，编成《浙江理工大学办学史料汇编》一书。

    《浙江理工大学办学史料汇编》是浙江理工大学办学历史上首部正式出版的校史书籍。该书史料丰富翔实，考据严谨缜密，分为办学公牍、历史沿革、办学概况、学校治理、招生工作、教学概况、实践教学、训育工作、求学生活、校友

1

工作、办学影响、校史人物和附录等 13 篇，生动地展现了学校的办学历程和发展成就，深刻诠释了一代代浙理人的母校情结和家国情怀，既是对学校历史变迁的总回顾，又是对学校办学精神的再凝聚，也吹响了"浙理人"走向未来的集结号。该书的出版可作为学校校史校情教育的有益补充和联络海内外校友与母校情感的桥梁、纽带，可为相关学术研究和教育管理工作提供参考与借鉴。

悠悠岁月，赫赫史册；不忘初心，方得始终。站在全面建设社会主义现代化国家新征程上，浙江理工大学以习近平新时代中国特色社会主义思想为指导，全面贯彻党的教育方针，坚持社会主义办学方向，遵循高等教育规律，秉承百年办学优良传统，弘扬"求是笃实"之校风，牢固树立质量立校、学术兴校、人才强校、特色名校、依法治校的办学理念，深入实施特色化、区域化、国际化的发展战略，以立德树人为根本，以提升质量为核心，以改革创新为动力，以强化治理为关键，大力培养高素质创新、创业、创意"三创"卓越人才，着力建设创新浙理、活力浙理、开放浙理、幸福浙理、清廉浙理，为加快建设特色鲜明研究型高水平大学而努力奋斗，以期为浙江打造"重要窗口"和推进"共同富裕"做出新的更大贡献。

我于 1980 年 9 月考入浙江丝绸工学院（浙江理工大学前身）制丝专业；四年后考入本校丝绸工程专业，师从戚乾隆、吴鹤龄两位教授；1987 年 2 月毕业留校任教至今。40 余年，弹指一挥间。"浙理"深厚的文化底蕴浸润着我的心田，恩师的谆谆教诲指引着我的人生，师友的团结友爱鼓舞我前行，所有的一切都汇聚成我前行的智慧和力量。40 多年来，我始终坚持将自身成长与进步融入学校事业发展当中，亲历了学校一次次跨越式发展，见证了学校翻天覆地的喜人变化，也实现了自己人生的一次次自我超越。我深沉地爱着我的母校——浙江理工大学。

我谨代表全校师生向《浙江理工大学办学史料汇编》一书的出版表示热烈祝贺！向为该书编写和出版过程中给予帮助和支持的校友及相关人士表示衷心的感谢！向为学校事业发展做出贡献和关心支持浙江理工大学的一代一代"浙理人"和社会各界致以最崇高的敬意！

浙江理工大学校长　　陈文兴

中国工程院院士

2022 年 3 月

前　言

　　记得还是在 2017 年，学校迎来办学 120 周年校庆。当时我在学校办公室工作，具体负责校友的联络、接待工作；同时还兼着档案馆的职务，所以也非常注意了解校史研究现状，并初步明确了校史研究的志愿。那时，盘桓在我脑海里的校史相关的课题主要有：120 年的办学历史中，学校共使用过几个名字，校名的精准写法是怎样的？学校的办学地址有几个，可有具体的证据（地图上的标注或平面图等）？学校历史上有哪些分分合合，对学校的发展有什么影响？每个时期，学校的主要领导有哪些，他们的具体事迹是怎样的？反映学校办学情况的史料是否有人整理过，应该到哪里去找呢？

　　带着这些问题，我经常跑到学校档案馆、浙江图书馆，也通过一些文献数据库，查阅了不少公开的资料、论文等。查阅发现，学校部分办学历史在《浙江教育志》《浙江丝绸志》上都有记录；历史上关于校史的系统整理有三次，一是朱新予老校长在 20 世纪 70 年代发表的《蚕学馆——中国第一所蚕丝业学校》，二是学校在办学 90 周年校庆时整理的《浙江丝绸工学院校史》，三是学校在 110 周年校庆时整理的《浙江理工大学志》。这些资料对校史进行了细致的梳理，特别是朱新予老校长，作为学校发展的亲历者、见证者，他的研究既系统深入又真实可信。但是，我也发现这些资料大都是二手的，不少写法还存在矛盾之处。

　　"上穷碧落下黄泉，动手动脚找东西。"采用历史研究的方法，为了充分掌握一手史料，我们主要进行了三项工作。第一，寻找实物档案和文本资料，主要包括学校档案、学校刊物、学校印章、地方志、地图，以及学校使用过的教科书，校友及当时人物的回忆文章，学校的老照片特别是校门的照片，学校办学的其他实物等。到哪里去找这些资料呢？主要依托三种途径：一是档案馆、

1

图书馆等公共机构，二是校友的私人珍藏，三是私人藏家的收藏。第二，访谈学校办学历史的亲历者，包括校友、校友的亲属，等等。第三，实地探访学校的办学旧址。

明确了研究目标和实施路径，在学校的大力支持下，我们开始稳步推进各项工作。2019年，校长陈文兴、校党委副书记周文龙（现任温州理工学院校长）、校党委副书记程刚（现任中国计量大学党委副书记）先后带队赴浙江省档案馆、绍兴市档案馆考察，并分别与两家单位签订全面战略合作协议；2019年5月，学校图书馆、档案馆赴浙江图书馆考察，实地查阅了学校早期的刊物。我们还通过线上、线下渠道，访求办学史料，收获了抗战时期学校使用过的教科书、校徽、纪念册等。我们积极联络校友，开展档案征集和口述校史活动，很多老领导和校友积极向学校捐赠了教科书、获奖证书、老照片等珍贵资料。我们还采访了袁启仁、钱同源、陈纲、王全康、郑修兴等老校友和校友家属，他们深情回忆了自己的求学生活和蚕丝情缘，王全康还为我们手绘了20世纪50—70年代学校校名、校址的变迁图。此外，我们还探访了学校的办学旧址，曲院风荷、崇文书院旧址、浙大玉泉校区、缙云县前路村、黄龙洞、浙江工商大学文二校区、浙江理工大学文一校区等地都留下了我们的足迹。

通过前期的档案征集、史料访求和口述记录等工作，我们积累了相对丰富的办学史料，并开展了初步的校史研究，先后发表了《浙江理工大学校名沿革考》《浙江理工大学校址变迁考》。在此基础上，我们还更新了学校的历史沿革、历任领导等信息，并为设计学申报博士学位授权点提供了支持。

"丝路双甲子，浙理再出发。"百廿校史所形成的各类史料，体现了学校悠久的办学历史、独特的办学经验和深远的办学影响，以及"自强不息，艰苦奋斗"的办学精神，这既是学校珍贵的历史文化遗产，更是助推学校发展进步的强大精神力量。为了进一步传承校史文化，为深化校史研究打下基础，我们萌生了将校史史料汇编出版的想法。这个心愿得到了学校的大力支持，2020年，《浙江理工大学办学史料汇编》被学校列入了人文社科学术专著出版资助项目。

立项后，我们对300余篇史料进行全面梳理、认真鉴别，根据"尽量选择亲历者记录的资料，尽量选择篇幅较长、内容丰富的资料，尽量不重复选择内容相近的资料"等原则，最后整理精选了102篇。本书史料年限起于蚕学馆创办的1897年，止于2019年。有的是学校自身直接形成的，有的是校友亲属或当时人物对学校办学情况或校史人物的记录，这些都是了解学校办学历史的重要资料。这些史料的类型有办学公牍、学校规章、招生简章、师生回忆、学术论文等，按照内容可分为办学公牍、历史沿革、办学概况、学校治理、教学概况、训育工作、求学生活、办学影响、校史人物、附录等板块。

在编委会同仁的共同努力下，本书得以付梓。编者在欣喜之余，也希望通过本书的出版，让更多的在校学子、广大校友和社会各界了解浙江理工大学的发展历程，关心支持学校的事业发展；更希望通过本书的传播，校史文化进一步发扬光大，能够持续赋能人才培养工作；还希望以此为起点，有更多的师生学习、研究校史，更多的校友投身学校办学史料的征集和保护工作。

最后，引用李国宪校友在《母校校友会四川分会成立感言》中的一句话作为结束：须经暴风雨而我浙蚕同学，可兀立不动，使校风永长，会誉日隆。我浙蚕校友，晋疆无止！

高　山

2022 年 3 月

目　录

办学概况

学校治理

招生工作

教学概况

实践教学

训育工作

求学生活

校友工作

办学影响

校史人物

附 录

办 学 公 牍

杭州府林太守请筹款创设养蚕学堂禀

林　启 ①

敬禀者：窃地球五洲蚕丝之利，向推亚洲，亚洲向推中国；此外如日本、印度，与中国同处亚洲之中，西人所称为东方蚕业者也。东方蚕业，日本进步最猛，由其采取外国养蚕成法。查三十年前，法国蚕子病瘟，蚕种将绝，因创设养蚕学堂，用六百倍显微镜考验种种蚕瘟，并讲求养蚕各法，日人一一仿行，遂以夺我中国蚕利。西人考验中国蚕子，亦有瘟病，以致出丝不旺，税厘既未能减，蚕业遂以中衰。前宁海关税务司康发达著为一书，言中国若不讲求蚕瘟，倘遇年岁不好，传染日深，将来病蚕生子，病种相传，蚕子将有灭绝之一日。初闻此言，颇以为骇，既思《禹贡》兖州言：桑土既蚕，此外若丝若纊若织缟，皆散见于各州。太史公亦言：齐鲁千亩桑，其人与千户侯等。今吴越以外，蚕事久废，无有贩丝至沪者，亦由蚕瘟渐渐消磨，盖西北蚕种将绝久矣。西人养蚕之法至备，即配种一节，亦有神效。西国格致家言，凡物一雌一雄，取其两地相隔最远者，为之配合，其生必旺，犹化学之爱力，电气之摄力。同气相合，其生不旺，在人亦然。故格致家考验同姓为婚，生子多病癫痫，由其血脉相通，不宜配合夫妇。我中国亦云，男女同姓，其生不蕃，故养蚕配种，至有妙用。今东西洋均有蚕子纸，交易配种，并非难事。此不过首年取以配种，以后传种既佳，即年年蕃息矣。法国验中国蚕子，重八两者，收丝只二十五斤；自择种后，可收至七十斤，最多者竟至百斤，日本尤收其效。故中国丝价昂，出口不多；日本丝价廉，出口日多，均有海关册可核。

康发达书中言，仿设学堂，只用三年，每年三万余银，只费十万银。计算此八年中，中国每年出口丝比前减少二百万斤，民间应短银五百八十万两，海关正口税短二十万两，合八年已五千万两。若以设局经费计之，此十万两之

---

① 林启，字迪臣，福建侯官（今福州市）人。1896 年任杭州知府，1897 年创办蚕学馆，任总办。

数，亦甚戋戋矣。学堂只用三年者，以民间风气既开，学生学问既成，此局便可裁撤。今库款万分艰难，拟照康发达所拟十万之数，减之又减，以三万六千两为额，划分三年，计月只合用银一千两。

卑府去岁至杭，即思杭州要计，无以逾此。但二十年来各省之创新法，皆无实效，只以兴会一时，往往虚靡帑项。故自去夏至今，汲汲讲求，未敢遽请。今年自行措购小号显微镜三种，又四向采访，觅得日本蚕书，并康发达一书，广为印证，信其确有成效。今浙中均之考法养蚕，已为尽善；然年来各乡各镇之蚕，多有饱食桑叶，不能上山，因以倾弃者，此即饲蚕未尽得法，致成蚕病，小民无知，只以委之运气。且在此多一虚耗之桑，在彼即有缺桑之窘，因此丝价难平，不能与日本争利，此显有成数可证。

按中国出洋土货，以蚕丝为最，蚕丝以江浙为最，浙中又以杭嘉湖为最。就时局而言，为中国之权利；就王政而言，为百姓之生计；就新法而言，为本源中之本源；就浙省而言，为切要中之切要。幸遇大人重念帑课，日夕为国操心，故敢冒昧上请。此事为西法之最易效者，于浙中尤为易效；事果有成，西北各省仿行，不徒复《禹贡》之旧，且当进而益上。近日江西大兴蚕桑，无暇讨论养蚕新法，正赖吾浙首为之倡。伏维大人为浙中扩万世之厚利，为各省开风气之先声，即为国家裕无穷之帑。

卑府谬蒙信任，既有所见，不敢不以上陈，所谓不可失之机，不可再之日也。如蒙俯准所请，乞即筹款开办，计一面寄洋购器，一面择地开局，往返辗转，于明岁新蚕，方能及事。今将中国、日本蚕丝增减数目各表，并开设学堂大略章程，另折呈览，仰祈察核，俯赐批示遵办，实为公便。

附清折二扣（略）。

（原文刊于《集成报》第 19 册，1897 年）

设立养蚕学堂章程

一、学堂以省垣为主，学生学成后，即分带仪器，派往各县，并嘉湖各府，劝立养蚕公会，以为推广。

二、教习或两人，或先请一人，必精于蚕学，在外国养蚕公院给有凭据者，方能充选。此最紧要，为全局之关键。

三、学生年在二十内外，要聪明静细，并已通文义者，招考时先录取三十名或五十名，存记挨班，到堂学习。学成派出，所遗名额，随时递补。查奥国学堂，学生至五百名之多，女工来学，至四百名，故其所产比前以十倍计。初年所查蚕蛾只十万，其后至一百九十一万。今学堂不收女工，惟学生不能太溢，当节省别项经费，以扩名额。

四、学生课程，须由教习手定大概：一习用显微镜之法，二蚕之安那多米，三蚕之费音呫讹乐际，四访求百撤灵之病，五蚕病原由及防止（应为"治"）蚕病法，六养蚕之理如何合宜法。

五、广购六百倍显微镜，酌量经费，愈多愈好，并购一切仪器及考验各药水。

六、先行翻译日本蚕书图说，成书后要广印传播。

七、中国图学久废，宜仿外国所绘种种蚕病，刊印成书，以资考验。外国最重图学，各学堂、各厂局往往专立绘事院。今经费未充，只能略为变通，但必须购用洋纸，以洋法仿画仿印，方能丝毫描出。

八、中国养蚕，有未及吐丝而病僵，或未僵而倾弃者，贫民亏折工本，至于破家，此由病瘟者半，由天气暴寒暴热、炭火过度者亦半。今不能如外国之造煻房，亦宜以寒暑表为准。日本此表，价值不过百文，当由局采买，听民间零星来购。

九、广购外国蚕子纸，考验选种配种之法。

十、颁给谕帖，准学生造买蚕子纸，并禁妄造蚕子纸，固为各国成法。中国似须察看地方情形，不能拘泥，但使风气大开，果有效验，如某某数家同养若干蚕，采若干桑，向日只出丝若干，今能多出若干，成本愈轻，养蚕愈众，人人将争讲新法矣。

十一、学堂初创，修造房屋，购买外国仪器，用款颇为浩繁。其余按月出款，以教习学生为最；其次则伙食工役，人夫薪水；其次则译书、刻书、印书、绘图、衍（应为"演"）说；其次则购买各国蚕子纸并各药水；其次则各乡各镇，派往学生，酌给费用。今请款三万六千两，开局须先支六千两，以后三年，每年各一万两。外国养蚕学堂，所费不赀。中国帑项艰难，自不能不竭力撙节，勿得以公家之钱，分毫虚掷，丧尽天良。除学堂中酌要必需之款，与关系要用之人，必不能裁节外，其余一切经费，须恳恳节啬；总其事者，当躬自稽核，不稍避劳避怨。兹先开除办法大略，所有详细章程，容开办后，随时酌定详报。

（原文刊于《农学报》第 10 册，1897 年）

权杭州府事朱小笏太守饬蚕学馆札

照得考取蚕学馆卒业生十六名，业经本府核给文凭，拟定处所，开折禀请宪示，当经饬知在案。兹于九月三十日，奉抚宪刘批本府禀派蚕学馆卒业生各分赴嘉湖宁绍四府暨海钱二州县劝设养蚕公会并呈请折由。

奉批察阅申送刊章第二十二条：馆生毕业考试列上等者，馆中当给执照，准其充为各处教习等语。所有禀叙丁祖训等十六名，于饲蚕诸法，实有心得，既经该府考定给凭，派赴嘉湖等府劝设养蚕公会，以期推广尽利，应准照办。仰即分移嘉湖宁绍四府，并行该属之海钱二州县，一体遵照。速即体察各该地方情形，应否设所，如何筹款，会督就地绅耆，悉心筹议，禀复察夺。至所称各学生分赴各属，川资毋庸再给，并即移行知照可也。

此缴清折及刊章均存等因，奉经本府分移嘉湖宁绍四府暨海钱二州县遵照。其考取第一、二名之丁祖训、傅调梅，准予留馆帮办教习，除申报饬委外，合并札知，札到该馆正立即传知，一体遵照，毋违。此札。

（此札乃去年十月间所发，补著于此，以备查考，本馆附识）

（原文刊于《农学报》第 145 册，1901 年）

蚕学馆禀请奏定毕业出身

　　浙江蚕学馆自前杭州府林太守创办,迄已九年,毕业六次,颇著成效。嗣后,四川、山东、山西、湖南、河南、福建、安徽、江南、云贵,以及江苏之通州、本省之温州,相继仿行,俱聘该馆毕业生为教员,先后有数处奏明立案。惟浙江为创始之邦,至今尚无奏案。

　　近由该馆全体学生史兆农等,禀请浙抚,奏定毕业后出身,谓:钦奉《学堂章程》,农业一科,本有优予出身一条;蚕为农业之要,如蒙恩准,奏咨立案,不第学生出身有路,即浙省蚕业亦从此蒸蒸日上云。

　　现已奉抚批,仰学务处核议详夺矣。

（原文刊于《广益丛报》第 103 期,1906 年）

翰林院侍读吴奏请将浙江现办蚕学馆规划完备改设高等学堂片

吴士鉴 [1]

再，中国蚕桑之利，甲于全球，而尤以浙江为最。故每年海关出口之丝，为商务一大宗。近来日本、法国皆讲求蚕学，不遗余力，所产之丝日益精美，以致华丝之出口者，逐渐减少，失固有之利源，愈见通商之亏损，良可惜也。

浙江省于城外西湖创办蚕学馆已有十年，有选种、验病、养饲诸法，皆取资于日本；虽历年毕业学生有由各省调用者，然规模甚隘，经费不充，仅有中等实业学堂程度，于振兴蚕学，收效未宏，且尚未奏明立案。查《奏定学堂章程》，各项实业学堂均分三等，蚕学虽为农学之科，惟兴学多年，亟应竭力扩充，储备高等之人才，以图远效。

可否请旨饬下浙江巡抚，将现在所办之蚕学馆，规划完备，改设高等蚕桑学堂，分定阶级，力求进步，以为各省之倡，庶增长最高之学识，挽回将失之利权，不独浙江民生命脉胥属于此，即中国全国之商务，亦复大有关系。

臣愚昧之见，是否有当，谨附片上陈，伏乞圣鉴训示。谨奏。

（原文刊于《浙江教育官报》第 6 期，1909 年）

---

① 吴士鉴，字纲斋，浙江钱塘人。光绪年间进士，曾任翰林院侍读、江西学政等。

浙江巡抚增韫奏为遵旨筹议改办高等蚕桑学堂奏折

增　韫[1]

浙江巡抚奴才增韫跪奏，为遵旨筹议改办高等蚕桑学堂，恭折仰祈圣鉴事。

光绪三十四年八月二十四日承准军机大臣字寄，光绪三十四年八月初十日奉上谕：翰林院侍读吴士鉴奏请将现办之蚕学馆规划完备，改设高等学堂，力求进步等语，著增韫按照所陈各节，体察情形，妥筹办理。原片著抄给阅看。钦此。钦遵寄信前来。

伏查浙省创设蚕学馆已历十年，奴才到任以来，调查该馆情形，当以名称未符定章，规划尚多缺略，饬令正名为蚕桑学堂，详议改良，以求进步。正在议章拟办间，钦奉上谕，前因遵即札饬提学司查照原奏，妥议详覆去后。兹据该司详覆，转据蚕桑学堂监督沈铭禀称，以蚕桑学堂改为高等学堂，入学资格必以中等毕业生挑选，方为合格；浙省中等实业现只蚕桑学堂一处，将来既改高等，除将本堂中等毕业生升入高等正科外，拟于明春在本堂先设补习科，饬各府中学堂保送毕业学生入堂补习，再令本堂未毕业之蚕桑学生补习普通中学，如此互相补习一年后，考验合格，一并归入正科，庶无合班参差之弊；以六十人为一班，三百人为定额，一面就崇文书院基址，改造学堂，预算建筑房屋，添置器具，开办经费约需洋二万六千四百元，常年额支活支各经费约需洋二万四千四百八十元，详请筹拨，奏咨立案。

前来奴才覆查《奏定学堂章程》，实业学堂应分三等；浙省蚕桑学堂略合中等程度，此外，别无中等实业学堂。遽经改设高等，一时未能足额，自应量

---

[1]　增韫，字子固，蒙古族镶黄旗人。1908—1911 年任浙江巡抚。

予变通，如该司等所拟由各府保送中学毕业生入堂补习，循序推升办法，尚属周妥。惟预计开办及常年各项经费为数颇巨，虽财政支绌，筹措维艰，而蚕桑为浙省大利之源，关系綦重，自不得不竭力图维，以育人才而宏实业，所需经费应请由藩司既宁关道库筹拨应用，作正开销。除咨部立案外，所有遵旨筹议改办高等蚕桑学堂各缘由是否有当，理合恭折覆陈，伏乞皇上圣鉴。谨奏。

朱批：该部知道。

（原文成于 1908 年，现藏中国第一历史档案馆）

学部奏核议浙江中等蚕桑学堂学生毕业照章请奖折

奏为核议浙江中等蚕桑学堂学生毕业照章请奖恭折，仰祈圣鉴事。

窃臣部准浙江巡抚咨称，据署提学使袁嘉谷详称，浙省中等蚕桑学堂第八班学生于光绪三十三年下学期毕业，计陈雪堂等十五名，第九班学生于光绪三十四年下学期毕业，计徐士俊等二十二名，均经司署派员会考；第十班学生于宣统元年下学期毕业，计冯耀春等九名，遵照新章，传集覆（通"复"）试详核，各生均属学期完足，程度相符，请照章给奖；其年在二十五岁以上各生，请一律奖给官职，理合详候咨送分别核奖等因并清册。

前来查该堂系以蚕学馆改办，该三班毕业学生入学年月均在臣部颁行《学堂招考限制章程》以前，毕业年月亦在臣部增订《实业学堂实习分数算法章程》以前，其在堂年限及核算分数之法，系遵照旧章办理，尚属可行，自应准其毕业，照章请奖，以资鼓励。

除第九班萧涤一名，覆核毕业分数不满六十分，应列下等，无庸给奖外，所有考列最优等第八班之杨鼎烈、詹梦熊、刘世臣、赖昌，第九班之徐世俊，第十班之冯耀春等六名，拟请作为拔贡；原列最优等，因毕业考试主课分数不满七十分者，居五分之一降列优等第八班之金环，及考列优等第八班之陈士极、孙轩裔，第九班之梁作霖、王仁寿、王坚，第十班之符钟善、杨毓琦、徐怀云、王廷辅等十名，拟请作为优贡；考列中等第八班之谢谷寿、叶临南，第九班之沈茂赓、梁昭晋、蔡毅、张垚、叶兆槐、张珣、谢肇图、陈世臣、顾友良、胡树藩，第十班之陈一铨等十三名，拟请作为岁贡。以上各生，据册开毕业年岁均在二十五岁以下，拟请照章无庸改给官职。

又考列最优等第八班之陈雪堂、邬祥赓，第九班之李安智、陈一新等四名，据册开毕业年岁均在二十五岁以上，拟请以州判分省补用；考列优等第八班之赵邦诒、童翰章、林清业，第九班之黄毓骥、黄丙照、薛晋康，第十班之蒋乘风、李德藩、刘伯仁等九名，据册开毕业年岁均在二十五岁之上，拟请以府经历分省补用；考列中等第八班之华瑞桐，第九班之周琳、李平等三名，据册开毕业年岁均在二十五岁以上，拟请以主簿分省补用。以上奖给官职，各生应即照章不再奖给拔贡、优贡、岁贡。

所有核议浙江中等桑蚕学堂学生毕业，照章请奖缘由，谨恭折具陈，伏乞皇上圣鉴。谨奏。

宣统三年闰六月初六日奉旨依议。钦此。

（原文刊于《浙江教育官报》第 88 期，1911 年）

大总统定购蚕种之公函

敬启者：

　　大总统提倡蚕桑实业，派有专员经理养蚕事宜，两年以来，颇着成效。惟北地蚕种，质力薄弱，竭力研究，终以搜求南种为要。应请贵馆将诸桂三张、大圆头三张、余杭三张，分别检齐，标明种类，函寄本司，转交养蚕专员尽心养育，以重蚕政。

　　至纫公谊，特此函达。即希查照，速覆为荷。

　　此致。浙江西湖蚕学馆。

公府庶务司启

十月一日

（原文刊于《浙江省立甲种蚕业学校校友会杂志》第 3 期，1920 年）

关于移建浙江省立蚕桑科职业学校于艮山门外或拱宸桥附近的呈文

倪绍雯 [①]

谨呈管见，以备采择事。

查本校系由前杭州太守林公迪臣所创办，初名蚕学馆，一切校舍及设备，均不完全，且地址狭小，非独桑园虽（应为"难"）备，即校舍亦难扩充；三十年来几经改进，其间添设学科，增加班次，桑园依旧缺如，校舍益不敷用，爰以崇文书院充作学校。宣统三年，前清咨议局有移建蚕业学堂于艮山门外及推广之议决案，业经前清巡抚增札饬照案筹办，嗣因先（应为"光"）复军嘉（应为"兴"）延搁。迨至民国，校长担任本校教务主任，因感以上种种困难，欲图发展，曾于（民）国十年五月，与前校长朱显邦，悉心讨论，提出移建本校于艮山门外或武林门外之建议案，呈请前教育厅特咨省议会付议，未蒙通过，悬案未决，忠心耿耿。日前阅报载四月念（应为"廿"）五日省政府第一百零五次会议通过，将省立蚕桑科职业学校，迁至笕桥，并标卖上四（应为"泗"）乡沙田校产，建筑新校舍等因。

具见旧筹顾划，毅力热忱，匪特钦佩莫名，抑且蹲蹲起舞，窃校长犹有不能已于言者。盖蚕业分为栽桑、养蚕、制种、制丝四大柱子，互为关键，缺一不可。本校因限于经费，权衡缓急，先将五年级生分为养蚕、制丝两系，对于制丝设备，两图完整，以便精益求精，为改良生丝之先声。但制丝与水有极重大极密切之关系，倘水质不良，即令有良好之茧丝，亦随之而恶化。校长于民国初年在省立农事试验场供职年余，详悉笕桥一带，并无源泉，只有细流，稍久不雨，即行干涸；平日饮用之水，或取诸附近细流及大通等井，或取诸各

---

① 倪绍雯，字韧庵，浙江慈溪人。毕业于日本东京高等蚕业讲习所，1927—1928 年任浙江省立蚕桑科职业学校校长。

处小池塘，道路遥远，不特耗费颇巨，抑且供不应求。大营盘因感此困难，特在该处掘地几及九仞，尚不及泉，后用自来水管，相距六七里，用费尤为浩大，未几即止，事实俱在，不难查询。且该处水质，现经分析，极为恶劣，以之制丝，殊不相宜。校长盱衡现状，逆察将来，制丝一项，较之栽桑、养蚕、制种尤当急切改良；本校一经迁移，为便利学生习练制丝及实习工场管理起见，即须筹设丝厂，每日需用佳良之水甚多；笕桥一带，既乏充分水源，而水质又不宜制于制丝，蚕业学校不宜迁设该处，无待蓍龟。

此次议迁于笕桥者，想为该处现有公地可节省购地之费，值此公帑奇绌之际，用意亦良苦矣。但在校长愚见，此种利国福民之举，开百年之大计，须忍痛于一时，前林太守因非蚕业专家，创蚕学馆于西湖，贻今日以美中不足之非议。钧长既明察本校地址不宜，设法迁移，似宜斟酌尽善，为一劳永逸之计，与其为节省购地一部分之经费，致有水质违宜之缺点，仍不得圆满之结果，拟不如另在艮山门外或拱宸桥附近，购地建筑，该处水质亦经分析，远胜笕桥地方之水；倘虞经费不敷，再标卖本校地址以益之，想无不可。

校长为本校前途计，为浙江蚕丝计，一误未便再误，管见所及，奚忍缄默，不揣冒昧，理合检呈笕桥、拱宸桥、艮山门外等处水质分析表，披沥直陈。是否有当，仰祈鉴核采择施行。

谨呈浙江大学校长蒋。

浙江省立蚕桑科职业学校校长　倪绍雯

（原文刊于《浙江省立蚕桑科职业学校三十周年纪念特刊》，1928年。文章原标题为"呈文"，现标题为作者自拟）

教育厅督学视察浙江省立高级蚕桑科中学办理校务情形

训令第七六九号

令省立高级蚕桑科中学：

案据本厅督学张行简，呈报二十一年度第二学期该中学办理校务情形，并送各附件前来，除各附件存备随时查考外，查该中学亟应改进各节，开列于下：

一、图书室内，除旧有日文之蚕业书外，新书甚少添购。嗣后应将本国最近出版之农蚕各书，以及英日文之蚕业书籍杂志等类，逐年添购，以作师生平日参考之用。

二、质朴勤劳为学生应具之美德，职业科学生，尤应于在校时养成，以为社会上服务之准备。嗣后担负训教人员，应利用该校环境，于课室工作之外，多支配该生等农事工作，以养成其勤劳之习惯。

三、各科之用讲义者，内容尚称丰富，惟课室讲授时，用注入式者，颇费时间。嗣后应先指令学生预习，摘讲要点，余则每时指问学生，以验各生之已否自动学习。

四、外国语教学，应多取蚕桑科有关系之教材，藉以逐渐培养学生阅读该科外国语书籍或杂志之能力。

五、该校体育除军事训练外，每日下午四至五时，均为课外活动时间，但视察时学生参加者寥寥，以预定分组练习，未能实行之故。应由体育处严切执行，以资补救。

六、普通科目教材之性质及分量，应适合于该职业科将来之应用为度，应由教务处商同各教员详细议订各该科目各年级之课程纲要及进程表，期使所授教材，能适合于将来职业上之应用，而其分量又不致有过多过少之病。

以上各节，合行令仰该中学切实遵照办理。此令。

（原文刊于《浙江教育行政周刊》第 4 卷第 35 期，1933 年。文章原标题为"本厅督学本年度第二学期视察省立高级蚕桑中学办理校务情形"，现标题为作者自拟）

历史沿革

浙江省立高级蚕桑科职业学校之沿革

傅调梅 [1]

本校成立之初，定名蚕学馆，系前清光绪二十三年杭州太守福建林公迪臣所创办。太守鉴（于）蚕丝为浙江特产，而蚕业之盛衰，关于国计民生者至大，因援宁波海关税务司康发达氏所条陈之振兴中国蚕业策，陈请浙抚廖公寿丰，拨地筹款，创办蚕学，以资振兴。乃于是年秋间，委邵君章为筹备员，择地西湖金沙港怡贤亲王祠与关帝庙旧址，建筑校舍。

二十四年二月，林公自任总办，委邵君章为馆正，聘宁波江君生金为教习，并请日本轰木长君以辅之。初拟招学生两班，试办三年。先招学生一班，计三十名，即于三月十三日开学，津贴膳食膏火杂用，仿法意日本各蚕业国奖励斯业之旨，用意至深厚。是年暑假后，江教习辞职，即以轰木长君为正教习，添聘日本前岛次郎君为副教习。

二十五年，轰木长君期满，以前岛次郎君为正教习，另聘日本西原德太郎君为副教习。是年招收第二班学生三十名。九月，馆正邵辞职，改委车君书继任。

二十六年六月，第一班学生毕业。其时各省闻风兴起，均聘请本届毕业学生为蚕学教员；当道长官与地方缙绅，咸以蚕学馆办有成效。遂议于二十七年以后，筹定常款，继续办理。

二十七年九月，馆正车辞职，改委沈铭继任。

二十八年春，任抚道镕，惑于流言，谓浙本蚕乡，素习养蚕，何必设学，拟欲停办。而浙绅樊君恭煦、陈君豪等，以蚕丝为吾浙农界之巨产，且东西各国，正在竭力讲求，以与吾国竞争。若果停办，不独前功尽弃，而丝业之颓

① 傅调梅，字和羹，浙江杭县人。蚕学馆本科第一期入学，光绪二十六年（1900）六月毕业。曾任河南开封农专蚕科教员、宗文中学钱塘高小博物教员、浙江省立高级蚕桑科职业学校蚕科教员等职。

落，当与茶业同归失败。爰陈请层宪，借长庆寺院宇为试验场，以同一蚕种，同一蚁量，招湖州老于蚕事之农民，与本馆毕业生，分屋饲养，比较成绩。迨成茧后，即由任抚率同司道绅士，品评茧质，比较收成，新法之优，较土法不啻倍蓰。由是流言顿息，信任者众，四方来学者，亦踵趾相接。自二十八年起，遂定常年经费，增广学额，添建斋舍，永远办理。

二十九年冬，日本教习合同期满。总办其事者，知本馆毕业生堪当其任，不必借材异地，遂不延聘。

三十一年冬，因前本馆创办之际，仅注重于改良养法，精制蚕种，而于制丝一科，尚未完全设备，特派是年第六期毕业生方志澄、朱显邦二人，赴日本研究制丝及考察蚕业。

三十二年，冯抚汝骙，因经费支绌，欲改本馆为初等农业学堂。浙绅陆君鼎、陈君豪、邵君章闻讯，即电同乡京官葛君宝华、陈君邦瑞、沈君家本、俞君廉三、吴君士鉴、樊君恭煦、劳君乃宣、徐君定超、吴君纬炳，竭力挽回。咸以蚕丝为浙省特产，应有特别之研究；东洋与泰西诸国，均有蚕业专门学校，以资讲求。且蚕学馆正值办有成效之际，自宜大加扩充，安可缩小范围。旋新抚增韫莅浙，遂从公议，力任保护，始得不改。且为酌定新章，免除学生津贴，增广学额，添加科目，加长学习年限，改二年毕业为三年，征收学膳等费，大加改革。

三十四年，增抚以本馆成绩可观，奏请立案，定名为浙江中等蚕桑学堂。是年八月，翰林院侍读吴君士鉴，奏请改为浙江高等蚕桑学堂。奉旨依议，着浙抚增韫依照所请，妥为筹办。嗣以当时中学毕业生尚少，恐招考不易，暂从缓办。九月，馆正改称监督。

宣统二年，以学额增多，旧有校舍，不敷分配，爰借崇文书院旧屋，充作分堂之用。

三年六月，浙江省咨议局为推广蚕业教育起见，建议迁移校址，改设高等，以图扩充。由咨议局通过，经增抚批准，札催迅速筹办。而省城光复，事以中止。

民国肇兴，改称本堂为公立蚕桑学校。四月，监督沈辞职，改委朱显邦为校长。

二年又改为浙江省立甲种蚕业学校。是年为普及蚕业起见，详请教育司沈，添设别科一班，授以简要之专门学识及技能，定一年毕业。

三年，部令别科一年毕业不合部章，故改别科为补习科，毕业年限，仍为一年。是年秋，奉教育部令，添招预科一班，一年毕业，升入正科，三年毕业，共为四年。

十二年，改行新学制，招收高小毕业生。定预科二年为初中，正科三年为高中，毕业年限，共为五年。

十四年，夏省长超锐意提倡，自认担任筹款，命同人拟具蚕事计划书，以便采择施行。复亲自莅校，训勉学生，捐廉津贴正科生养蚕期中之膳费，及补习科生全年之膳杂等费，以资鼓励。并于艮山门外、湖墅、塔儿头、上四（应为"泗"）乡、长安等地方，设立改良养蚕场五所，派毕业生代乡人消毒、催青、养蚕，以示模范。

十五年，于校中设立推广部，各县筹办改良养蚕场十七所，派毕业生与正科生代乡人行共同催青、饲育小蚕，以及巡回指导等，颇受乡人欢迎。校中又建筑冷藏库及原种部养蚕室，分校又建筑缫丝厂。补习科通过免费案，正在积极进行，而夏公身殉国事，因而停顿。是年春，部令又改本校为今名。

十六年春，革命军兴，暂时停课。至三月军事平定，朱校长辞职，政务委员会委陈君石民为校长，继续开学。暑假后陈校长辞职，改委倪君绍雯为校长，分五年级生为养蚕、制丝两系。始行男女同校制。是年冬，第五区第十四分区区党部成立，实施党化教育，增加经费，竭力扩充，学校前途，有蒸蒸日上之望。

兹逢卅周纪念会，为述其沿革如此。抚今追昔，亦足明昔贤缔造赓续之非易也。所憾未尽万一，挂漏孔多，敢希阅者鉴原。

（原文刊于《浙江省立蚕桑科职业学校三十周年纪念特刊》，1928年。文章原标题为"本校之沿革"，现标题为作者自拟）

浙江省立高级蚕桑科职业学校三十年大事记

傅调梅

前清光绪二十三年，福州林公迪臣，知杭州原府事，调查海关蚕丝出口，逐年减少，其请（应为"情"）由于蚕种不良，育法未善，以致歉收。陈请浙抚廖公寿丰，提款三万六千两，试办蚕学，以资挽救。

八月，委邵章为筹备员，择地西湖金沙港怡贤亲王旧祠并关帝庙，建筑馆舍，定名为蚕学馆。

二十四年二月，林公自任总办，委邵章为馆正，聘宁波江生金为正教习，日本轰木长为副教习，招各县举贡生监，应考蚕学，录取第一期生三十名。

三月十三日，开学。

八月，正教习江生金辞职，以轰木长为正教习，又聘日本前岛次郎为副教习。

二十五年正月，招考第二期生三十名。

六月，正教习轰木长期满去职，以前岛次郎为正教习，又聘日本西原德太郎为副教习。

九月，馆正邵为湖北赵督奏调，任法政学堂监督，改委车书为馆正。

二十六年四月，杭州太守林公逝世，朱公启凤接杭州府任，继为本馆总办。

六月，第一期学生毕业，计十八人。招考第三期生。

七月，副教习西原德太郎期满，以本届毕业生丁祖训、傅调梅二人为助教。

十月，四川合州来请蚕学教员，以助教丁祖训与本届毕业生祝鼎、朱敏三人应聘。助教以本届毕业生宣布泽充之。

十一月，派稽伟留日考察蚕丝。

二十七年二月，分派第一期毕业各生，赴余杭、嘉兴、湖州、宁波、绍兴等处，筹办蚕学分馆。是月，续请经费一万四千两。

六月，第二期学生毕业，计十一人。

七月，招考第四期生。

九月，馆正车补授安吉县教谕，改委沈铭为馆正。

十月，前年林公派赴留学日本蚕学之稽伟回国，任馆中蚕科教员。是月，福建省来请蚕学（教）员。以第一期毕业生吕汝本、第二期毕业生石如璧应聘。

二十八年春，浙抚任道镕惑于浮言，拟欲停办。浙绅樊君恭煦、劳君乃宣，议请新法养蚕，与土法比较，孰为优劣，以定去留。于是特招湖州老于蚕事之农民二人，及馆中毕业生二人，借长庆寺院宇，分别饲养场结果，新法之优，超越土法，由是拟筹的款，继续办理。

六月，第三期学生毕业，计六人。

九月，任抚为增大事权计，改委杭嘉湖道崔公永安为本馆总办，并令各州县保送实习生来馆学习。

二十（九）年春，筹定常年经费一万一百余元，由东城讲舍经费，及书院贴奖书局提款、采访局提款、盐法局提款款项下拨给。

二月，广东省来请蚕学教员，以第一期毕业生陈翰应聘。

三月，山东农业学堂来请蚕科教员，以第一期毕业生陈拜庚，第三期毕业生郑辟疆、朱亦栋三人应聘。

闰五月，第四期学生毕业，计十二人。

七月，招考第六期生。

十二月，日本教习前岛次郎合同期满，总办以本馆毕业生堪以胜任，遂不延聘。

三十年春，以第一期毕业生宣布泽为总教习，丁祖训为蚕科兼算学教习，傅调梅为蚕科兼博物教习，另聘育英书院毕业生沈璧为理化教习（以后理化教习屡经更易不再书）。

正月，河南青化蚕桑学堂来请蚕学教员，以第三期毕业生郑銮，第四期毕业生梁有立、嵇冠群三人应聘。江苏南通阜城公司来聘蚕学教员，以第四期毕业生何逢时应聘。

二月，南京蚕桑学堂来请蚕学教员，以第三期毕业生章子祥、第五期毕业生张保寅二人应聘。

六月，第五期学生毕业，计十二人。

七月，招考第七期生。

九月，云南农业学堂来请蚕科教员，以第一期毕业生陈之藩、骆缵郊，第二期毕业生邱仲刚三人应聘。

十二月，山西省来请蚕学教员，以第二期毕业生林景源应聘。

三十一年春，各县保送来学实习之生甚多，遂别设一班，借茅家埠都姓之宅为养蚕所，派毕业生教授养蚕制种等实习。

二月，贵州省蚕桑学堂来请蚕学教员，以第一期毕业生陈翰、第四期毕业生徐翾二人应聘。温州来请蚕学教员，以第五期毕业生郑濂、吴德森、周祖颐三人应聘。湖南农业学堂来请蚕科教员，以第四期毕业生杜以芬应聘。

六月，第六期学生毕业，计十二人。

七月，传考本年各县保送来学之实习生，作为第八期生。是月，总教习宣布泽就广西梧州蚕学教员之聘，以丁祖训为总教习。

十二月，派本届毕业生方志澄、朱显邦赴日本东京蚕业讲习所，学习制丝及考察养蚕。

三十二年春，报名来学实习之人数甚多，馆中不能容纳，同人集议，不支公款，在枝头巷租屋一所，开设蚕桑公社，招收实习生八十名，授以蚕学大意，并养蚕制种等实习。学习期满，送请总办考试，归入本科。

二月，安徽颍州蚕桑学堂来请蚕学教员，以第六期毕业生陈淳应聘。

五月，第七期学生毕业，计十九人。

七月，传考实习生，作为第九期生。是月，酌定新章，推广学额，增加科目，废除津贴，征收学膳等费，并增学习年限，改二年毕业为三年毕业。

九月，吉林农事试验场来请蚕科教员，以第五期毕业生陈国恩应聘。

三十三年春，同人因上年集资开设蚕桑公社，终非久计，且年来风气大开，来学养蚕实习及购买本馆蚕种者，年见其多，故酌改新章，由馆中借崇文书院，另设养蚕制种所，广招实习生，派毕业生数人教授。

二月，湖北襄阳农业学堂来请蚕科教员，以第四期毕业生何逢时、第六期毕业生徐祖勉二人应聘。

五月，考试实习生，作为第十期生。

六月，冯抚汝骙拟将本馆改为初等农业学堂，浙绅陆君（元）鼎、陈君豪、邵君章，立电同乡京官，竭力挽回，始得寝息。

七月，暑假后开学，增加体操科，并增高算学程度，添请谢成麟为算学教员。

十二月，第八期学生毕业，计十五人。

三十四年正月，招考第十一期生。

二月，陕西凤翔蚕桑学堂来请蚕学教员，以第七期毕业生史兆农、章翊农二人应聘。

九月，增抚韫见本馆办有成效，奏请立案，定名为浙江中等蚕桑学堂，馆正改称监督。

十二月，第九期学生毕业，计二十五人，内有及格生两名，修业生一名。

前清宣统元年正月，招考第十二期生。

四月，农学会绅董邵君章、杨君复，拟助农学会上四（应为"泗"）乡沙田一千六百亩于本堂。

九月，增抚奉上谕，拟改本堂为高等蚕桑学堂，九饬妥筹办法，以便申覆。

十二月，第十期学生毕业，计十一人。

二年正月，招考第十三期生。

二月，修理崇文书院，作为本堂分堂。

四月，南洋第一次劝业会开会，本校出品陈览。

十月，得农工商部给奖南洋第一次劝业会本校成绩品优等文凭。

十二月，第十一期学生毕业，计十九人。

三年正月，招考第十四期生。

二月，北京蚕业讲习所来请蚕科教员，以第七期毕业生余养浩应聘。河南唐县实业学堂来请蚕科教员，以第七期毕业生朱华应聘。是月，堆置蚕具房不戒于火，延烧茧室。

四月，得增抚加给南洋第一次劝业会本校成绩品奖凭。

六月，咨议局通过建议迁移校址改设高等案。

七月，前赴日本东京蚕业讲习所学习制丝科学生朱显邦毕业回国，来堂服务。

九月，增抚得旨，允改本堂为高等蚕桑学堂。正在筹款迁移校址于艮山门外，大加扩充之际，适光复军兴，政事部通饬停课，事因中止。

中华民国元年春，改用阳历。

四月，都督汤令继续开学，又接教育司照会，改名本堂为浙江中等蚕桑学校。前监督沈，任登记所所长去职，改委朱显邦为校长。添聘日本东京蚕业讲习所毕业生倪绍雯为主任教员，张元成为蚕科教员。招考第十五期生，本届招考，所取人数不足，难以开课，呈请教育司核准，俟暑假后续招成班，再行开讲，其愿学习实习者，准其先行入校。

五月，召集第十二期学生，补行毕业考试，计毕业者二十九人。

八月，暑假后开校。添聘英文、日文教员，增设足踏缫丝及屑物整理等实习，由是制丝科始得完备。

十月，新涨沙田六百亩。申请升科立案。是月又为普及蚕学计，申请于民国二年添设别科，以一年毕业。

二年一月，奉民政长令，改本校校名为浙江公立甲种蚕桑学校。是月，蚕科教员张元成辞职，另聘日本东京蚕业讲习所毕业生刘宗镐为蚕科教员。

二月，陕西西安西北大学来请蚕科教员，以第一期毕业生陆宝泰、第十三期毕业生顾晓旭二人应聘。是月，招考别科生。

三月，第十三期学生毕业，计二十六人。又补行第十二期学生张毅、凌上襄毕业考试，计二人。

九月，招考第十六期生。

十二月，别科学生毕业，计三十五人。是月，部令又改本校校名为省立甲种蚕业学校。

三年春，教育部以别科一年毕业，不合部章，因是改别科为补习科。

二月，招考第一期补习科生。

三月，为改良土丝计，于诂经精舍，开设女子缫丝传习所，招收女子，学习缫丝，以第十三期毕业生曾毅为监工。

七月，第十四期学生毕业，计十六人。是月，奉教育部令添设预科，故以后毕业，改为预科一年，正科三年，共为四年。

四月，本校成绩品出赛于巴拿马万国展览会。

八月，招考第一期预科生。

十月，定学生学业操行成绩俱优者，为特待（应为"等"）生，免其学膳费，以资鼓励。

十一月，于被焚茧室之旧基，添筑六开间讲舍一幢。

十二月，第一期补习科学生毕业，计二十一人。

四年一月，详请停售普通蚕种。是月招考第二期补习科生。

二月，崇文书院头门欲圮，拆改围墙。

四月，为改行新法养蚕、频年丰收之蚕户张长生等，请奖匾额，以促养蚕农家之改革。是月六开间讲舍落成。

七月，河南专门农校来请蚕科主任，以蚕科兼博物教员傅调梅应聘。

九月，招考第二期预科生。是月，为三年级生请设研究科一年，以补足预科年限。

十月，得农商部审查本校前赴巴拿马赛会出品二等奖凭。

十二月，第二期补习科学生毕业，计十六人。

五年春，拆修前考种楼蚕室，扩辟后园操场。招收第三期补习科生。

六月，第十六期学生援例请设研究科一年。是月，第十五期学生毕业，计十八人。

八月，招考第三期预科生。

九月，本校校友会成立。

十二月，第三期补习科学生毕业，计八人。

六年一月，为余杭蚕种赶早出售，贻害甚大，呈请省长出示禁止。

二月，招考第四期补习科生。

七月，第十六期学生毕业，计二十四人。

八月，招考第四期预科生。

十二月，因补习科增加功课，本年未能授完，故呈请教育厅，改毕业试验于次年一月举行。

七年一月，得巴拿马赛会本校成绩品金牌奖状。是月，第四期补习科学生毕业，计十四人。

二月，招考第五期补习科生。

三月，为欲蚕户改行新法养蚕，编成《养蚕浅说》，申请教育厅分行各县，发交宣讲员演讲。

七月，第十七期学生毕业，计十五人。

八月，招考第五期预科生。

十月，开本校二十周年纪念会。

八年一月，第五期补习科学生毕业，计二十人。

二月，招考第六期补习科生。是月，教育厅令，嗣后实业学校招生，应以高等小学毕业为原则，乙种学校毕业为例外。

五月，青岛问题发生，省长令提前放假。

九月，召集第十八期学生考试毕业，计毕业者十五人。是月，招考第六期预科生。

十一月，山西农业学校来请蚕科教员，以第二期毕业生郑恺应聘。

九年一月，第六期补习科学生毕业，计九人。

二月，招考第七期补习科生。

五月，校外余地被蒋姓盗卖，呈请教育厅饬县查办。

七月，第十九期学生毕业，计二十三人。

八月，招考第七期预科生。

十月，得本省学校成绩展览会甲等奖状。

十二月，修理分校讲堂楼屋，又购置洪春桥桑地二十四亩。

十年一月，第七期补习科学生毕业，计十九人，又补行第十九期学生龙裔崐、姚兆南毕业考试二人。

二月，招考第八期补习科生。

四月，分校讲堂楼屋修理告竣。

五月，省议会通过蚕种分送案。

六月，实业厅令蚕业机关，公（应为"共"）同酌拟分送蚕种办法。

七月，第二十期学生毕业，计十四人。

八月，招考第八期预科生。

十一年一月，第八期补习科学生毕业，计二十一人。

二月，招考第九期补习科生。是月，始行无偿分配蚕种于各县。

七月，第二十一期学生毕业，计十三人。

八月，招考第九期预科生。

十二月，本校为经济公开，设立经济委员会。

十二年一月，第九期补习科学生毕业，计十四人。

二月，贮藏蚕种箱，发现白色粉末，不知何人施放。是月，招考第十期补习科生，并补行第十一期学生朱光汉毕业考试。

三月，主任教员倪绍雯，就原蚕种制造场场良（应为"长"）之职，以蚕科教员刘宗镐为教务主任。

四月，蚕种催青不出，细察始知在贮藏箱中受毒，即向江苏女蚕、二农及浙江原蚕种制造场征集原种。

六月，第二十二期学生毕业，计二十五人。

七月，改行新学制，定预科二年为初中，正科三年为高中，以前四年毕业者，则改为五年毕业。

八月，招考第十期预科生。

九月，教育厅令选赴法国研究蚕丝人员，以第五期毕业生、现充本校英文教员周继先充任。

十三年一月，第十期补习科学生毕业，计十四人。

二月，招考第十一期补习科生。

七月，第二十三期学生毕业，计八人。

八月，招考第十一期预科生。是月，卢齐战事兴，教育厅函知各校迟缓开学。

十月，暑假后始行开课。所有旷课时间，则于每星期增加钟点及缩短假期中补之。

十二月，省会工程局函知苏堤二桥至三桥两旁隙地，暂借本校，为学生实习栽桑之用。

十四年一月，第十一期补习科学生毕业，计九人。

二月，省长夏公超锐续提倡蚕业，召集本校同学于九芝小筑，面允担任筹款，令同人拟具《蚕事计划书》，以便大加扩充。又亲临本校，勉励诸生，并捐廉补助正科生养蚕期中之膳费，及补习科生全年之膳杂等费，以资鼓励。是月，招考第十二期补习科生。

三月，省长令照所拟《蚕事计划书》认真举办，即于是月择定塔儿头、艮山门外、上四（应为"泗"）乡、湖墅、长安等处，设立改良养蚕场五所，分送蚕种，代乡民消毒、催青及饲育，劝乡民从事新法养蚕，结果均得丰收。

四月，省长又令海宁、诸暨开设改良土丝传习所，教授新法缫丝。

六月，第二十四（期）学生毕业，计十一人。

八月，招考第十二期预科生。

十月，省长又令本校校长，会同本校第四期毕业生现充省公署咨议杜以芬，分往浙西各县调查蚕丝业状况。

十一月，实业厅函请筹办蚕种冷藏库，即于是月着手建筑。

十五年一月，第十二期补习科学生毕业，计十一人。

二月，招考第十三期补习科生。是月，本校设立推广部，建筑五开间三层楼洋房一幢，于校中西首为培养原种及制一代杂种之用；并于新建洋房对面，建筑推广部办事室一所，分编辑、设计、文牍、调查、庶务、会计六股，办理其事。又于杭县、余杭、海宁、临安、崇德、嘉兴、吴兴、长兴、海盐、桐乡、德清、萧山、诸暨等处，开设改良养蚕场十七所，派本校毕业生与第三年级学生，分司其事，代各蚕户消毒、共同催青、饲育小蚕以及巡回指导等，颇受乡人欢迎。

三月，教育厅令改本校校名为浙江省立蚕桑科职业学校。

四月，省长交议省议会，免补习科学生膳杂各费案。

五月，前考种楼蚕室，走电被焚。

六月，第二十五期学生毕业，计三十人。

七月，教育厅令补习科免膳杂各费案，已经议会通过。

八月，招考第十三期预科生。是月，着手建筑丝厂房屋于分校。

十月，参加江浙江（应为"皖"）丝茧展览会。

十一月，夏公应（似为"因"）革命军失败，推广部暂行结束。

十二月，得江浙皖丝茧展览会本校成绩品一等奖状。

十六年一月，第十三期补习科生毕业，计四十七人。

二月，革命军兴，校务停顿。

三月，朱校长辞职。政务委员会委陈石民为校长，仍请刘宗镐为教务主任，另聘本校第二期毕业生石如璧、第九期毕业生陈一新、第十二期毕业生章绕江及江苏二农毕业生吴君志远为蚕科教员。

四月，招考第十四期补习科生。

七月，陈校长辞职，改委前原蚕种制造场场长倪绍雯为校长。增加预算经费，大加改革，仍请刘宗镐为教务主任，添聘日本东京蚕业讲习所毕业生夏道湘、缪德海为制丝科教员，张自芳及日本蚕业试验场修了张伦澧并日人崛川隆通为养蚕科教员。分五年级学生为养蚕、制丝两系，添购各种仪器设备、解剖研究室、细菌培养室、化学分析室，以资各生研究。

八月，招考第十四期预科生，招行男女同校制。

九月，浙江省政务会议通过本校新预算案，每年经费为五万零一百八十四元。

十二月，第五区第十四区分党部成立，实行党化教育。

十七年一月，第十四期补习科学生毕业，计二十六人。

二月，招考第十五期补习科生。

三月，续办推广事业，在鄞县、鄞江桥创设示范指导各一所。是月，分电南京中华民国建设委员会、南京国民政府农矿部，请遵总理蚕丝计划，竭力提倡。

四月，浙江省政府一〇五次通过政务会议，将本校迁至笕桥，并标卖上四（应为"泗"）乡沙田校产，建筑新校舍。

五月，分呈浙江政务会议、浙江大学，沥陈本校固应迁移，但笕桥地方不适，如迁至拱宸桥或艮山门外，较为相当，并黏呈各该处水质分析表各一份。是月，学生会为迁移校址问题，派代表向当局请愿。旋经浙江省政府一一七次政务会议通过，自一七年度起，省立蚕桑科职业学校为省立高级蚕桑科中学，招收初中毕业生，三年毕业。

（原文刊于《浙江省立蚕桑科职业学校三十周年纪念特刊》，1928 年。文章原标题为"本校三十年大事记"，现标题为作者自拟）

浙江省立杭州蚕丝职业学校略史

十七年四月，省政府一〇五次政务会议通过本校迁移笕桥案。又经一一七次政务会议，通过自十七年度起改名"浙江省立高级蚕桑科中学"案。七月，倪校长卸事，由国立浙江大学委任农学院院长谭熙鸿兼长本校。谭聘徐淡人为校务主任，驻校处理一切。是年寒假，补习科学生毕业。于是为提高程度，养成劳工化之养蚕人才计，呈准浙江大学，将补习科改为初级训练班，定额四十名，二年毕业，所需费用仍由推广教育费项下动支。

十八年春季，初级训练班开始招生。暑假后，笕桥新校舍落成，奉令迁入。是年冬，校务主任徐淡人辞职，聘陈石民继任。

十九年暑假，旧制本科五年级学生毕业。全体毕业生由校方介绍于各地蚕丝机关服务，甚得欢迎。故是年秋季招收新生时，投考者骤形踊跃，学生人数又较增加。乃为发展计，拟筹办丝厂、冷藏库，暨各系大规模之实验室、实习室。另送十九年度预算临时门于省政府，因省库适（似为"实"）在竭蹶，未得实现。又因本校经常费每年仅列五万一千余元，支配常感不敷，本年度学生名额较多，各项费用亦须增加，再继续呈请办法，乃由省政府核准加至五万六千余元。是年寒假，第一届训练班毕业。

二十年春，续招第二届训练班。暑假，新制高中第一次毕业。是时本校适先后受省内外各蚕种制造场及蚕丝业机关之嘱托，延揽人才，遂派第一届训练班毕业生暨新制高中第一次毕业生分赴各处，受任教师、指导等职，一时竟无遗珠。是年七月，以省库异常支绌，全省教育经费皆为酌减，本校亦减去四千余元，仍为五万一千余元。

二十一年一月，谭校长升任实业部林垦署署长，辞去本校校长，省政府改委校务主任陈石民代理校长。开学时适遇淞沪剧战开始，日机屡至笕桥一带投弹轰炸，乃暂迁艮山门外翠（应为"萃"）盛蚕种场授课，阅三月事解，迁回笕桥本校。同年七月，省政府加委代理校长陈石民为校长。于是于教务、训育、事务三处，及养蚕、制丝两系各原置主任外，添设各级主任，规定由每星期之主任会议决议全校一切进行事宜。又加授农业学科，以充实学生之智能。是年全省教育经费又告竭蹶，本校适以旧制五年级学生陆续毕业出外，班次减少，并查当时社会需要情形，将原定新学制学生在第二学年分系者，改为第三学年分系，经常费乃得减去九千余元，而为四万二千余元。寒假，第二届训练班毕业。

二十二年春季，奉令将训练班改称初级蚕桑职业科，毕业年限仍为二年。是年九月，奉令改名为"浙江省立高级蚕桑科职业学校"。

二十三年一月，因笕桥校舍应航空学校需要，奉令迁让，暂借梅东高桥大营一部分屋舍授课，同时择定古荡老和山麓，征购地亩，计先后购入一百三十余亩，分三期起建校舍——是地多坟墓，招领迁移，辗转需时，以致预定工程为之延误甚久。是年春，奉令实施军事管理。及是年冬，改名为"浙江省立高级蚕丝科职业学校"，仍附设初级蚕丝职业科一班，各级学程如旧。是时古荡校址，地面清理方毕，开始平地、填土等初步工程。

二十四年十二月，古荡校舍开始第一期建筑，并已呈准得将原定第二期工程中之丝厂提前起建。

二十五年四月，浙江省蚕丝统制会贷于本校一万一千元，购置丝车、扬返车、煮茧机等。五月，开始建筑丝厂房屋。六月，奉令将二十五年度招收之初级蚕丝职业科改定学程，延长毕业年限为三年。于是高初两部学生毕业年限同为三年——为本校高初两部完成三三制之始。七月，招收高初级两部新生，投考者异常踊跃。八月，古荡新校舍一部分落成，当即迁入，饲育秋蚕。九月，始行初级部学生童军训练。又得教育部核准优良职业学校设备补助费一万五千元，指定购置丝厂锅炉等，以及各种养蚕设备之用。十月，奉令改定今名"浙江省立杭州蚕丝职业学校"。

本校自此以后，既有固定适用之校舍、厂屋、园地，复得清静优美之农村环境，使学校设置得渐臻完备，学生生活与田野相习，则本校过去一贯方针自必益易推进。本校所期，在为社会养成切实的技术人员，为国家储备忠勇的青年卫士，故近年训练，一意向充实职业知（应为"智"）能、严行军事管理之路上迈进。同时注意于学校与社会之联络，务使学校与各地蚕丝业家呼成一气，学生与附近乡村事业融成一片。从而对于学生之实习，不能以实验室为满足，而必以各方实地考察训练为辅导。生产不主牟利，而以合作。育蚕基于栽桑，辅以农牧。在平时苦其心志，劳其体肤，出作入息，一以军纪。他日以赴事功，用舒（似为"纾"）国难，庶乎有豸？

当此学校重新建设万端之际，尚望邦人贤达有以辱教之，幸甚！

（原文刊于《浙江省立蚕丝学校校刊》第 3 期，1937 年。文章节选自"本校略史"，现标题为作者自拟）

浙江省立杭州蚕丝职业学校全面抗战期间概况

校长室

二十六年九月十八日，国耻纪念，升半旗，师生全体宣誓：抗战到底，至死不渝。

九月廿二日，抗敌后援会宣传工作团宣传工作队第十分队在本校组织成立。

十月二十日，与杭市第四区第二保举行联合防空会议。议决分段警卫、灯火管制、户口复查等要案多件，即日起严密实施。

十一月十一日，何鸿飞先生往临安勘察临时校址。

十一月十二日，何鸿飞先生返校报告，勘得临安徐家坞友谊蚕种场可供本校临时校舍之用。

十一月十三日，举行校务会议，议决即时准备，迁地上课，学生有家属或保证人或近系亲属证明向校请假者，准予离校。

十一月十四日，学生除已请假回家者，尚有八十九人（后来在途中又加入若干人，皆为归家路途已被阻绝而折回者）。其有自备脚踏车者午后先行出发，其余由陈校长以下、周天裕先生等二十余人分队率领，随行工役四人，厨子二人，携带重要校件，并规定各人行李件数，下午八时半在古荡桥下登舟向余杭进发，尚有一部教职员率同工役留校整理防守。

十一月十五日，自余杭步行往临安，下午八时抵徐家坞。

十一月十八日，留杭缪祖同、何鸿飞、袁伯康三先生续运图书到达。教务处即日排定临时课程表授课。

十一月廿二日，临时校务会议议决再迁寿昌，一部分书暂托友谊场顾瑞邦先生藏置地下室，上加伪装封固。

十一月廿六日，自徐家坞出发，取道临安山径，宿练头小学。

十一月廿七日，发练头，至新登胡家埠下船。

十二月四日，抵寿昌，借紫竹庵为临时校舍。

十二月八日，开始授课。

十二月廿六日，临时校务会议议决迁龙游溪口镇，明日启行。

十二月廿七日，晨发寿昌，下午六时抵龙游，宿东南旅馆。

十二月廿九日，自龙游至溪口，借溪口中心小学为临时校舍。

二十七年一月十七日，余伯秦、周仙美、薛远怀、龚钛四位先生率领学生王文成等十九人往碧湖战时青年训练团。本校暂时办理结束，设办事处于溪口小学，校长以下留何鸿飞、袁伯康、柴焕锦三人驻校，其他教职员留职停薪。

一月廿七日，办事处迁邱氏大楼。

六月一日，陈校长兼任财政部贸易委员会驻浙专员，办理本省蚕丝业及外汇事务，呈厅请假三月，请假期间校长职务拟请委由训育主任吴晓初代理，奉令照准。

九月一日，陈校长呈厅续假三月，续假期间校长职务仍由吴晓初代理。

九月十四日，厅令造具校件仪器清册报核。

九月十六日，袁伯康、周汝型两先生，启程往临安提取寄存校件图书，以凭查报。

九月三十日，教育厅第一科函邀校长到厅谈话。

九月廿六日，吴晓初代表校长到厅，奉谕迅为本校高年级学生筹备结束学程办法。遵即电告校长。

十月一日，陈校长赴厅，奉谕复课。校长当日电召吴晓初、袁伯康两先生往丽水，会商复课办法。

十一月七日，办事处校具仪器等件装卡车二辆，迁出龙游溪口镇。

十一月八日，办事处迁抵新昌鼓山种场，即日起添办校具，登报通告学生来校登记复学，并筹备一切开学事宜。

二十八年一月十五日，缪代校长到校。

一月廿七日，吴晓初奉电令赴厅报告杭嘉师管区商借新昌鼓山种场（即本校临时校舍）屋舍，及本校拟迁嵊县甘霖镇复课始末情形，奉谕予迁嵊开学。

乃急电办事处漏夜印发紧急通告分函学生家属，并函东南日报馆广告部照登。

一月三十日，迁抵甘霖显净寺，缪代校长订定救济战区学生办法。

二月一日，复学登记开始。

二月六日，开始上课。

七月廿二日，举行毕业典礼，陈校长到校主席。

九月一日，陈校长为贸易委员会职务繁重，呈厅辞校长兼职，奉令照准，委缪代校长接任校长。

二十九年十二月卅一日，敌人流窜至嵊县仁村。

三十年四月廿三日，敌人流窜至甘霖镇上，本校迁新昌西坑陈氏宗祠上课，本年春蚕分浦桥、苍岩及本校三处饲育，因此放弃半数以上。

六月十一日，迁回甘霖复课。

三十一年五月十五日，嵊县紧急，疏散学生。

五月十六日，嵊县沦陷，当夜雇工九名，三次将文卷食米行李等运至离校八里之山湾东田岙。师生卅七人于次日黎明以前离校，未及东田岙，敌人已至校门前，并发生战事。

五月十九日，因东田蚕（应为"岙"）不能久避，迁新昌东旺。本年所饲春蚕，大部不及制种，损失甚巨。

十一月十五日，因敌人长驻甘霖，另觅离甘霖七里之宋家做临时校舍开课，并派赴景宁、天台、临海三县领取厅拨经费。

三十二年一月二十日，宋家距敌人驻地仍近，时受威胁，乃派员赴壶镇觅定黄迎祥赵氏宗祠为临时校舍。

三月十五日，在黄迎祥正式开课，并陆续抢运留嵊图书仪器。

六月十五日，缪校长因感环境恶劣，晋厅辞职未蒙照准。

七月廿二日，因黄迎祥房屋不敷，另觅离黄迎祥二里之汪姓宗祠二处为临时校舍。

三十三年七月廿日，因学生增至一百六十余人，汪姓住屋不敷，操场农场亦无法开辟，另觅离汪姓五里之前路应氏宗祠及任二公祠为临时校舍，并租定操场及农场。

八月五日，全部迁入前路开课。

三十四年九月二十日，派孙伯友先生晋厅请示复员事宜。

十月一日，派周汝型先生赴杭觅临时校舍，当觅定黄龙洞及护国寺二处为校舍。

十一月廿八日，校长率领教职员三人、学生廿二人，（经）东阳、诸暨先行返杭。

十二月二日，全部师生取道金兰由水路回杭复课。

（原文刊于《浙江省立杭州蚕丝职业学校校刊》复刊第1期，1947年。文章原标题为"本校抗战期间概况"，现标题为作者自拟）

蚕学馆——中国第一所蚕丝业学校 [1]

朱新予　求良儒 [2]

中国从清季甲午战争（1894）失败后，国势日危。朝野人士欲挽危局，认为非变法不足以图存。中日《马关条约》的甫订，引起了康有为等十八省举人"公车上书"的抗议。一二年后，梁启超等又在长沙设立南学会，创办时务学堂，讲求与传播新知识。在北京则有康有为等所主持的强学会，上海设有分会。浙江受其影响，杭人汪康年等对于本省兴学也有热忱。在当时杭州知府林启（迪臣）支持和推进下，创办了求是书院（浙江大学前身）、养正书塾（后改杭州第一中学）、蚕学馆（后改浙江蚕丝学校）等三个教育机构。蚕学馆就成为全国首创的第一所纺织学校，不但对本省蚕丝事业的改进和发展起了一定的作用，其影响也遍及全国和国外。[3]

从钱山漾出土丝绢残片，证明浙江在四千七百年前，就有蚕丝生产。唐代以后，所产纱、绫更负盛名。宋室南迁，浙江蚕丝更趋兴盛。人民在养蚕、缫丝、织绸等方面，也积累了不少生产技术经验。但由于历代统治阶级借"振兴蚕桑"做幌子，强征丝绸以供宫廷贵族、官僚的享用，"遍身罗绮者，不是养蚕人"，以致蚕农生产情绪低落，技术保守，信鬼神，佞佛道，蚕病蔓延，

---

[1]　中国纺织科学技术史编委会征集资料专题之一："杭州蚕学馆——我国第一所纺织学校"。

[2]　朱新予，名学锄，字心畲，浙江萧山人。浙江省立甲种蚕业学校本科第十八期入学，民国八年（1919）九月毕业。中国杰出的丝绸专家、教育家，曾任安徽农校蚕科主任，留日回国后，历任本校推广部主任、浙江蚕业改良场主任、江苏第二农校蚕科教员、中国合众蚕丝改良会推广主任兼嘉兴裕嘉丝厂主任，长期担任"镇江女子蚕业学校"（后更名为"合众高级蚕桑科职业学校"）校长；曾任杭州市工商局副局长、浙江省轻工业厅副厅长兼丝绸局局长等职务，历任杭州工学院副院长、浙江纺织专科学校校长、浙江丝绸专科学校校长、浙江丝绸工学院院长。求良儒，毕业于浙江大学农学院蚕桑系。先后任职于浙江大学农学院、中国蚕丝公司杭州办事处。

[3]　本文资料部分取材于：郑晓沧先生《戊戌前后浙江兴学纪要与林启对教育的贡献》（《浙江文史资料》第一辑，1962年1月）。《浙江省立蚕桑科职业学校三十周年纪念特刊》（1928年6月）。陈师颢手稿"蚕学馆纪要"。陈石民先生等《杭州蚕学馆追记》（《浙江丝绸》1962年2月号）。

产量锐减。

清光绪二十二年（1896），林启调任杭州知府。认为在浙振兴实业，应以蚕业为首要。目睹民间养蚕连年歉收，即条陈整顿[1]。先此十余年，浙江海关税务司英人康发达也曾上条陈于总署：内官（似为"言"）法国曾检中国蚕种，重8两的只收蚕茧25斤；经选种后，就可收70斤，最多的可达100斤；又日本从改进育蚕，收效显著；中国丝由于价高，出口日减，日丝价廉，而出口日增；以过去八年计算，中国每年出口生丝比前减少200万斤左右，每年生丝价款收入，短收银580万两，海关每年因此也短收20万两，八年合计共短收银5000万两；倘使设局以资改进，只需三年，可见成效，每年所需经费3万两计，也不过10万两，已可挽回大利等语。康并派宁波人江生金赴法国学习选种[2]。林并采康意，于光绪二十三年（1897）呈准当时浙江巡抚廖寿丰创设蚕学馆，开全国风气之先。设馆大旨在除蚕病，制良种，精求饲育，兼讲植桑、缫丝，传授学生，推广民间。先请试办三年，经费由布政司拨银36000两；并请准拨西湖金沙港怡贤亲王祠和关帝庙旧址建馆舍，附近地30余亩栽培桑园。九月动工，用银10300两。又购办仪器设备用银3000两。次年（1898）三月开学[3]。课程设理化、动植物、蚕体生理、病理、解剖、气象、土壤、养蚕、栽桑、制丝、显微镜检查等，连同实习，二年毕业。

总办由林自兼，"馆正"初委邵章，次年邵辞，改委车书。1901年9月车辞，改委沈铭。总教习初聘江生金，江辞，经日本驻杭领事介绍日人轰木长。其后，曾改聘日人前岛次郎为总教习，西原德太郎为副教习。

所取学生以贡监生为多，也顾及来自蚕区、初具养蚕知识的，并注意视力，以免影响显微镜等的学习使用[4]。学额定为30名，实到25名，不限省籍。待遇是供给伙食，并给另（应为"零"）用费3元。另有额外生8名，则需自

---

[1] 《农学报》第10期（1897年8月）。

[2] 我国第一个出国留学实习，接受制种等先进技术的为江金生，由于江的基础知识较差，在法国学习时间也只七个月；加以送他出国的宁波税务司英人康发达，要求他的也只能成为"养蚕工头"。因此，他从法国蒙伯利公院学习的技术知识，也只限于用显微镜选种，识别常见蚕病和养蚕、贮种等一般技术，蚕学馆开办，聘为教习，讲授检种、育种法等。

[3] 《农学报》第41期（1898年7月）。

[4] 峰村喜藏：《清国蚕丝大观》。

备伙食 ①。实际毕业第一届 18 名，第二届 11 名，第三届 6 名 ②。从成立到 1943 年止，历届毕业生共为 1164 人，学生籍贯及毕业生从事蚕丝工作地点几遍布全国。

林启又采纳罗振玉等建议，曾先后派嵇侃（慕陶）等赴日本学习养蚕、制种新法。毕业生方志澄、朱显邦赴日学习养蚕、制丝。辛亥革命后，又由省选派毕业生周继先到意大利学习蚕丝，曾汉青、朱新予、徐淡人等先后到日本学习蚕丝。

1902 年，浙抚任道镕，惑于流言，认为蚕学馆无甚作用，拟令停办。经当时求是书院讲师高啸桐，商请浙人劳乃宣、杨文莹、樊恭煦、陈豪等据理力争，并在杭城长庆寺设试验场，找湖州熟悉蚕事农民，以土法饲育和蚕学馆新法饲育做比较，结果新法远优于土法，始得拨款续办。1906 年，浙抚冯汝骙又借口经费支出（应为"绌"），拟改蚕学馆为"初等农业学堂"，旋因冯去职而罢。

1908 年蚕学馆改名为"浙江中等蚕桑学堂"，1910 年，因学额扩增，原有校舍不敷分配，借西湖跨虹桥下的崇文书院设分部。辛亥革命后，改名"浙江公立蚕桑学校"。1913 年又改名"浙江省立甲种蚕桑学校"。

1914 年春，为谋改进浙江土丝，于西湖（诂）经精舍，开设女子缲丝传习所，招收适龄女子，传习缲丝技术，并在吴兴、海宁、崇德、德清、嵊县，创办模范丝厂 5 所，派蚕学馆毕业生充任厂长、监工，实为改良我省土丝之创举。1925 年又在长安、湖墅、上泗乡、石塔儿头、艮山门等处，设立改良养蚕场 5 所，分派毕业生帮助蚕农消毒、催青、养蚕，分送良种，劝导农民从事新法饲养，结果获得丰收，为我省推行科学养蚕技术指导之嚆矢。同年并在海宁、诸暨等县，开设改良土丝传习所，传授新法缲丝，以后各县纷纷兴办改良丝厂。1926 年 2 月在本校增设推广部，新办杭县、余杭、临安、长兴、吴兴、德清、桐乡、海盐、海宁、崇德、嘉兴、萧山等县改良养蚕场，连续办 5 所，共 17 所。派毕业生分赴各地巡回指导，积极推广改良蚕种，传授科学技术，取得大面积丰产成果，影响随而扩大。同年八月在分校筹建缲丝部，增聘教员，改设养蚕、制丝两个专业。

1928 年改名"浙江省高级蚕桑科中学"。1929 年迁入笕桥新建校舍。1934

---

① 峰村喜藏：《清国蚕丝大观》。
② 徐淡人先生信件（《浙江文史资料》第 1 辑，1962 年 1 月）。

年，笕桥因成立航空学校，校舍被并用，改迁古荡，新建校舍。在新校舍未建成前，曾暂在梅东高桥借用校舍上课，并改名"浙江省立杭州蚕丝职业学校"。

1937年全面抗战开始，为避免敌机空袭，学校先迁临安友谊蚕种场上课，不久杭州沦陷。即经寿昌、龙游（溪口）、新昌（西坑）到嵊县甘霖。复校上课经年。终因日寇流窜，几遭溃散。最后经宋家到缙云壶镇，再度复校，开学近四年。在抗战的艰难岁月中，全校师生始终克服困难，坚持授课，坚持学习。直到抗日战争胜利结束，由壶镇迁回杭州，先借用黄龙洞暂作校舍，后恢复古荡旧校址。

解放后，校名改为浙江杭州蚕丝职业学校。

制丝科：1950年设分部于原萧山坎山丝厂。1952年改名浙江制丝技术学校，同年与杭州工业干校合并为浙江杭州工业学校制丝科。1954年曾并江苏苏州浒墅关，1956年复校。1958年改为浙江纺织专科学校。1960年并入杭州工学院成立纺织工程系。1961年仍单独成立纺专。1962年改名浙江丝绸专科学校（四年制本科）。1964年国务院批准为浙江丝绸工学院。1970年受林彪、"四人帮"干扰破坏，下放杭州市，改名杭州工业学院。1975年中央批准恢复浙江丝绸工学院，1976年正式招生。

养蚕科：在古荡原址。1952年湖州蚕丝职业学校迁杭归并。1955年古荡校址为浙江大学所并用，当年暑期并入嘉兴农业学校增设蚕桑科。1956年蚕科仍从农校划出，在诸暨牌头建校，改为浙江诸暨蚕桑学校。1960年8月，浙江农大蚕桑系迁至牌头，改成诸暨蚕桑学院。1962年7月，农大蚕桑系迁回杭州，恢复诸暨蚕校原名。1970年诸暨牌头中学归并，成立诸暨县"五七"农校。1978年3月又改名绍兴地区农校专设蚕桑科。

计从蚕学馆成立至今81年的历史过程中，其间迁校址蚕、丝共21处，改易校名蚕、丝共21次。

蚕学馆创办后，不但对本省蚕丝事业起了推进作用，其影响也遍及全国，而至国外。当时，全国各省继杭州蚕学馆而创办蚕业教育等机构的，东至辽吉，西迄新川，南达滇粤，北抵陕甘。如广东蚕业学堂及农校蚕科、云南农业学校蚕科、福建蚕桑局及蚕桑公学、湖北农务学堂蚕桑科、北京蚕桑讲习所，四川（涪州）、贵州（遵义）、湖南、新疆、河南、广西、南京蚕桑学堂，江苏浒墅关女子蚕业学校，山东、安徽、山西、陕西等农业学堂蚕科，吉林、辽宁农事试验场蚕科等等，影响遍及全国。其在国内外主要作用有：

（1）培育蚕丝科技人员：从1900年第一期毕业起，到现在止，蚕桑、丝绸毕业人数，在3000人以上。除在本省从事蚕丝科技工者（应为"作"）外，毕业生工作地区，遍及全国，为发展祖国蚕丝事业贡献力量。

（2）研制优良蚕种：蚕学馆创办开始，就注意试制新种，分送农民试养，也适当供应省外。由于试养结果良好，颇受欢迎，订购日增。苏、皖、闽、赣、鲁各邻省，都来预定，也曾远输甘肃、新疆等省，并有少量输出国外。根据日本横山忠雄氏1976年在《蚕丝科学与技术》连载"日本的家蚕育种史料"中提道："日本明治（1868年）后期的中系品种，都是从中国引进的一化性白茧种，有青白、青桂，系中国杭州蚕学馆从青熟（♂）桂元（♀）培育出来的一化性白茧种。还有桂元、大圆头、诸桂等纯系新种。"这就证明既有输出日本，也曾培育纯种创制交杂新品种。

（3）推广养蚕技术：从1901年起，蚕学馆在嘉兴等各县创办分馆及养蚕社等，为农民检查土种病毒、消除蚕病，借以补新种的不足[①]。1925年至1926年先后在海宁等县设改良养蚕场17所，指导农民消毒、催青及养蚕技术。在校又增设推广部主其事。为本省办理蚕桑改进工作，摸索了经验，打下了初步基础。

（4）传授新法缫丝：1914年至1925年先办女子缫丝传习所，并在吴兴、德清等5县办模范丝厂5处；后在杭州、海宁、诸暨等县市分别开办缫丝传习所，招收适龄女子，传授新法缫丝。以后校内筹建丝厂，在菱湖、嵊县等地，纷纷举办缫丝厂，毕业生参加丝厂工作，对改进土丝质量，推动生丝生产起了一定作用。

（5）编译、介绍蚕业科技书籍，普及蚕丝科技知识：蚕学馆于开办之初，就译印《微粒子病肉眼鉴定法》《喝茫蚕书》及《蚕外记》等书，后又编著《蚕桑术要》《饲育要览》《饲蚕新法》《屑茧缫丝》等以介绍科学技术知识，其后各种教材编写以及科普刊物等，对蚕丝科技普及与提高有一定的作用。[②]

1978年11月

---

① 如皋朱祖荣：《蚕桑问答》，1901年。
② 本文初稿完成后，承李锡畴、洪道南、陈钟诸先生补充、订正。

附：本省丝绸学校设置及历届毕业学生人数一览

浙江丝绸工学院

一、学校设置变迁情况

解放前

1897 年（清光绪二十三年）在杭州创办蚕学馆，为我国第一个蚕、丝教育机构。

1908 年蚕学馆改名为浙江中等蚕桑学堂。

1912 年辛亥革命后，改名为浙江中等蚕桑学校，设有足踏缫丝实习工场。

1913 年改名为浙江公立甲种蚕桑学校，同年冬，又改名为浙江省（立）甲种蚕业学校。

1914 年浙江省立甲种蚕业学校增设女子缫丝传习所。

1926 年改名为浙江省立蚕桑科职业学校。

1927 年分设养蚕、制丝两专业，实行男女同校。

1928 年改名为浙江省立高级蚕桑科中学。

1934 年改名为杭州蚕丝职业学校。

1937 年抗日战争全面爆发，杭州蚕丝职业学校一再搬迁，最后到缙云壶镇上课。

1945 年抗日战争胜利，杭州蚕丝职业学校复迁杭州，直至新中国成立。

解放后

1949 年人民政府接管杭州蚕丝职业学校。

1950 年杭州蚕校在萧山坎山丝厂设制丝分部。

1952 年萧山制丝分部单独成立浙江制丝技术学校。同年，与杭州工业干部学校纺织科合并成为杭州纺织工业学校。

1953 年杭州纺织工业学校与浙江工人技术学校合并成立杭州工业学校，设纺织科（内办制丝专业）。

1954 年全国大专院系调整，杭工纺织科中的制丝专业师生迁并苏州浒墅关苏州蚕丝专科学校。

1956 年杭州工业学校恢复设置丝绸科（原去苏州蚕校教师调回）。

1958 年以杭工丝绸科为基础成立浙江纺织专科学校，设丝工、丝织、棉纺、棉织、纺机等五个专业（均五年一贯制专科），1959 年招收四年制本科。

1960 年纺专与浙大部分系，以及电专、机专等校合并成立为杭州工学院，纺专改办纺织工程系。

1961 年杭州工学院调整并入浙江大学，纺织系复办纺织专科学校。

1962 年纺专改名为浙江丝绸专科学校（学生全部为四年制本科）。

1964 年国务院批准改为浙江丝绸工学院。

1965 年浙丝院除原有制丝、丝织两专业外，增设印染专业。

1970 年浙丝院改属杭州市，更名为杭州工业学校，设动力机械、电子、化工、丝绸四个专业。

1975 年国务院批准恢复浙江丝绸工学院，仍归省领导，恢复制丝、丝织、印染专业，并增设丝绸机械专业。

1978 年学院进行整顿，设立三系一部（丝绸工程系、机电工程系、染化工程系和基础课教学研究部），除原有专业外，增设丝绸电子自动化专业。

1979 年各系开始招收研究生，并新增丝绸美术与品种设计专业。

二、历届毕业学生数

中华人民共和国成立前

毕业时间	科别、期次	学生数 / 人	备 注
1900 年 6 月 （清光绪廿六年）	本科①第 1 期	18	招各县举贡生监， 本科学制三年
1901 年 6 月	本科第 2 期	11	
1902 年 6 月	本科第 3 期	6	
1903 年 5 月	本科第 4 期	12	
1904 年 6 月	本科第 5 期	14	
1905 年 6 月	本科第 6 期	13	
1906 年 5 月	本科第 7 期	19	
1907 年 12 月	本科第 8 期	15	
1908 年 12 月	本科第 9 期	25	
1909 年 12 月 （清宣统元年）	本科第 10 期	11	别科一年毕业， 以后称为补习科
1910 年 12 月	本科第 11 期	19	
1912 年 5 月 （民国元年）	本科第 12 期	29	
1913 年 3 月	本科第 13 期	26	
1913 年 7 月	别科第 1 期 ※	35	
1914 年 7 月	本科第 14 期	16	
1914 年 12 月	补习科第 1 期	21	
1915 年 12 月	补习科第 2 期	16	
1916 年 6 月	本科第 15 期	18	
1916 年 12 月	补习科第 3 期	8	
1917 年 7 月	本科第 16 期	24	
1917 年 1 月	补习科第 4 期	14	
1918 年 7 月	本科第 17 期	15	
1919 年 1 月	补习科第 5 期	20	
1919 年 9 月	本科第 18 期	15	
1920 年 1 月	补习科第 6 期	9	

---

① 是相对于"预科""补习科"而言的一种科别，不是现在的"本科"概念。

续表

毕业时间	科别、期次	学生数 / 人	备　注
1920 年 7 月	本科第 19 期	25	别科一年毕业，以后称为补习科
1921 年 1 月	补习科第 7 期	19	
1921 年 7 月	本科第 20 期	14	训练班短期性质，数月至半年为一期
1922 年 1 月	补习科第 8 期	21	
1922 年 7 月	本科第 21 期	15	
1923 年 1 月	补习科第 9 期	14	
1923 年 6 月	本科第 22 期	22	
1924 年 1 月	补习科第 10 期	14	
1924 年 7 月	本科第 23 期	8	
1925 年 1 月	补习科第 11 期	9	
1925 年 6 月	本科第 24 期	11	
1926 年 1 月	补习科第 12 期	11	
1926 年 6 月	本科第 25 期	30	
1927 年 1 月	补习科第 13 期	40	训练班短期性质，数月至半年为一期
1928 年 1 月	补习科第 14 期	26	
1928 年 7 月	本科第 26 期	12	
1929 年 1 月	补习科第 15 期	33	
1929 年 7 月	本科第 27 期	11	
1930 年 7 月	本科第 28 期	11	
1931 年 1 月	初级蚕业训练班第 1 期 ※	30	
1931 年 7 月	本科第 29 期	8	这里的高级，相当于高中毕业。从 1929 年起招收初中毕业生入学，三年毕业
	高级第 1 期 ※	12	
1932 年 7 月	本科第 30 期	7	
	高级第 2 期	18	
1933 年 1 月	初级蚕业训练班第 2 期	30	
1933 年 7 月	高级第 3 期	32	
1924 年 7 月	高级第 4 期	14	
1935 年 1 月	初级蚕业职业科第 1 期	21	
1935 年 7 月	高级第 5 期	13	
1936 年 7 月	高级第 6 期	12	

毕业时间	科别、期次	学生数/人	备　注
1937 年 1 月	初级蚕业职业科第 2 期	22	这里的高级，相当于高中毕业。从 1929 年起招收初中毕业生入学，三年毕业
1937 年 7 月	高级第 7 期	20	
1939 年 7 月	高级第 8 期	7	
1940 年 7 月	高级第 9 期	17	
	初级第 1 期	13	
1941 年 7 月	高级第 10 期	8	
	初级第 2 期	10	
1941 年 10 月	初级职业训练班第 1 期	24	
1942 年 7 月	高级第 11 期	28	
	初级第 4 期	43	
1943 年 7 月	高级第 12 期	22	
	初级第 4 期	35	
1944 年 7 月	高级职业训练班第 1 期	12	
	初级第 5 期	6	
	高级第 13 期	10	
1945 年 7 月	高级第 14 期	20	
	初级第 6 期	15	
1946 年 7 月	高级第 15 期	9	
	初级第 7 期	21	
1947 年 7 月	高级第 16 期	14	
	初级第 8 期	14	
1948 年 7 月	高级第 17 期	15	
	初级第 9 期	10	
1949 年 1 月	高级第 18 期	21	
1949 年 7 月	初级第 10 期	13	
合　计		1401	

中华人民共和国成立后

（一）中专（三年制）毕业生人数

毕业时间	科别（专业）	学生数／人	备 注
1949 年 7 月	高级第 19 期	19	其中：养蚕 4 人，制丝 15 人
	初级第 11 期	21	分专业不详
1950 年 1 月	高级第 20 期	11	其中：养蚕 4 人，制丝 7 人
1950 年 7 月	高级第 21 期	20	分专业不详
	初级第 12 期	27	分专业不详
1951 年 7 月	高级第 22 期	19	其中：养蚕 10 人，制丝 9 人
1952 年 2 月	高级第 23 期	19	全部制丝科
1952 年 7 月	制丝科	19	
1953 年 2 月	制丝科	23	
1953 年 7 月	制丝科	29	
	棉纺织科	18	
1954 年 2 月	纺织科	104	其中：棉纺 34 人，棉织 37 人，制丝 33 人
1955 年 2 月	纺织科	121	其中：棉纺 51 人，棉织 70 人
1959 年 7 月	丝绸科	151	其中：制丝 75 人，丝织 76 人
1960 年 7 月	丝织专业	40	
合　计		641	其中非丝绸专业（棉纺织）192 人

（二）大专（四年制本科）毕业生人数

毕业时间	班　次	各专业毕业学生数／人	总数／人	备 注
1963 年 7 月	原 59 班	制丝 30，丝织 38	68	
1964 年 7 月	原 60 班	制丝 13，丝织 22	35	
1965 年 7 月	原 61 班	制丝 15，丝织 26	41	1961、1962 年无毕业班级。62 班起因"文化大革命"开始延至 1967 年毕业
1967 年 12 月	原 62 班	制丝 18，丝织 27	45	
1968 年 9 月	原 63 班	制丝 14，丝织 27	41	
1968 年 12 月	原 64 班	制丝 19，丝织 41	60	
1970 年 8 月	原 65 班	制丝 25，丝织 36，染整 30	91	
合　计		制丝 134，丝织 217，染整 30	381	

（三）中专（二年制）毕业生人数

毕业时间	班 次	各专业毕业学生数 / 人	总数 / 人	备 注
1973 年 7 月	原 71 届	电子 23 丝织 31 动力机械 41 化工 23	118	
1975 年 7 月	原 73 届	制丝 40 丝织 40	80	1970 年浙丝院改为杭工。 1972 年开始招收工农兵 学员，均二年制中专
1976 年 7 月	原 74 届	制丝 32 丝织 30 丝绸机械 36 印染 20	118	
1977 年 7 月	原 75 届	制丝 35 丝织 29 丝绸机械 36 印染 20	120	
合 计		制丝 107，丝织 130，丝绸机械 72，印染 40，电子 23，化工 23，动力机械 41	436	其中非丝绸专业（动力机 械、电子、化工）87 人

（四）在校（1979 年 6 月）各专业学生数

班 级	计划毕业时间	专业学生数 / 人					合计 / 人
		制 丝	丝 织	印 染	丝绸机械	电子自动化	
76 班 （三年制本科）	1980 年春季	35	36	20	38	/	129
77 班 （四年制本科）	1982 年春季	40	40	32	78	/	190
78 班 （四年制本科）	1982 年秋季	38	38	33	96	62	267
合 计		113	114	85	212	62	586

编后记

从蚕学馆首届（学生）毕业到杭州解放历时 50 年中，共毕业 80 批，计有各类毕业生 1401 名（包括蚕科和丝科），其中本科、高级（相当于中专）毕业生 772 名，补习科、初级、训练班等毕业生 629 名，培养了一批蚕桑、制丝技术人员。

中华人民共和国成立后，随着国民经济的发展，浙江省丝绸教育事业也相应发展。从 1949 年到 1977 年这 28 年中，共为国家培养和输送有关丝绸技术人才 1179 名（不包括蚕科），另外培养非丝绸专业毕业生 279 名，共计 1458 名；在 1171 名丝绸专业毕业生中，属四年制本科毕业的有 381 名，中专毕业的有 798 名，毕业生分布在全国各地，成为丝绸工业战线一支重要技术力量。

　　从发展的过程来看，新中国成立以来，浙江省丝绸学校经历了两上两下的曲折发展过程：解放初期，学校实行蚕、丝分设，几经调整，有了初步发展；第二个五年计划期间，学校发展较快，学制由中专发展为大专，质量有所提高；"文化大革命"期间，学校被迫改为中专；至 1975 年重新恢复浙江丝绸工学院，粉碎"四人帮"以后，学院在教育部、中纺部和省委关怀下，面目为之一新。现在设立三系一部（丝绸工程系、机电工程系、染化工程系和基础课教育研究部）。计有制丝、丝织、染整、丝绸机械、丝绸电子自动化、丝绸美术与品种设计等 6 个专业，全院共有 18 个教研室，20 个实验室，3 个科学研究室，并计划建立院丝绸科学研究所。现有教职工 417 人，在校各专业学生人数为 586 名，均超过我院历史最高水平，1979 年开始招收研究生。随着我国国民经济的调整和发展，适应丝绸工业和丝绸科学现代化的发展需要，浙江丝绸工学院将有着广阔的发展前景。

（原文刊于《浙江文史资料选辑》第 12 辑，1979 年）

浙江蚕学馆与蚕校的回忆录

徐淡人 [①]

　　我国自甲午战役以后，全国沦为半殖民地半封建之域，近百年来，受尽帝国主义的侵略控制干涉欺侮而岌岌不可终日。直到中国共产党和毛主席英明领导全国人民革命，推倒压在人民头上的三座大山，全国解放之后，始得扬眉吐气重见天日。吾侪年几半老的一辈，都记忆犹新。尤其在于当时，关税不能自主，税收多抵偿外债，海关主权，全操洋人之手，所谓"倒持太阿，授人以柄"。言念及此，更为切齿痛恨之至。

　　我国丝绸，久已驰誉世界，向为重要出口物资，尤其浙江产量，占全国三分之一以上，每年由宁波输出的为数颇巨。当时宁波税务司康发达，鉴于丝绸出口每况愈下，税收锐减，曾上条陈于满清政府，极言"中国蚕病猖獗，农民年遭失败，遂致丝绸出口，逐年减少，若不迅速防止（应为"治"）蚕病，将遭灭种之惨，税收必将更陷于枯竭，请求政府早为之图"。同时，他又派"养蚕小院"的工头江生金赴法国蒙伯叶养蚕学校学习养蚕制种。春往冬回，以期归教国人。康发达的条陈，虽切中时弊，但其目的所在，不言而喻，只在有利于帝国主义对我国的榨取，而决不是为我国之利是图的。

　　光绪二十三年（1897），杭州太守福建林启（迪臣）鉴于蚕丝为浙江省重要生产，其时全省蚕户达九十五万四千余户，相应的机织业也有数万户，关系国计民生甚巨。因援康发达的条陈，陈准浙江巡抚廖寿丰"拨地筹款，创办蚕学馆以资振兴"。即是年秋，委邵章（伯絅）筹备，择地于西湖金沙港怡贤亲王祠（原先为明魏忠贤生祠）马昆连（似为"与毗连"）的关帝庙旧址，建筑

[①]　徐淡人，原名忠国，浙江诸暨人。浙江省立甲种蚕业学校本科第十六期入学，民国六年（1917）七月毕业。曾任安徽省立第一蚕桑讲习所主任、安徽省立第五农校蚕科主任教员及教务主任、浙江省派留东京蚕丝练习生、浙江省立高级蚕丝学校校务主任、浙江省立蚕桑科职业学校推广部主任等职。

馆舍，计新建前后考种楼（即蚕室）各一幢，公厅楼屋一幢，学生宿舍东西斋各平房三十间。（当初预计招生二班）

光绪二十四年（1898）二月，筹备就绪，林氏自兼总办，聘浙绅樊恭煦为总董，委邵章为馆正，聘江生金为总教习，并请日本蚕学家轰木长以付（通"副"）之。试招学生一班，计三十名，规定两年毕业，于三月十三日正式开始授课。津贴膳食膏火杂用，且依学期考试各次高低给奖，榜首36元，依次递减，以资鼓励。同时又派嵇侃（慕陶）赴日本（儿玉竟进社蚕业学校）学习养蚕制种。闻嵇能在日苦学，也遥寄奖金40元，所以期望学生学以致用者，颇为殷切（不久嵇侃回国，初任蚕学馆教习，后任纬成公司缫丝部主任，开全国再缫丝的先声）。

是年暑假，江生金由于在法学习时间短促，实际经验有限，不克长期胜任教习而辞职，于是即以轰木长继任为总教习，添聘日本人前岛次郎为付教习。

1899年，由于轰木（长）合同期满回国，遂以前岛次郎为正教习，添聘日本人西原德太郎为付教习。是年招收第二班学生三十名，七月馆正邵章辞职，改委车书继任。

1900年六月，第一班学生毕业共十八人（林氏在戊戌政变中早已忧愤成疾，不及见第一期学生毕业而逝世）。林氏原订毕业生必须在本省服务（三年），否则要受追费处分。但其时由于各省闻风兴起，纷纷来馆聘请教习，遂由馆介绍本届毕业生多人应外省之聘，颇能在异地开花结子，蚕学馆信誉因以日隆。

1901年，因蚕学馆办有成效，遂由地方官与地方士绅合议，此后筹定常款，继续办理。是年九月，车馆正辞职，改委沈铭（霭如）继任。

1902年春，浙江巡抚任道镕，在李鸿章死后，遵旨在浙江省立专祠。翌年二月其侄李经羲（云贵总督）要来杭州，任为献媚李氏以固禄位，拟在他未到以前，李鸿章专祠已在杭州落成，显得更为光彩。又愁偬促难办，遂借口"浙本蚕乡，农民素习蚕桑，蚕学馆无甚作用"，拟下令停办，即以馆址改建李祠，可事半而功倍。当时即由浙绅陈豪、樊恭煦等起而抗议，认为"蚕丝为吾浙主要产业，东西各国正在竭办讲求，以与吾国竞争，如果停办蚕学馆，不仅前功尽弃，将见丝业与茶业同样失败"。于是函电联合在京浙籍京官，向清廷力争，结果由"上谕"在杭州长庆寺设立试验场，以同样蚕种、同一蚁量，招湖州熟练蚕事的农民，与本馆第一班毕业生（骆缵郊、陆宝泰二人）分屋饲养，比较成绩，如新法优于土法则馆保留，否则停办。是年饲育结果，到了成茧之后，即由任抚率同司道绅士，当场评定茧量质，新法远远胜过土法，任抚也无话可说，停办之议遂解。由此信任者日多，四方来学者愈来愈多。从二十八年（1902）起，遂规定常年经费，增加学生名额，添建学生宿舍（新东斋三十间）以资应用，永远继续办理。

1903 年冬，日本教习合同期满，本馆毕业生的学识经验，才堪自任教习，自此遂不复延聘日本人。

1905 年冬，为了本馆只注力于养蚕制种，而没有注意到制丝，还是未竣全功，不能符合出口和内销的要求，因此特派是年第六期毕业生方志澄（亚农）、朱显邦（文园）二人赴日本东京高等蚕业讲习所学习制丝技术（方氏不到终学而病故）。此二人者都是先父的同班同学，故知之甚详（先父徐菊生，他的毕业文凭陈列在浙江博物馆）。

1906 年，浙抚冯汝骙借口经费支绌，欲改本馆为"初等农业学堂"。其时又由陈豪、邵章、陆元鼎等，与同乡京官葛宝华、陈邦瑞、劳乃宣、徐定超、吴伟炳等，以"蚕丝为浙江重要特产，应有专门机关研究，东西各国皆有蚕丝专门学校，以资深造，浙江也应效仿。蚕学馆成效卓著，正应扩充，何可缩小"。向各方呼吁，力图挽回。后以冯氏去职，新任浙抚增韫，遂顺从公认不改。

1908 年，增韫由于蚕学馆的成绩可观，奏请立案，定名为"浙江中等蚕桑学堂"。

是年酌定新章，免除学生津贴，增加学额，加长学习年限，改二年毕业为三年，征收学膳等费。

是年八月，翰林院侍读吴士鉴，复奏请改为"浙江高等蚕桑学堂"。奉旨依议，看浙抚增韫依照所请妥为筹办。嗣以当时中等毕业生尚少，恐招收不易，暂从缓办。是年四月，馆正改成（应为"称"）监督。

宣统二年（1910），由于学额增多，旧有校舍，不敷分配，遂借"崇文书院"旧屋，作为分堂之用。其时朱显邦已由日本学成回国，到校任制丝教习；始授制丝学、杀蛹干茧、屑物整理等学科。开辟关帝庙的一个房屋，建立缫丝工场，备有再缫式足踏缫丝木车二十台、绌丝纺车二十台供学生实习之用。在机械缫丝厂未发展之前，这种改良足踏缫丝车，丝质仅次于厂丝，而远超过土丝，曾在省内外推行于一时，外省多来校定购，由校教导巧匠郑连生、周马发两家木作铺特约代做。

宣统三年（1911）六月，浙江省咨议局为了推广本省蚕业教育，因蚕校西湖原址受到环境限制，颇难扩充，建议迁移校址，改设高等，以图扩充。已由咨议局通过，经浙抚增韫批准，札催迅速筹办。因辛亥革命军兴，省垣光复，以军事旁午，无暇及此而中止。

民国元年（1912），本堂改称为"浙江公立蚕桑学堂"。是年4月，监督沈铭辞职，改委朱显邦为堂长。朱又聘请浙籍留日东京高等蚕业讲习所毕业生张元成（镜明）、倪绍雯（轫庵）、刘宗镐（启周）三人为蚕科教习，对于栽桑、桑树病虫害、蚕体生理、蚕体病理、蚕体解剖等学科，更加完整。

1913年，又改为"浙江省立甲种蚕业学校"，张元成应别处之聘而去职，任倪绍雯为教务主任。是年为谋迅速普及蚕业技术起见，详请浙江教育司，添设别科一班，授以简要的蚕桑专门知识及技能，定期一年毕业。

1914年，部令别科一年不合部章，因此改别科为补习科，毕业年限，仍为一年。是年秋奉教育部令，添招预科一班，一年毕业，升入正科，三年毕业，共为四年。而把原有二班正科生原定三年毕业的，对修满二年的一班，照旧三年毕业；满一年的一班，延长一年。在这一年，称研究科，授以较深些的专科，临毕业时发给二张证书，一张是正科三年毕业，一张是研究科一年毕业（只此一班，我是这班的毕业生，从蚕学馆开馆是第十六期）。

1923年，改行新学制，招收高小毕业生，定预科二年为初中程度，正科三年为高中程度，毕业年限，共为五年。

1925年，浙江省长夏超与朱校长是处属大同乡，平时听朱谈到振兴本省蚕桑之利，夏氏常叹心有余而力不足。待既握浙江政局之后，颇关心于浙江蚕桑生产，曾亲令蚕校拟具蚕事计划书，以便采择施行。他曾亲自莅校向学生讲话，又自出资津贴正科生养蚕期中的膳费，及补习科生全年的膳杂等费，以资鼓励。并令在艮山门外，湖墅、塘山头（似为"塔儿头"）、上泗乡、民安（似为"长安"）等地，设立养蚕示范所。

1926年，夏氏复以蚕校为中心，推广蚕桑，于蚕校内设立推广部，聘朱新予为该部主任，在各县筹办养蚕场十七所，派毕业生与在校高年级正科生，代农民施行共同催青、稚蚕共育以及巡回指导等业务，一时颇受群众欢迎。

是年校中又建筑冷藏冰库及原种部养蚕室，在分校（崇文书院旧址）又建设新式机械缫丝厂。补习科通过免费案。正在积极进行之际，因夏氏投入革命军，反抗军阀孙传芳而失败，为孙部下宋梅村所杀，由此在蚕校的各种基建，均因而停顿。

是年部令又改为"浙江省立蚕桑科职业学校"。

1927年春，北伐革命军兴，本校在戎马倥偬之中，曾暂时停课，至三月军事板平，连任14年的朱校长辞职，政务委员会委陈石民为校长，继续开学。是年暑假后，陈校长辞职，改委倪绍雯为校长。分五年级生为养蚕、制丝两系，始行男女同学制，经常费也较有增加。

1928年之初，有人散布流言，且公之报端（忘记报馆名），认为"蚕的功用，不及牛的伟大，如果蚕要设专校，牛更不必说了，倡议停办，蚕校并入农校，以资搏节"。其实别有用心。但当即有人认为，"蚕丝是本省重要产业，向属国际贸易上商战的利器"，并引孙中山先生的"蚕丝计划"据理力争，其议遂息。

是年四月，省政府一〇五次政务会议通过本校迁移笕桥案。又经一一七次政务会议，通过自民国十七年度起，改名为"浙江省立高级蚕桑科中学"案。是年7月，倪校长卸任，由国立浙江大学农学院院长谭熙鸿兼校长。谭氏聘我为校务主任，驻校处理一切。是年寒假，补习科学生毕业。于是为提高程度，养成劳工化的养蚕人才计，呈准浙江大学，将补习科改为初级训练班，定额四十名，二年毕业。所需费用，仍由推广教育费项下动支。

1929年春季，初级训练班开始招生。暑假后，笕桥新校舍落成，奉令由西湖金沙港迁至笕桥开学，在苏堤的原有桑树大部分移栽笕桥新桑园，但成绩不良。是年十月，我辞职，聘陈石民继任校务主任。

1930年暑假，旧制本科五年级学生毕业。全体毕业生由校方介绍于各地蚕丝机构服务，颇受欢迎。因此，是年秋季招收新生时，投考者骤形踊跃，学生人数又较增多，乃为发展计，拟筹办丝厂、冷藏库，暨各系大规模的实习室和实验室。另送民国十九年度预算临时经费于省政府，由于省库竭蹶，未得实现。又因本校经常费每年仅五万一千余元，支配常感不敷，本年度学生名额较多，各项费用亦须增加，再继续呈请办法，乃由省政府核准加至五万六千余元。是年寒假，第一届训练班毕业。

1931年，续招第二届训练班。暑假，新制高中第一次毕业。是时本校适先后受省内外各蚕种制造场及蚕丝业机关之嘱托，延揽人才，遂派第一届训练班暨新制高中第一次毕业生分赴各处，受任教师及指导等职，一时竟无遗珠。是年七月，以省库异常支绌，全省教育经费皆为之酌减。本校也减去四千余元，仍为五万一千余元。

1932年一月，谭校长任实业部林垦署长，辞去本校校长，省政府改委校务主任陈石民代理校长。开学时适于"一·二八"淞沪战事开始，日机屡至笕桥一带投弹轰炸，乃暂迁艮山门外焦家桥萃盛蚕种场授课，阅三月而事解，迁回笕桥本校。同年七月，省政府加委代理校长陈石民为校长。于是教务、训育、事务三处，及养蚕、制丝两系，除各原设主任外（当时我任养蚕主任），添设各级主任；规定由每星期的主任会议，决议全校一切进行事宜。又加授农业科学，以充实学生的智能。是年全省教育经费又告竭蹶。本校适以旧制五年制学生陆续毕业出校外，班次减少。并察当时社会需要情况，将原定新学制学生在第二学年分系的，改为第三学年分系，经常费乃减去九千余元，而为四万二千余元。寒假，第二届训练班毕业。

1933年春季，奉令将训练班改称"初级蚕桑职业科"，毕业年限仍为二年。是年九月，奉令改名为"浙江省立高级蚕桑科职业学校"。

1934年一月，因笕桥校舍应航空学校需要奉令迁让，暂借城内梅东高桥大营一部分房屋授课。同时择定古荡老和山麓，征购地亩，计先后购入一百三十余亩，分三期起建校舍，由于此地多坟墓，招领价迁，辗转需时，以致预定工程，为之延误甚久。是年冬改名为"浙江省立高级蚕丝科职业学校"，仍附设初级蚕丝职业科一班，各级学程如旧。是时古荡校址，地面清理方毕，开始平地换土等初步工程。

1935年十二月，古荡校址开始第一期建筑，并已呈准得将原定第二期工程中的丝厂提前起建。

1936年四月，浙江省蚕丝统制会贷与本校一万一千元，购置丝车、扬返车、煮茧机等。五月开始建筑丝厂房屋。六月奉令将二十五年度招收的初级蚕丝职业科改订学程，延长毕业年限为三年。此为本校高初两部完成"三三制"之始。七月招收高初级两部新生，投考者相当踊跃。八月古荡新校舍一部分落成，当即迁入，边建边教学，即年饲育秋蚕。九月又获得教育部核准优良职业学校设备补助费一万五千元，指定购置丝厂锅炉以及各种养蚕设备之用。是年十月，奉令改名"浙江省立杭州蚕丝职业学校"。

此时本校的基本建设，在教导及生活方面，已有足够的教室、办公室、礼堂、学生自修室、教职员及男女生宿舍、厨房、膳厅、浴室、农具校工室、会客室等等。在专业方面，对于养蚕，有蚕室、贮桑室、原种蚕室、晾桑场、雨天作业场、冷藏库、显微镜实习室等等；对于制丝，有缫丝室、扬返室、清丝间、炉子间及煮茧间、滤水池、消水箱、贮茧库、制丝机械陈列室、女工宿舍，等等。在体育方面，有足球场、篮球场、网球场、跳高跳远以及其他一切运动设备等。在研究方面，有相当完善的科学馆和标本室等。总之此时的设备，在解放以前，实创本校纪录。方期在这良好的环境中，师生们得以相互切磋琢磨，共同对于祖国的蚕丝事业作出一定的贡献。

1937 年，在新校舍落成以后，谁知不到一年，"七七事变"发生，到十二月二十五日杭州沦陷，本校一再迁移至临安、寿昌、龙游后，由于日寇窜扰不定，且交通阻塞，不能继续授课，除酌留保管员外，通知其余教职员，一概留职停薪。

是年杭州古荡新校舍，全遭敌人焚毁，几年来惨淡经营，一旦荡然无存，国将不国，校乎何有？抚今思昔，既痛恨帝国主义者的血腥侵略，残酷摧毁，绝灭人性，又痛恨国民党反动军队的懦弱无能，望风而溃，毫不抵抗，更热爱今日伟大的人民解放军，保卫国土，寸土不让，保卫人民，一人不遗。今昔对比，相去有天渊之别。

1938 年，本校全年在停顿之中。

1939 年，寇尚未陷嵊县。是年春即在嵊县甘霖镇附近的显灵（应为"净"，下同）寺，继续开学授课，在颠沛流离之中，师生们聚首一堂，弦歌之声又起。此时陈校长任财政部贸易委员要职，辞去蚕校校长，教育厅政（应为"改"）委缪祖同为校长。

1940 年春蚕期，全校师生分配在显灵寺的校本部（养普通种）及浦桥（养原种）与乌岩（养普通种）三区养蚕。饲育到三令，日寇突然窜到甘霖，放火杀人，全校师生，仓皇向山区奔避；当地学生各自回家，远道学生无处投奔，由缪校长暨教职员（我也在内）率领，当晚逾觉陇岗，陆续会集，聚宿于岗下的农民家里。翌晨微明，师生三四十人联袂到新昌西坑陈前校长故乡，为之暂时安插于就地的陈家祠堂，惊魂稍定。第三日晨，拟派人回探学校情况，我在此时，自告奋勇，与教师洪道南两人疾行六七十里，过午到校，只遇留守在校的刘启周老师，得悉甘霖之寇已在当日远飏，遂即驰返西坑汇报。其时大部分师生仍是鼓足勇气，愿返原处继续养蚕制种，仅有一小部分女生，暂住西坑。时遇暑假，遂提早放假。

是年暑假以后，校方与教育厅没有取得联系，大部分师生正在学校苦心卒谊（似为"孤诣"）勉力维持之际，谁知教育厅听到我们全校师生星散无法继续的传说，突然下令停办。此时全校几陷于断炊，厂长无现金，仅借得崇仁布六疋（通"匹"），由我们二人分背回校变卖，以资维持伙食。后经校方如实向教育厅反映，始由厅派人来校调查实况，逐（似为"遂"）得以"第五临时中学"的名义下，与同时在嵊的绍兴中学一道继续开学，并任潘锡九为临时中学校长。

1941 年春，本校开始以原名正式复校，继续授课。是年日寇已陷嵊县，且分一部分寇兵常驻甘霖，某次流窜到校（暑假期间），大部分图书仪器均遭洗劫。所幸存者有 1500 倍显微镜一架、800 倍显微镜四架，都是由刘启周老师冒着生命危险所保护下来的。此后一段时间，刘师因跛一足，且形容憔悴，认为留校无碍，谁知竟遭到飞来横祸，即新昌"维持会"欲强迫刘师去当日寇翻译，竭尽威逼利诱之能事，均遭刘师严词拒绝。对方无可奈何，乃断绝刘师一切经济来源以泄愤。刘师在颇长一段时间内，变卖衣服家具来维持一家六口最低的生活，受尽考验，孤诣坚贞不屈。以后同学们尊之为"三不老师"，即歌颂他是一个"富贵不能淫，贫贱不能移，威武不能屈"的硬骨头。刘师虽逝世已久，而浩气长存。为了把刘师的爱国主义精神教育后人，写蚕校历史者，决不可漏此一笔。

是年秋冬之间，为了高、初二班学生都要毕业，且有许多远道女生留校，因此曾暂避至附近宋家高家两地继续授课。每天选派当地年幼学生，装作农孩放哨。遇有动情，即避至东田吞山上。长此以往，师生们毕竟不能安心教读，势非迁校不可。遂召开校务会议，其时有两种意见，一种是迁移至台属的白水洋，又一种是向教育厅所在方向去找迁移地点。缪校长、刘启周老师与我（其时我任教导主任），都认为白水洋没有比嵊县安全，遂赞成后一种意见。于是经校务会议决议，派我偕长子锡勤任迁校先遣任务，把学校最贵重的仪器白金杯二只，缪校长亲手交给我随身带走。我们从嵊县甘霖出发，徒步越东阳永康边境而抵缙云壶镇，得悉省立金华中学迁移在附近的塘慈，锦堂师范迁移在附近的雅邬，私立安定中学即分驻在壶镇各祠堂，均各在安心上课。由于此地较为腹地，日寇从未到过，且得与教育厅容易取得联系，又可与兄弟各校相互帮助，我们认为迁移至此，远较嵊县妥善，遂奔回嵊县向校汇报情况。

1942年春，本校即根据我们的汇报作出决定，当即着手迁校。到了三月，迁校告一段落，分别在壶镇附近的黄迎祥与新（应为"姓"，下同）汪两地，招生开学授课，此时限于设备条件，养蚕制丝暂不分系。

1943年春季，因学生名额增加，黄迎祥与新汪势难容纳，于是全部迁移至距壶镇十华里的前路继续授课。一直到日本无条件投降，抗战胜利以后，始陆续迁回杭州。

1946年春，由前路先迁至杭州黄龙洞，继续授课。以后在本校老和山麓旧址的废墟上，因陋就简，草草建筑新教室兼自修室、办公室、蚕室、宿舍等必需的基本建设，遂从黄龙洞迁移到新校舍授课。制丝部分，后在萧山的坎山设立丝厂。

以上都是本校在解放以前的经过情况。到了解放以后，则在1952年，省令湖州蚕校与本校合并，学生按级插级，教职员各按专长分工，各得其所。坎山制丝部分并入浙江纺织学校，缪校长专任制丝教师，委徐绿慧为校长。

1955年，本校曾一度并入嘉兴农业学校，古荡校址让于浙江大学。

1959年，蚕桑科仍从农校划出，在诸暨牌头新建校舍，栽培桑树，即定名为浙江诸暨蚕桑学校，任洪道南为校长。

1960年，一度又改称"诸暨蚕桑专业学校"。是年下半年，浙江农业大学蚕桑系，迁入本校，改称"诸暨蚕桑学院"，分本科与中技两部分。

1962年，诸暨蚕桑学院本科迁回杭州，即今的浙江农业大学蚕桑系。而本校则复名为"浙江诸暨蚕桑学校"，仍在原址继续授课。

浙江蚕学馆与蚕校，自蚕学馆创办以来，到今年（1963）为止，已有六十六年，其间迁移校址十七处，改易校名十五次。由于历史悠久，不仅对浙江的蚕丝事业发挥了一定的作用，即从全国来说，也有了很大影响。从蚕学馆第一期毕业开始，到蚕校正科毕业的三十期之间，共计486人，其中外省籍的有 152 人，占全体毕业生的 31% 以上。又在浙籍毕业生的 388 人中，先后服务于他省的计有 94 人，占浙籍毕业生中的 24%。其他如高中、别科、补习科以及初级蚕丝职业科的毕业生还没有计算在内。1963 年全国蚕学会成立大会在无锡太湖饭店召开时，在全国六十余位代表中，计在浙江蚕学馆与蚕校毕业的，从郑辟疆老先生起，共有八期十一人参加，且在大会上重点发言和学术报告的共有六人，并公推郑老先生为名誉理事长。由此可见浙江蚕学馆与蚕校的毕业生在党和毛主席的英明领导下，经过长期的教育和鼓舞，服务与改造相结合，莫不在社会主义事业中贡献其一技之长。

他如从浙江蚕学馆成立以来，对于蚕品种的改良、养蚕技术的革新、制丝技术的改进，以及蚕丝科学技术书籍编著的介绍等也都有它一定的贡献，此在历史上也是不可湮没的。

（原文写于 1963 年 6 月，刊于《中国纺织科技史资料》第 8 集，1982 年）

办 学 概 况

浙江蚕学馆表

禀设原由： 杭州府林迪臣太守自光绪二十二年春莅任以来，考求蚕丝业之衰旺（似为"亡"），因浙江民间养蚕岁比不登，遂取康发达蚕务条陈设局整顿之意，于二十三年夏禀请大宪发（似为"拨"）款试办。大旨以除微粒子病，制造佳种，精求饲育，传授学生，推广民间为第一义。又以外洋蚕业之盛，法创其始，日集其成，故专延日本教习教授新法，惟蚕具参用中法日三国所制。

准设年月： 光绪二十三年七月，抚藩批准开办。

请拨公款： 试办三年，经费银三万六千两，由布政司随时拨给。

馆地： 在杭州西湖金沙港，旧为关帝祠址，今改建焉（学馆内外约有地三十余亩）。

馆屋： 屋基估地十亩。前考种楼、饲蚕所一座，上下计一十四间；茧室一座，计五间，均仿东西洋蚕房式。后考种楼公廨一座，上下计二十间，东西斋舍三十间，储叶处三间，膳室、庖舍、门房共十二间，均仿华屋式。补建关帝祠屋六间。

建筑年月： 光绪二十三年九月初一日起筑。

落成年月： 光绪二十四年二月二十九日竣工。

开办经费： 建屋约用银九千三百两，购器约用银三千两，监工薪费、杂用约银一千两。

开办年月： 光绪二十四年三月十一日。

教育大纲： 一、物理学大意；二、化学大意；三、植物学大意；四、动物学大意；五、气象学大意；六、土壤论；七、桑树栽培论讲义及实验；八、蚕体生理；九、蚕体病理；十、蚕体解剖讲义及实验；十一、蚕儿饲育法讲义及实验；十二、缫丝法讲义及实验；十三、显微镜讲义及实验；十四、采种法讲义及实验；十五、茧审查法讲义及实验；十六、生丝审查法讲义及实验；

十七、害虫论。

总办：林迪臣太守启。

教习：前日本宫城县农学校教谕，鹿儿岛县轰木长。

馆正：仁和邵伯䌹茂才章。

馆副：侯官林贻珊颐图，福安陈达卿宝璋。

东文翻译：尚未延定。

出洋学生监督：日本大阪华商孙宝甫淦。

出洋学生：湖州德清附生稽侃、杭州钱塘附生汪有龄，丁酉孟冬赴日。戊戌夏，汪有龄奉浙抚廖中丞改派东京学习法律。现在日本东京琦玉县儿玉町竟进社内习蚕，每月由学馆供给伙食束修外，各给月费洋十元。

考取额内学生：计定三十名，不限本省外省，每月除供伙食外，给月费洋三元（现实到二十五名）。

保送额外学生：计定二十名，每月由学生自贴伙食，不收束修（现补实八名）。

常年经费：第一年开办大约岁需银五千两。

（原文刊于《农学报》第 41 册，1898 年）

古荡校区新校舍建筑经过情形

一、收地之经过

二十二年十二月五日，教厅以本校笕桥校舍须让渡于航空学校，令秘书何敬煌会同本校校长陈石民前往航署商洽完渡事宜；并令本校勘定适宜地点，以备重建。本校当于位置农村与接近都市两大原则，及以环境宜于养蚕、水质适于制丝、交通便利、治安稳定、风景清幽之五大条件之下，择定古荡老和山麓，拟征土地一百二十余亩，为建筑新校之需。后经教厅教字第一〇六八三号指令核准，并令市府代为收买。山坡间原有坟墓，由市府公告各坟主，限一月内迁移让竣。

是时杭市土地已举行清丈，估定标准价格。本校基地，在本市第七区，北临杭余路，西依老和山，一坊田占三十六亩，二坊田占五十亩，二坊山占四十二亩。市府召集该地坊长士绅，会同本校议定结果，一坊田与二坊山均照标准价，一为每亩七十元，一为每亩四十元，而二坊田则较标准价增十元，定为每亩五十元。迁坟费分二元、四元、六元、八元、十二元五级。地上花息，亦分别议定各种作物每亩以若干元计。务期于节省公帑原则之下，兼顾农民之利益。

征地手续，系由市府令该地坊长袁树勋向土地所有权人洽商，进行收买，并由该地坊监察汤宗根襄助之。至二十三年三月，拟征之一百二十八亩中，业经给价收买者，计一百十六亩，尚有十二亩，因种种关系未能洽定。乃照征用土地手续，拟具征用土地计划书等件，呈请教厅转呈省府转咨内政部核准，至五月间奉部令照准。又为丝厂用水关系，于基地之东南隅及西北隅，各再收地几分，以资进水放水。为桑园避免丝厂烟煤起见，于二十五年春再征毗连本校基地东北隅之农田七亩，另为建筑丝厂基地。

溯自二十三年春间开始征地以来，至二十五年夏，阅时二载有余，陆续征地一百三十余亩。中间虽因山坡坟墓关系，进行不无波折，所幸政府主持于上，士绅襄助于下，卒底于成。今者仅因少数业主缺少图照，手续未完，尚未过户耳。

二、初步工程之经过

本校新收基地，幅员颇广。西部山坡，地势较高；东北农田，地势低洼。则低者势不得不填之使高，以备建筑。至丝厂用水，又不得不掘池开河以蓄清水。故于校舍起建之前，有初步工程之计划。工程之范围，为平地、掘河、架桥，及做水闸、河步等。除留出山坡地方约二十亩未加削低，以备建筑原种蚕室暨培养原种桑园之用外，于四周开掘河道，以储蓄制丝用水；兼作四周校界，省去围墙，以节经费。犹惧水量之不足也，于东南隅更掘一池。北筑水泥桥一座，通杭余路，上为大门。西架木桥，通原种室。水闸二座，一在东南隅，为进水闸，一在西北隅，为放水闸。条石河步三座：一备洗涤蚕具，一供女生浣衣，一备厨房洗涤。如上设计，颇费周章，由审美公司测绘详图，呈准教厅，登报招标。

二十三年十一月十四日，新校初步工程开标，投标者有舒舍记等二十四家，由教厅核准茹高记承包，计包价六千七百二十七元八角四分，于十二月二十四日订立合同，定二十四年一月三日开工；并规定六十日完工，天雨照延。于是新校初步工程开始动工。是时适值农隙，招雇工人尚易，工程进展颇速。嗣以原设计之河道东南北三面宽度为 3.5 公尺，似嫌过狭，复于一月中旬呈请教厅，加宽一公尺；计加工价国币五百八十元六角三分。

嗣以初步工程中之土方工程，在测丈计算时容有不甚精密之处，益以所挖山坡，浮土之下，即为坚土，施工不免困难。该包商既知亏蚀难免，又感财力不支，于是仅雇少数工人，日事敷衍，与开工时之挖者挑者满布场地景象，顿判霄壤。虽经本校时时催促，包商终以经济关系，未肯添雇工人，日延一日，终至停顿。

工程停顿之后，本校叠函茹高记保人大纶绸厂，促其注意责任，实践保人义务。审美公司亦以职责关系，从中奔走斡旋。一面由学校呈准教厅，增加挖掘坚土费一千零八十元，灰梓开凿费一百元，并准延期四十天。于四月间始由保人大纶绸厂召集工人，再事兴工。至六月而桥闸河步工程相继完成，土方工程亦于六月十六日竣事。西部河道，终因坚实难挖，未能全照图样，故呈报完工后，教厅尚一再令饬改正。今经逐次挖掘之后，宽度斜度，均较原绘图样有过无不及，不但可储多量之水，以供制丝之用；而河宽水深，亦赖以防宵小之穿越也。

三、第一期新校舍建筑之经过

新校舍配置图及估价单系于二十三年四月呈厅，分二期建筑，第一期建筑费原列十八万八千余元。后奉厅令撙节重估，乃改分三期，第一期列八万九千余元，于同年六月间呈厅。复奉厅令限于八万五千元范围之内，重行规划，不得再有超过。二十四年五月复呈厅将第二期拟建之会堂部分，提在第一期建筑。六月初步工程将竣，第一期新校舍全部图样亦由设计人（审美公司）绘制竣事，于是由校将全部图样及投标章程等件呈厅。本期建筑之范围：计教室及办公室、会堂一座，显微镜实验室一座、蚕室、储桑室、原种蚕室、原种储桑室、晾桑场、农具室各一座，宿舍一座，厨房、男生浴室及厕所、女生浴室及厕所、门房、车房又各为一座。

十月，奉厅令准予招标，于十月二十六日开标，计有朱炳记等七家。后奉厅令以朱炳记、祥泰、翁庆记三标未开改用国产材料总价，王有记一标开价过高，均予剔除，陈宏记、楼发记、周春记三标，所开标价，仍超过原预算，召往教厅，会同本校校长商减标价。结果楼发记以七万七千四百十一元得标。经与楼发记商订合同，定于二十四年十二月二十日开工，二十五年六月三十日完工。开工后，因雨雪冰冻关系，工程进展，极为迟缓，至三月杪，重要房屋之底脚，方始完工。并因教室基地过松，加长松椿，蚕室加打松椿等关系，包商楼发记来函要求延期完工，经监工人审美公司证明属实，呈准教厅延期一月。

四月初旬，新校舍砖瓦挑运之纠纷起。缘本校新校舍所用砖瓦，包商楼发记原包于笕桥人朱鹏龙挑运，后有杭城仔肩堂挑夫强求挑运，索价竟四倍于原包价。包商以损失过巨，难于承认，函请本校转函市府，加以制止。本校恐纠纷一起，有妨工程之进行，恶例若成，必增公帑之支出，爰函市府社会科，阐述仔肩堂挑夫横求挑运之无理，请予晓谕制止。后由学校转知包商，尊重市府社会科意见，以包商不至受亏原则之下，转商原包人朱鹏龙让于仔肩堂挑运。熟（应为"孰"）知事后仔肩堂挑夫仍要求高价，涉讼法庭，至今尚未解决。

本期新校舍付款方法，视工程进行之程度，分为七期。除重要房屋底脚完成时付第一期工款外，第二、三期各于四月末旬、五月末旬付给，六月九日及二十日又先后呈教厅发第四、五期款。盖工程之进行，实以四五六三月为最速也。八月十四日呈请发第六期款，九月三日全部完工，呈请教厅派员验收，距核准延期后之规定完工期，已逾期三十四日矣。

本期所建筑之新校舍，因种种关系，与设计图样变更之处甚多，今述其大要：（一）原种蚕室因东首新填地基，恐未坚实，爰向西移，因之原种蚕室西之原种贮桑室位置不得不移于其北；男生厕所及浴室位置，原图方位歪斜，改为与宿舍平行——此关于房屋位置之改变也。（二）贮桑室，原种贮桑室下层原为地下室，而实际建筑时，贮桑室基地地下发现潜水，无法施工，势不得不将地盘提高，原种贮桑室地盘亦较原设计提高——此关于地盘高低之变更也。（三）教职员宿舍楼下北首门窗，因采光关系，互易位置；南首亦因采光关系，将中间二窗位置，稍行移动；楼上中间二小窗，则因形式及实用起见，改为一大窗；西首人字墙上窗门改与东首一致，以免日后续建女生宿舍时之更动——房屋门窗之变动，以此座为最多。以上关于工程之变更，均经先后呈请教厅核准。

本期建筑关于女生宿舍仅有一半，尚有一半，原列第二期建筑。本学期班级增加，女生增多，已成之九间，不能容纳，乃于九月间检送细账图样，呈请教厅，提先建筑。并为迅速起见，照已成宿舍面积比例推算，由楼发记承建，十月十五日开工，规定六十晴天完工，正式订立承揽。本项工程范围既小，进行自易，现已补建竣事矣。

四、丝厂建筑之经过

本校拟建筑丝厂，以供学生实习，蓄意久矣。只以经费关系，未能列入第一期建筑中。二十五年春，蚕丝统制委员会为改进蚕丝起见，拟购大批新式丝车，贷于各丝厂应用。本校乘此机会，呈厅动支二十四年度丝厂建筑及设备费一万元，全部移作建筑费；一面向蚕丝统制委员会声请购置丝车等贷款以广设备。并为迅速完成起见，呈请教厅，准用比账方式，通知各营造厂开账。四月二十七日，教厅令准丝厂基地挖河填土等土方工程，由开价四百四十三元九角一分之张福钱承包，丝厂则由徐金记以一万一千三百四十元之最低价承包。于是本校蓄意多年之丝厂计划，将发轫而现诸事实矣。

张福钱承包之填土工程，订定五月一日开工，十五晴天完工；徐金记承包之丝厂工程，订定五月五日开工，六十晴天完工；一由张福钱正式出具承揽，一由本校与徐金记正式订立合同。此次丝厂建筑之范围，计有缫丝室及再缫室一座，附以整理室、检查室及办公室。又炉子间及煮茧室一座，而储茧室、员工宿舍等房屋，因经费关系，尚未能同时起建。

土方工程自开工后，虽因天雨，稍行延期，然丝厂基地已先行填就，未妨建筑工程之进行也。其建筑工程，因天雨及打椿关系，工程进展较缓。至六月二十一日，基础方始完工，由校呈厅发给第一期工款。第二期付款系规定房屋下层窗堂立齐，于七月七日呈厅发给；第三期系屋架摆齐，于七月二十六日呈厅发给；此二期工程进展尚速。继因包商资力周转不灵，如瓦片、水管等材料未能如期到场，工程进展，甚为迟缓，九月下旬，屋面盖好，呈厅发给第四期工款。此后因寰球铁工厂装置机械关系，致停工者累日，现工程虽将完工，而逾期日数，即除去雨天，亦将四月矣。

丝厂全部机械，均购自寰球铁工厂，而各项底脚及清水池等工程，大多由徐泉生承包。各项机械如缫丝机、再缫机、煮茧机、清水箱，以及马达传动装置等，自九月间寰球铁工厂派工前来，从事装置，除滤水箱添购较后尚在装置外，其余均已装置竣事。而徐泉生所包之各项工程，亦依照承包先后，次第完竣，惟其最近承包之滤水箱底脚工程，及楼发记承做之黑板间装置，则尚在工作中。

二十五年十月，本校以二十五年度本校临时费列有二万，乃呈厅将员工宿舍及储茧室，即行兴工构筑，以应急需。十一月三日教厅令准招标，于十一月二十三日开标，投标者计有徐金记等七家，减标后由楼发记以一万四千二百二十元得标，现已商订草合同呈厅核示。惟时当冬令，雨雪冰冻势所难免，建筑工程恐不能急速进展也。

五、筹划经费之经过

本校笕桥校舍让渡于航空学校时，其让渡价经教育厅与航空署洽定为七万元。本校以职业学校首重实习，而实习场屋之建筑，万不可缺，因此拟定新校应建之房屋，除教室、办公室、自习室、宿舍等普通建筑外，更须建筑蚕室、贮桑室、冷藏库及关于丝厂之一切房屋，以供学生实习，而宏教育效能。故第一次呈厅之新校建筑估计书为二十二万余元。后遵厅令，分期建筑，第一期就八万五千元范围之内，详行规划。二十三年十月以初步工程，行将开始，而笕桥旧校舍让渡价，除已支出购地及迁移费一万元外，尚余六万元，与八万五千元之数，尚差二万五千元，当专案呈请教厅，预筹的款，以利工程。经教育厅提请省政府委员会议议决，在二十二年度留学经费余款内拨给一万六千元，并标卖本校原有洪春桥、定光寺两处校产，以充建筑经费。惟洪春桥、定光寺两处校产，以社会经济枯竭原因，虽经四减标价，广为招标，尚无应标者。

二十四年春，本校拟具编制预算意见书，送请教厅。关于该年度临时费一项，曾将第二期拟建之房屋预算列入。卒因省库亏累太多，收支难抵，未能如愿。但由教厅提由省政府第七七四次委员会会议议决：由金库券抵借现款中，拨给一万四千元，以一千元做本校添购丝厂基地，三千元拨补提先建筑会堂之费，一万元作建筑丝厂及该厂机械设备之费。

本校以教厅拨给之丝厂及机械设备费一万元，以之建筑厂房，则无购置机械之款，以之购置机械，则建筑费无着，顾此失彼，颇为焦急。于是乘蚕丝统制委员会可贷款购置丝车等之机会，请购置缫丝车、再缫车及煮茧机等贷款一万一千元，蒙如数照准。二十五年八月，复以装置丝厂其他机械，缺乏款项，呈准借拨三千元。

二十五年度教育部有补助全国优良职业学校之规定。经遵照条例，编制声请补助预算书，呈请教厅转呈教部，请予补助。经教部于八月间核准全年度补助费一万五千元，按月发给，以为扩充养蚕制丝设备之用。在学校初迁，设备需款，点金乏术之时，得此巨款，其有助于学校之进展，不待言也。

本校校舍第一期建筑告成之后，尚有第二、三期建筑，亟待兴工，故于二十五年度编制预算之前，复拟具建筑校舍临时费预算，呈请教厅，请求编入。教厅在本省省库竭蹶，收支难以适合之困难情形中，为列临时费二万元，最近添建之女生宿舍及将兴工建筑之丝厂员工宿舍及储茧室，即由此款开支。

六、新校舍之配置

大门在北，适当杭余路之旁。进大门，西为门房及学生会客室，东为车房及校工室。再进，中绕半圆形花坛，为砖造楼房，楼上为教室，楼下为办公室，由后向南突出为会堂，为本校之中心建筑。会堂之南，为显微镜实验室。其西为宿舍区域，教职员宿舍据（似为"居"）其中，其北为学生俱乐部，东为男生宿舍，西为女生宿舍，盥洗室会食室均各附焉。分之则男女生宿舍各成口字形，而全部宿舍合观之，则又成四字形。男女生厕所、浴室各在男女生宿舍之北，厨房则在学生俱乐部之北，周筑围墙，自成院落。蚕室在宿舍之南，东为储桑室；原种蚕室则高耸于山坡，旁亦有储桑室。晾桑场则在普通储桑室之东，农具室又在其西南。此皆第一期所建之新校舍也。丝厂在本校基地之东部，东靠公墓路，北临杭余路，如于河上架桥，交通固甚便也。缫丝室、再缫室据其北，系一字形房屋。煮茧室、炉子间在其南，有走廊可通。炉子间之东为清水池，池北为清水箱，南为滤水箱。

运动场据（似为"居"）本校基地之中央，面积颇广。北为篮球场、排球场、网球场。中为大运动场，其东靠丝厂方面，已筑有二百公尺跑道一。周围拟筑四百公尺跑道，中为足球场。运动场以外之隙地，拟辟为农场，以供学生实习。原种桑园则位于老和山麓，在学校环河之外。

七、将来之计划

本校限于经费，不得不分期建筑。现尚待建筑之房屋，计科学馆（内含物理、化学、生物、微生物等研究室及实验室）一座，学生自修室一座，普通蚕室二座，贮桑室照已建房屋延长三分之二，蚕具及杂具储藏室一座。如其经费许可，则于养蚕实习应用方面，拟建冷藏库一座；制丝实习应用方面，拟建制丝研究、机械陈列及初步实习室一座——以一部供制丝方面研究之用，一部陈列各种丝车，最旧之各式丝车至近年最新式之缫丝车，以示制丝机械逐渐演进之经过，以一部装置各种实习丝车，以为学生初步实习之用。现成之缫丝室及再缫室为学生最后缫丝实习及工场管理实习之用。

本校原定之普通桑园，地势过低，不宜植桑。且因运动场之扩大，所余无几。拟向南再征地一百八十亩，以一百五十亩供培植普通桑园之用，三十亩开辟农场，以供农艺、畜牧等副业之布置。又拟在丝厂之北，跨杭余路，收地二十余亩，预备开掘河道，与原有河道相衔接，以便利关于丝厂一切用品之运输。厨房之北有山地十亩，地颇平坦，本校亦拟收买，以之建筑教职员住宅，或大会食堂，均颇相宜。

是以本校经费有着时，一面须收买地亩，以供培养桑园及其他一切之用；一面须建筑各种房屋，以应实际需要。故在此时以言全部建筑，仅筚路蓝缕，启其端续，而扩充完备，尚有待乎来日也。

（原文刊于《浙江省立蚕丝学校校刊》第 3 期，1937 年。文章原标题为"新校舍建筑经过情形"，现标题为作者自拟）

浙江省立杭州蚕丝职业学校事务概况

一、绪　言

本校第一期新校舍在九月初旬完工，而丝厂、炉子间房屋工程，始于十二月完工。十月中又添建女生宿舍、丝厂女工宿舍之储茧室等工程则尚在订立合同、筹划兴工之中。故事务处人员本学期工作，大多费于新校之布置、场地之整理、工场之巡视、各项工人之接洽指挥。盖草创时期每有临时发生之事务亟待处理，非若经常时期，得按部就班，处理日常工作也。关于建筑工程部分已详于《新校舍建筑经过情形》，兹将其余关于事务部分约述如下：

二、搬迁校具

八月中旬新校舍将成，乃为迁移之准备。惟以历史悠久，校具颇多陈旧，搬运不易。二十三年自笕桥搬至梅东高桥时，其运费用比账方式，最多者竟高至一千元以上，后以五百十二元包运，利用水道，以船运送。故此次事前先行调查运输方法，再行招商包运。得悉自梅东高桥运至古荡，如利用水运，以船运送，须过一坝，上船，下船，过坝，兼赖人工扛抬，所费甚大。如利用运货汽车，车路虽可直达，而以新旧校址，相距十里以上，车价颇高。如利用人力运货车，每日每车可往返三次，虽载重不多，而车价颇廉。运送方法，既经调查明白，于是通告各包商开账，并限账中须开明运输方法及时期。开账者颇多，价目自五百元至七百余元不等，后经减让结果，以四百八十元包定。自八月廿九日起，用人力运货车四十辆搬运。起运时每车开明器具名称及数量，到新校址时照单点收，俾无失误，至九月五日全部搬竣。陈旧之物在下车时，虽不无破损，但因包运关系，即一板木之微，亦未有遗弃纷失。

三、装置电灯

杭州电厂电线仅至松木场，距离古荡本校尚远，故欲装置电灯，线路必须特放，不得不早事接洽，爰于七月间去函杭州电厂，为无条件放线接火之商洽。旋得电厂复函，大意约云："松木场电力不足，须自武林门放高压线路至学校门口，放线成本，约计八千余元。为顾及本厂血本，须听还四分之一之放线成本，计二千元，并由校方承认每月最低坐度电费一百三十元。如校方不听还放线费用，则须承认每月最低坐度电费一百八十元。"校方以上开二条件，为学校经济力所不及，屡次往返磋商减少，并由教厅第四科李科长子翰代为恳商，最后让至每年最低坐度计一千五百元。本校以学校部分用电，每年约七八百元，益以附属丝厂落成开工后，所需之电灯电马力电，数亦可观，每年一千五百元电费之数，事实上可以达到，遂于九月初旬与之订约。然此放线问题，往返磋商，历时已二月矣。

九月初校舍完成，通知电料店开装置电灯账单，开账者十家，最多为二千余元，其余大多在一千七百元以上，最低为杭州益记电气公司，计一千零十元。当由该店承包，依照学校所定路线所绘图样，于九月十二日开始装置。其时秋蚕已开始饲育，电灯亟待使用，且新生定于九月十五日入学，乃嘱电匠日夜工作，视各室需要之缓急，定装置之先后，于是由蚕室而寝室、教室、办公室，以及其他各室，次第开放。其装置务期多分线路，多装开关，以便启闭，而节电力。如灯数之多寡，灯光之强弱，均事前加以精密考虑；于节省经济原则下，力求实际之适用。夫新校舍房屋较多，灯数亦较多，而教室、办公室等且用高度灯光，而数月来电费之支出，与前校舍在梅东高桥时相较，无甚上下，益信装置前之详密筹划为不可少也。

四、扩充设备

夫职业学校，首重实习。本校以频年搬迁无定，在梅东高桥之校舍，原系营房，即房屋最需要之光线，尚感缺乏，固无论蚕室及制丝工场之特种设备也。今新校址特造蚕室，既有二座造成，制丝工场亦另行建筑，学校虽在经费竭蹶之中，亦勉自挣扎，向蚕丝统制会借款一万一千元购置丝车、扬返机、煮茧器等；本年复蒙教育部补助设备费一万五千元，即以之购置丝厂锅炉等机械及一切装置乃至底脚等，约计万元；于养蚕方面，复添隔离器千个；其余无不煞费斟酌，慎重支用，务祈用一分，即有一分效果。至普通器具方面，亦因班级增加，学生增多，新添有课桌百张、床五十张、八尺面盆架四十个，图书仪器亦择要添置，以增加教学效能。

五、开辟场地

运动场为学生锻炼体格之所，其重要性不减于教室及实验室。本校位置乡村，宽广场所易得，而建筑费犹无着落，乃不得不取渐进主义。现已装设篮球场二、排球场二，以及跳高跳远场所等。篮球场及排球场之建筑，先将自然土压实，上铺黄沙，再行压实，于实用原则之下，力求经济之节省。足球场尚未成功，预定于场之周围筑四百公尺跑道一，因经费关系现仅筑成二百公尺直跑道一。筑法亦极简陋，下用二寸粗煤屑，上用二寸细煤屑，均和以相当之黄泥，只期事实上差堪应用耳。

育蚕制种事业，在年中仅有春秋二期，故本校于蚕丝专科外，兼授农业，以为学生他日出校后之副业。本学期于运动场之南，画（应为"划"）定地段，为学生实习农场，初由工人开具大概规模，后由学生劳动服务完成之。本学期仅种有各种菜蔬，以言果园苗圃，尚有待乎来日栽培扩充也。

六、校景布置

对于校景布置，组有校景委员会，并聘有专门知识之人担任顾问。十月间曾开会一次，顾问亦莅会参与，对于某处宜种乔木，某处宜植灌木，某处宜于落叶树，某处宜于常绿树，何处宜平铺草地，何处宜种植果木，种种问题，均曾加以研究，对于树之种类、性质以及该树之优点劣点，亦罔不讨论详尽。现已将植树地点挖成土坑，使泥土风化，不致妨碍树根之发育。所可虑者，校址原系农田填就，地下水分过多，恐不宜于性喜高燥之树木耳。

七、其　他

其他如公物保管、校工训练等等，亦均已详密规定办法，切实执行。兹将《公物损失赔偿规则》及《房屋保护办法》录后。

（一）公物损失赔偿规则

1. 公物如因陈旧而自然损坏，负责人应即向事务处报告；如负责人未向事务处报告，而由事务处查出者，得视其情节轻重，负责人有赔偿之责。

2. 公物如系使用不慎或其他原因，以致损坏或遗失时，损坏者或负责人应即向事务处报告，并负赔偿之责；如负责人未向事务处报告，而由事务处查出者，除责令赔偿外并得提交主管人员处分之。

3. 固定使用之公物，如因损坏或遗失，而负责人擅移他处公物应用，致学校受意外损耗时，应再负损耗之赔偿。

4. 供个人应用之公物，使用者为第一负责人。供一组或一级使用之公物，该组或该级之人，为第二负责人，管理校工为第三负责人。

5. 公物损坏如无直接损坏之人或不能查明时，由第一负责人负赔偿之责；无第一负责人时，由第二负责人负赔偿之责；第二负责人均无时，由第三负责人赔偿之。

6. 公物赔偿之方法，分下列二种：

（1）照价赔偿；

（2）修复原状。

7. 本规则由校长公布施行。

（二）房屋保护公约

1. 房屋之使用应由事务处妥为筹划分配之。

2. 分配某种用途房屋如欲借作他用，使用人事先应商得事务处之同意。

3. 开启门窗，须将定风钩钩住，关闭门窗须将门窗关闭坚定。

4. 进出门户不踏门槛，平时亦不站立在门槛之上。

5. 室内移动器具须轻抬轻放，不乱拖拉。

6. 凡有地毯房屋，走路须走在地毯上。

7. 不乱涂墙壁。

8. 墙上不随意敲钉子。

9. 由室外至室内，须尽量应用棕毡等物将鞋底泥沙除去。

（原文刊于《浙江省立蚕丝学校校刊》第 3 期，1937 年。文章原标题为"事务概况"，现标题为作者自拟）

浙江省立杭州蚕丝职业学校校刊序言

缪祖同 [1]

　　溯本校过去，除一度暂借本市梅东高桥营舍，以待新校舍之落成而外，在金沙港、在笕桥、在古荡，皆为自有特建之物。而古荡之规模愈宏大，自（似为"制"）丝厂、蚕室、桑园、农场、运动场、庭园，乃至一花一木、一水沟、一石墩之布置，无不经陈前校长之腐心设计与惨淡经营，殆可谓理想的蚕丝职业教育场所，当非过誉。

　　何期学校正当蒸蒸日上之际，忽蒙国难，不得不委之而去。自后经杭徽路而新安江、而龙游江、而会稽山区、而括苍山区，常在烽火之中，随地设坛讲学，草草设备，其不能尽如人意，固无可讳言。

　　如今胜利归来，又因旧时校址，片瓦无存，仍不得不暂借僧舍道观，以待旧业之渐复，是本校之蒙难洵太苛矣。

　　鄙人承乏校长于戎马倥偬之中，夙（通"早"）夜忧惶，惟恐陨越，今当复建之始，任务益感郑重，爰于本刊之首述此以当将伯之呼云尔。

　　（原文刊于《浙江省立杭州蚕丝职业学校校刊》复刊第 1 期，1947 年。文章原标题为"序言"，现标题为作者自拟）

---

[1]　缪祖同，字德海，浙江鄞县人。毕业于日本东京高等蚕丝学校，1939—1952 年任浙江省立杭州蚕丝职业学校校长。

浙江省立蚕校现况

抗战期中　校舍全毁

瓦砾堆中　重行建筑

实事求是　艰苦搏斗

浙江省立杭州蚕丝职业学校创于民国前十五年，历史悠久，为我国蚕丝教育之鼻祖。其始虽远为陕川粤等省，亦多保送学生，前来求学，毕业生遍布全国蚕丝界。全面抗战前以笕桥校舍应航空学校需要，让渡该校，在杭市古荡征地，建筑新校舍；除普通房屋外，有蚕室，有丝厂，以供学生实习，设备尚称完全。彼时约计建筑设备费二十万元，衡之目前物价，当在千亿元以上。前校长陈石民氏筹集经费，设计建筑，其劳固不可泯也。

廿六年全面抗战军兴，该校于杭州危急时迁往临安，后随时局转移，而寿昌，而龙游，而嵊县，而缙云壶镇。及卅四年日寇屈膝，该校于十一月复员回杭。战前所建古荡校舍之高楼大厦，已成废墟，瓦砾遍地，荆棘没膝，不得已暂借护国寺、黄龙洞先行开学。该校虽屡向（省）府请拨巨款，重建校舍，只以战事方止，百废待举，鉴以我国目前经济状况欠佳，省库枯竭，无从为愿。

该校校长缪祖同氏深知本省经济状况，欲省府拨给巨款，重建校舍，事有未能，于款项方面，应设法多方筹集，于建筑方面，应分期渐进，或可有豸。本此方针，款项筹得几何，即从事建筑几何，又以筹款不易，尽量先建简朴之房屋，以作迁回原址之计。于去年春向善后救济总署请得工赈面粉55.98 吨，中蚕公司拨助四千万元，教育厅拨给九千五百余万元，建成蚕室一座。去年秋向浙江蚕丝改进管理委员会请得拨助费一亿二千万元，中蚕公司续拨一亿元，建成平房三座，每座十间。

该校去年建成之房屋，事实上万不敷用，然缪校长及全体同事，金认在原地建设一分，即有一分成效。譬之植一株树，平一方土，均有永久性。张意先行迁入，徐图复兴，于年初放寒假时，即利用原有工人，将校具搬进古荡，今春即在古荡开学。学生膳厅、工人宿舍、厨房厕所等，均系草舍，艰苦困难，在本省省立学校中，恐无其俦。

该校自迁入古荡原址后，自缪校长以下，全体员生，在艰苦环境中，均埋头苦干、自力更生，瓦砾堆上，整理布置，虽属不易。该校员生本既定方针，循序渐进，现校河四周，遍植杨柳，苍翠欲滴，体育场及道路，虽未建成，亦经划定地界，于场地四周道路两旁均已植树。该校校址西面紧靠老和山脚，老和山战前原属树木成林，沦陷期中，砍伐无遗。该校为改善学校四周环境，今春于山上植有松□万株、乌桕五千株，他日树木成林，绿荫蔽天，对于杭市风景亦不无裨益也。

今春蚕期，该校高秋三、高春三、初秋三三级学生，派往菱湖实习育蚕指导，为农民服务；高秋二学生亦派往旧嘉属各地实习指导工作，高春二派往临安各种场实习；初秋二派往小和山省立蚕丝改良场实习，初春三及高、初秋一学生留校实习；现照常上课者，仅高春三制丝科一级。该校今年校中饲育蚁量460公分，约可制种九千余张，固为供学生实习，而种价所得，亦实增学校之收入，藉充建设之费。惟养蚕费用，除农民银行贷款外，全赖主管人之调动，东移西挪，煞费筹划。在如此经费艰困中，闻该校尚将今春售种所得款项，添购蚕具八千万元，建蚕具消毒灶一座，又费六千余万元，仍不忘充实设备，洵不钦佩。

闻该校主管人云，该校建筑，何处为教室、办公室，何处为宿舍，何处为蚕室、丝厂等等，均有全部计划，只以经费难筹，待用孔亟，不得不先建半永久性之平房暂行充用。主要房屋留待有充余款项时，再行建筑。犹之普通人家，以经费不足，先建余屋，后造正屋。又该校为备养蚕制种起见，今春又添植湖桑五千株，一俟经费许可，按照战前原计划，呈请省府，自该校南首至第一公墓止，再征收民地二百余亩，以备扩充桑园及农场之用。目前所建之房屋犹火之始燃、泉之初发，仅系开端而已。

（原文见浙江省档案馆馆藏档案"浙江省立杭州蚕丝职业学校 卷宗 L056-006-0131"，1948 年）

浙江省立杭州蚕丝职业学校事务概况

本校于胜利后复员来杭，以古荡原校舍全毁，暂借护国寺、黄龙洞为临时校舍，房屋狭窄，不独养蚕、制丝场所无着，即办公室、教室、员生寝室等，亦不能有合理之支配。年余以来，为房屋，为用具，焦心衡虑，于左支右绌之下，勉度过来。兹将房屋修理布置及设备等各项情形略述如下：

一、房屋修理及布置

本校于卅四年冬复员来杭时，计高初级各三级，学生共一百十余人，所借护国寺、黄龙洞房屋，以学生数不多，勉可敷用。去春奉教厅拨教部生产教育专款，添招高初春一新生各一级，同时并添高初秋一插班生，学生骤增至二百二十二人，教室、寝室均成问题。经与护国寺住持商量，除原借房屋外，将西首关房三间借作高春一教室，大殿前左侧平房三间借作办公室，以原借之后堂右侧楼下一间还与该寺，作为交换。关房与大殿前左侧平房原均有地板，在沦陷时期，被敌伪拆毁，以费绌板贵，因陋就简，仅雇工挑土填平；又以后堂通关房平屋，敌伪时分掘土坑，以作厕所，秽气四溢，大害卫生，乃将此屋墙外之平房修葺，作为厕所，而将原厕所装置拆除，土坑填平；去秋复商寺僧将大殿前右侧平屋三间让借，现护国寺部分为学校全部办公室、高级部四教室、男生寝室、教职员寝室、学生厨房；黄龙洞部分为高春一及初级部教室、女生寝室、女职员及携眷教职员寝室、教职员厨房。

二、设备增添

去春以班级增加，学生增多，添购教室用双人板桌六十副，虽在胜利之后，以限于经费，仍办战时之临时用具，感触殊深。又办铺板（连凳）、面盆架各十五副，以充教员寝室之用。护国寺以曾驻军队，故寺前原有小操场一所，本校即利用之为体育场，装篮球架一副，以为学生课外运动场所。去秋复将场地增辟一半有奇，添装篮球架一副、排球架二副及跳高跳远场所，并另辟百米跑道一条；以经费支绌，除器械外，于场地方面，多利用学生劳动服务，惨淡经营，颇费苦心。童军设备方面，添置亦多。惟理化仪器，稍事添置，动需巨款，迄今尚添购甚少，此后宜特予注意，以求理化教育之便利，而增学生科学之知识。

三、失物访查

本校古荡校舍，大部因于抗战期时炸毁，而亦有于沦陷期中，被莠民拆去者，各项机械，除毁损者外，当亦有被拆运。故于复员来杭后，即多方探询，以冀寻得失物，稍减损失；只以杭市沦陷过久，搜寻固属不易，证据尤感难觅。金鼓洞下发现旧砖一堆，尺寸牌号与本校房屋用砖相同，经函请就地警局彻查，认为非从本校古荡拆来，并经查得该洞所藏旧料中有本校古荡校舍所无之门窗，可资反证。又玉泉寺有水箱等件，亦经派人查得非本校丝厂失物。此外每得传说，即往探查，多不能搜获实物，取得证据。现除所失锅炉经查得在池塘巷并经建设厅令准发还外，余均毫无眉目。

四、筹建校舍

本校借黄龙洞、护国寺为临时校舍，原属临时不得已办法，而古荡校舍亟应筹划复建，一年来迭经呈请教厅筹拨巨款，从事建筑。一面复以国库支绌，复向各方设法，以期集腋成裘，早观厥成。至目前止，已向善后救济总署浙江分署请得工赈面粉 55.98 吨，中国蚕丝公司补助费国币四千万元，教厅已拨到二千六百万元。现拟先建蚕室一座，经招标结果，已与汇利营造厂订约，计工价一亿七千七百三十八万元。其不足之数，亦经呈准教厅照发。现以省库支绌，其余房屋，欲照理想建筑，绝非事实所能许可，现拟除蚕室外，呈请教厅拨款，再建平房八十间，将学校全部迁往，于困苦环境中，尽全体员生力量，自求更生。

（原文刊于《浙江省立杭州蚕丝职业学校校刊》复刊第 1 期，1947 年。文章原标题为"事务概况"，现标题为作者自拟）

学 校 治 理

浙江省立高级蚕桑科中学组织大纲

第一条 本中学定名为浙江省立高级蚕桑科中学。

第二条 本中学以养成蚕丝业技能人才为宗旨。

第三条 本中学招收初中毕业生，修业期限三年（第三学年分为养蚕、制丝两系）。附设初级蚕桑职业科，招收完全小学毕业生，修业期限二年。

第四条 本中学设校长一人，负全校行政之责，总理全校一切事宜。

第五条 本中学分设教务、训育、总务三处，军训、体育、图书、医务四室。

第六条 教务处设主任一人，商承校长处理本处一切事宜，设教务员一人协助之。特设养蚕系、制丝系主任各一人，处理养蚕及制丝事宜，设作业助理员若干人，分掌协助之。

第七条 训育处设主任一人，商承校长处理本处一切事宜，设训育员二人协助之。本处分训练、指导二股，各级设级主任一人，协同训育处处理各该训导事宜。

第八条 总务处设主任一人，商承校长处理本处一切事宜，设总务员及书记若干人，分掌会计、文书、庶务各股事务。

第九条 军训办公室设军训教官一人，遵照中央训练总监部命令，商承校长掌理军训上一切事宜。

第十条 体育办公室设体育主任一人，商承校长处理体育上一切事宜。

第十一条 图书室设图书管理一人，商承校长处理本室一切事宜。

第十二条 医务室设校医一人，商承校长处理全校卫生及医药事宜。

第十三条 本中学设校务会议，为全校最高议事机关，由校长、各处室系主任及各级级主任，并由专任教员中互选二人组织之，必要时得请其他与议案有关系人员列席。

第十四条 （一）教务处设教务会议，由校长、教务主任、教务员、各科系主任、军训教官、体育主任、图书管理及专任教员若干人组织之。

（二）训育处设训育会议，由校长、训育主任、训育员、各级级主任及校医组织之。

（三）总务处设总务会议，由校长、总务主任及总务处各总务员组织之。

（四）以上各项会议，遇必要时，得请其他有关系人员列席。

第十五条 （一）校务会议每月开会一次，由校长召集之，以校长为主席。

（二）教务会议每月开会一次，由教务主任召集之，以教务主任为主席。

（三）训育会议每月开会二次，由训育主任召集之，以训育主任为主席。

（四）总务会议每月开会一次，由总务主任召集之，以总务主任为主席。

（五）以上各项会议，遇必要时，得开临时会议。

第十六条 本中学设下列各委员会：

（一）招生委员会。

（二）考试委员会。

（三）党义研究委员会。

（四）教材研究委员会。

（五）蚕务委员会。

（六）蚕丝改进委员会。

（七）蚕业推广委员会。

（八）体育委员会。

（九）卫生委员会。

（十）膳食委员会。

（十一）经济稽核委员会。

（十二）补助学生委员会。

（十三）图书仪器委员会。

（十四）出版委员会。

（十五）合作研究委员会。

（十六）其他委员会。

第十七条 本中学各种会议及各种委员会之规程另定之。

第十八条 本组织大纲如有未尽事宜，得由校务会议议决，提出修正之。

第十九条 本组织大纲经校务会议通过，呈请教育厅核准施行。

（原文刊于《浙江省立高级蚕桑科中学章则一览》，1933 年。文章原标题为"组织大纲"，现标题为作者自拟）

浙江省立高级蚕桑科中学校务会议规程

第一条 本规程根据本中学组织大纲第十三条制定之。

第二条 本会议由校长、各处室系主任、各年级主任，并专任教员中互选二人组织之，以校长为主席。

第三条 本会议为本中学最高议事机关，其应议事宜如下：

（一）每年度教育方案之决定。

（二）各重要章则之修制。

（三）校内各种机关之添设、废止及变更事项。

（四）决定岁出入预算之编造及设备经费之分配。

（五）关于蚕务事项。

（六）学生重大惩奖事项。

（七）依据组织大纲，推选各种委员会委员。

（八）对于本省教育主管机关及其他教育机关重要咨询事件之议复。

（九）对于各处提案及其他各项重要事件之决定。

第四条 本会议议决案由主席交关系各主任负责执行，如执行时发生重大窒碍，得请主席提交复议，但复议以一次为限。

第五条 本会议每月开会一次，由校长召集之。

第六条 本会议出席人数逾规定人数二分之一时，始得开会。但遇临时紧急事件，虽出席人员不及法定人数时，得由主席改开谈话会决定之，其议决方案须交下次会议追认之。

第七条 本规程之修制权属于本会议。

（原文刊于《浙江省立高级蚕桑科中学章则一览》，1933年。文章原标题为"校务会议规程"，现标题为作者自拟）

浙江省立高级蚕桑科中学教务会议规程

第一条 本规程根据本中学组织大纲第十四条第一项制定之，特设养蚕、制丝两系会议，其规程另订之。

第二条 本会议由校长、教务主任、教务员、各科系主任、军训教官、体育主任、图书管理及专任教员若干人组织之。

第三条 本会议根据组织大纲第十五条第二项之规定，以教务主任为主席。

第四条 本会议讨论事项如下：

（一）决定本中学教务方针及各科教学方法。

（二）学业成绩考查标准及方法之规定。

（三）学生缺席旷课考查方法之规定。

（四）学业上用品及仪器标本之添置。

（五）课程之修改及教科用书之决定。

（六）学生之升级及留级。

（七）计划学生课外研究事项。

（八）审议教务处提交事件。

（九）关于其他一切教务事宜。

第五条 本会议之议决案交教务处执行之，如发现困难时，得由教务处提交复议。

第六条 本会议规程如有未尽事项，得随时修改之。

（原文刊于《浙江省立高级蚕桑科中学章则一览》，1933年。文章原标题为"教务会议规程"，现标题为作者自拟）

浙江省立高级蚕桑科中学训育会议规程

第一条　本规程根据本中学组织大纲第十四条第二项制定之。

第二条　本会议由校长、训育主任、训育员、党义教师、校医及各级级主任组织之。

第三条　本会议根据本中学组织大纲第十五条第三项规定，设主席一人，以训育主任任之。

第四条　本会议之议事范围如下：

（一）订定训育大纲及实施方法。

（二）修制训育上各种规程章则。

（三）规划训育上一切改进事项。

（四）审定学生操行成绩。

（五）审议训育处提交事件。

第五条　本会议之决议案由训育处执行，如发生困难时，得由训育处提交复议。

第六条　本会议每二周开会一次，由训育主任召集之，必要时得开临时会议。

第七条　本规程自公布日施行。

（原文刊于《浙江省立高级蚕桑科中学章则一览》，1933 年。文章原标题为"训育会议规程"，现标题为作者自拟）

浙江省立高级蚕桑科中学总务会议规程

第一条　本规程根据本中学组织大纲第十四条第三项制定之。

第二条　本会议由校长、总务主任及总务处各总务员组织之，设主席一人，以总务主任充任之。

第三条　本会议之议事范围如下：

（一）规划总务上一切改进事项。

（二）决议总务上重要设施。

（三）审议总务处提交事件。

第四条　本会议之议决案由总务处执行之，如发现困难时，得由总务处提交复议。

第五条　本会议每月开会一次，由总务主任召集之，必要时得开临时会议。

第六条　本规程如有未尽事宜，得由本会议提交校务会议修正。

（原文刊于《浙江省立高级蚕桑科中学章则一览》，1933 年。文章原标题为"总务会议规程"，现标题为作者自拟）

浙江省立高级蚕桑科中学养蚕会议规程

第一条 本规程根据教务规程第一条制定之。

第二条 本会议由养蚕系主任、养蚕系专任教员、作业助理员若干人组织之，必要时，得请有关系之人员列席。

第三条 本会议设主席一人，以养蚕系主任任之。

第四条 本会议于每期养蚕之催青前开常会一次，必要时得开临时会议，均由主席召集之。

第五条 本会议讨论事项如下：

（一）决定每期养蚕方针及各种养蚕方法。

（二）决定养蚕之时期及品种、蚁量。

（三）桑叶之支配。

（四）蚕务上用品及各种蚕具之添置。

（五）学生养蚕实习成绩考查标准及方法之规定。

（六）养蚕时期学生勤惰考查方法之规定。

（七）报告学生养蚕实习成绩于教务处。

（八）统计每期养蚕成绩报告于校长。

（九）计划学生特别研究事项。

（十）关于其他一切蚕务事宜。

第六条 本会议之议决案交蚕务处执行之，如发生困难时，得由蚕务处提交复议。

第七条 本会议规程如有未尽事宜，得提交教务会议修改之。

（原文刊于《浙江省立高级蚕桑科中学章则一览》，1933年。文章原标题为"养蚕会议规程"，现标题为作者自拟）

浙江省立高级蚕桑科中学制丝会议规程

第一条　本规程根据教务会议规程第一条制定之。

第二条　本会议由制丝系主任、制丝系专任教员、作业助理员若干人组织之，必要时得请有关系人员列席。

第三条　本会议设主席一人，以制丝系主任任之。

第四条　本会议于每学期开始及终了时，各开会一次，均由主席召集之。

第五条　本会议讨论事项如下：

（一）决定每学期制丝方针及各种制丝方法。

（二）制丝上用品及各种新式器械之添置。

（三）学生制丝实习成绩考查标准及方法之规定。

（四）制丝时间学生勤惰考查方法之规定。

（五）报告学生制丝实习成绩于教务处。

（六）统计每学期制丝成绩报告于校长。

（七）计划学生校外制丝厂实习事项。

（八）关于其他一切制丝事宜。

第六条　本会议规程如有未尽事宜，得提交教务会议修改之。

（原文刊于《浙江省立高级蚕桑科中学章则一览》，1933 年。文章原标题为"制丝会议规程"，现标题为作者自拟）

浙江省立高级蚕桑科中学图书室规程

第一条　本规程根据组织大纲第十一条制定之。

第二条　本室设管理一人，商承校长主持本室一切事务。

第三条　本室购置中外书籍，专供本校师生研究参考之用。

第四条　本室每学期购置图书费，依照本校经费预算数分配之。

第五条　本室添置图书，由各科教员开单介绍，经图书仪器委员会议审查决定后订购之。

第六条　阅览规则及借书规则另定之。

第七条　本规程如有未尽事宜，由校务会议修改之。

（原文刊于《浙江省立高级蚕桑科中学章则一览》，1933 年。文章原标题为"图书室规程"，现标题为作者自拟）

浙江省立高级蚕桑科中学校工服务规程

第一条　校工来校须经介绍人之介绍，并须填具保证书后方准入校。

第二条　校工入校第一个月为试用期间。

第三条　校工以性情和顺，能勤苦耐劳而略识文字者为合格。

第四条　校工须照派定职务勤恳服务。

第五条　校工须服从主管人员之指挥。

第六条　校工不许留宿亲友，若有特别事故，得总务处允许者，不在此列。

第七条　校工不许私售违禁食物。

第八条　校工不许酗酒、吸烟及赌博等，违者处罚。

第九条　本规程经总务会议议决后施行之。

（原文刊于《浙江省立高级蚕桑科中学章则一览》，1933年。文章原标题为"校工服务规程"，现标题为作者自拟）

浙江省立杭州蚕丝职业学校顾问委员会规则

第一条 本校为沟通与事（似为"实"）业界之经营，增进训练效率，根据部颁职业学校设置顾问委员会办法，设置本委员会。

第二条 本会组织除本校校长、教务主任、训育主任、养蚕制丝两系系主任为当然委员外，另由校长聘请校外蚕丝界专家或领袖五人至七人为顾问。

第三条 本会规定在学期开始及学期终了时，各召开会议一次，必要时得召集临时会议，由校长召集并为本会主席。

第四条 本会委员概为名誉职，但出席会议时酌送车马费。

第五条 本会之任务如下：

（一）关于学生之服务道德及精神训练事项。

（二）关于职业学科教材之审核及选择事项。

（三）关于学生在校内实习指导及接洽事项。

（四）关于毕业生之就业事项。

（五）关于其他学校施设之建议事项。

第六条 本会开会时，得视必要邀请有关各教职员到席。

第七条 本会议决事项，由校长斟酌执行，于下届开会时报告执行经过。

第八条 本规则经校务会议议决后实施。

（原文见浙江省档案馆馆藏档案"浙江省立杭州蚕丝职业学校卷宗 L056-06-059"，1941 年）

浙江省立杭州蚕丝职业学校公费学额委员会规则

第一条　本规则根据本校组织大纲第十五条第九项制定之。

第二条　本委员会由校长、各处系室主任、各级级（主）任组织之，以校长为主席，校长缺席时，教务主任代理之。

第三条　本委员会之执权如下：

（一）订定关于申请公费及工读之各项文件及表册。

（二）决定每年度应设置公费及工读之学生名额。

（三）审查申请公费学生及工读学生之证件及成绩。

（四）调查申请公费学生及工读学生之家境清寒状况。

（五）核定公费及工资之给予及停止。

（六）决定公费生、工读生为校服务之工作。

（七）处理其他关于公费生、工读生之一切事宜。

第四条　本委员会每学期举行常会一次，遇必要时，得开临时会议，均由主席召集之。

第五条　本规则经校务会议议决施行，如有未尽事宜，得提交校务会议议决修正之。

（原文刊于《浙江省立蚕丝学校校刊》第 3 期，1937 年。文章原标题为"公费学额委员会规则"，现标题为作者自拟）

浙江省立高级蚕桑科中学学生各项团体实况

第一条　学生自治会为训练自治之机关，由全体学生组织之。

第二条　演讲会由学生自治会教育股主持之。每周举行各级演讲会一次，均请教职员指导之。

第三条　辩论会由各级学生组织之。每次辩论分正反两组，每组辩论员自三人至五人，亦请教职员指导。

第四条　各级读书会由各级学生组织之。以级主任、教师为指导，凡经费之支配、图书之管理、书本之巡回等，均由各该级学生议决实行。

第五条　修学旅行团每逢最高年级下学期，有外省修学旅行之举。旅行团之组织分庶务、文牍、会计、交际四股，各司其事，指导员总其成。

第六条　出版事业分周刊、特刊及期刊三种。周刊由各级自行办理，学艺股负督促责任；特刊由学艺股办理，每学期出版三次；期刊由学艺股搜集周刊及特刊内较好材料印成单行本，名曰"蚕桑学生"，每学期出版一次。

第七条　郊聚会别名级会，每学期举行一次，其日期在学历上规定之，郊聚地点、经费、娱乐等，由各级学生与级主任、教师商定之。

第八条　校友会由过去及现在全体教职员、学生组织之。

第九条　参观团每年春假，全校举行一次，其地点之远近按年级高低而定，团内各种事务由各级学生主持，以级主任、教师为指导。

第十条　游泳队由各级选手组织之，在指定地点练习，以体育或善于游泳教师为指导。

第十一条　卫生队由学生自治会、公安股、卫生组组织之，专司学校卫生事宜。

第十二条　消防队由身体强健、年龄较大学生组织之。分警报、接水、水枪、断火、救护、策应等组，为防止校内及附近火警而设，每学期练习一次。

第十三条　演剧团由各级学生组织之，每学期公演一次，欢迎民众参观。

第十四条　美化委员会由自修室、寝室、教室等干事组织之，以校内各主任为指导，专司实施及督促美化事宜。

第十五条　俱乐部由学生自治会娱乐股支持之，备有各种娱乐器具，以供全体学生之娱乐。

第十六条　音乐团由各级善于音乐者组织之，凡遇游艺会时，须全体参加。

第十七条　成绩展览会在每学期或每学年终了时举行展览会一次。

第十八条　宣传队由学生自治会教育股并讲演组组织之，每逢各种纪念日，组织队伍出外宣传，分贴传单、标语、图画。

第十九条　民众夜校由学生自治会教育股平民教育组主持之。

第二十条　社会调查调查各地社会之情形以及蚕丝状况。

第二十一条　合作社由全体学生、教职员组织之，分信用、消费两部。

（原文刊于《浙江省立高级蚕桑科中学章则一览》，1933年。文章原标题为"学生各项团体实况"，现标题为作者自拟）

招 生 工 作

浙江蚕学馆招考章程

第一条 蚕学馆之设，以考验蚕种、分方做子为第一要义。验有成效，馆中制成蚕子纸，售与内地养蚕家。其他饲蚕、种桑等法，亦详细讲求，大旨取康发达成法，参以中法，以救蚕病。康氏书已分刊《农学报》内。

第二条 本馆先在杭州西湖金沙港，建屋购器，试办三年，俟有成效，再行推广办理。

第三条 生生定额三十名，无论举贡生童，有家世业蚕，文理通顺，年二十左右，明敏笃静者，准其投考。文字虽佳，仍须面问养蚕成法，以定去留。惟短视人于显微镜不宜。

第四条 本馆定于光绪二十四年开印日起，二月初十日止，由该生亲赴本馆，开具三代、年貌、籍贯，取具绅士切实保结（省城外郡皆自请当地绅士，不必限定达官，凡贡举有声望者，俱可出结），限二月十一日，一律到杭，候示期考试。

第五条 在馆诸生，必遵馆中所定课程规条，尽心学习。另有详细条目，报名时来馆取阅。三年内，或留馆，或派往乡镇，须听馆中调度，不得任意告退，违者著保人追缴馆费。期满后，学生有应得利益，如制卖蚕子纸之类，由本馆察看，给凭给戳为据。

第六条 学生按月仍给例假四日。惟蚕事既兴，日有日班，夜有夜班，假期随时酌定。若无故不到班，并请假违例者，按日扣除月费。馆中列一请假月日表，即以所扣之款为勤奋者奖。此外非疾病、大故，不得请假，均载在另定条目内。

第七条 馆中每一房间，住学生两名，每名备有一床、一案、两凳。此外来往盘费、铺盖、灯油，一切应用之物，由各生自备。馆中供给各生伙食外，按月给杂费洋三元。

（原文刊于《时务报》第51期，1897年）

浙江省立甲种蚕业学校补习科招生简章

第一条 宗旨。本科遵照教育部实业学校规程，为志愿从事蚕业者授以应用之学识、技能，并使补习普通学科而设。

第二条 毕业年限。一年毕业。

第三条 资格。以有志蚕业，年在十六岁以上，文理清顺，身体健全者为合格。

第四条 报名。自民国七年一月十五日起至考试期前一日止，来本校填写籍贯、住址，并带本身四寸相片。

第五条 考期。民国七年二月二十六日起，至三月六日止，随带笔砚来校考试。

第六条 保人。须在本城绅商学界素有名望者，诸生录取后邀同来校，填写保证书并随缴应纳诸费。

第七条 科目。分学理、实习两种：

（一）学理科目：修身、国文、算术、理科大意、农学大意、养蚕法、制种法、栽桑法、制丝法、蚕体卫生、蚕业经济、蚕体解剖。

（二）实习科目：消毒、制种、考种、栽桑、烘茧、制丝、整理屑物、使用显微镜、饲养春夏蚕、制造蚕具、驱除虫害。

第八条 纳费。本科学生免收学费，惟入学时收预备费八元，为代办校服、书籍等用，年终结算，盈还亏找。每月讲义费及杂费五角，膳费三元五角，均照章预缴。

第九条 校址。杭县西湖金沙港。

第十条 附则。本简章未尽处，皆照本校细章办理。

（原文刊于《浙江公报》，1918 年 2 月 8 日）

浙江省立蚕业学校招生简章

第一条 主旨。本校以造就蚕业学识、技能兼具之人才，而能应用于下列各项者为主旨：

（一）实地经营蚕丝业人员。

（二）蚕丝业机关主任及技术员。

（三）蚕丝业教员及指导员。

（四）农村社会服务人员。

第二条 教学程序。第一、二年为预科，参照初级中校课程，间以蚕业基本学科。第三、四年授以蚕丝专门之公共学科及重要普通科。第五年分养蚕、制丝二系，以期专精各级详细科目。另载本校新学制编制大纲，函索即寄。

第三条 入学资格。高等小学毕业或乙种实业学校毕业及与有同等之程度，年在十四岁以上，身体健全、品行端正者为合格。

第四条 报名。自民国十五年七月一日起，至考试期前一日止，亲向本校报名或通函报名，均须照下列之报名单式，详细填送，并缴本身四寸相片。

报名单式

姓名	字	年龄	籍贯	曾经何校毕业或肄业	家庭状况				最新通讯处
					父兄名	号	职业	存殁	

第五条 试验费。报名时需缴试验费一元，录取与否，概不发还。

第六条 考试期。民国十五年八月二十七日及九月五日上午，自带笔墨来校考试国文、英文、算术并口试，及体格检查。

第七条 保证人。录取各生应即邀同保证人，填入学愿书及保证书，并需缴齐各费。保证人资格须家住本城，确有职业或素有名望，经本校认可，于该生身份一切确能担保者。

第八条 纳费。本学期学费六元、杂费一元、讲义费一元，膳费二十四元、体育费一元、校友会费一元五角、校服费七元，又预备费七元，为代办书籍之用。本学期共应缴纳洋四十八元五角，所有膳费、校服费及预备费于学期终结算，盈还缺找。

第九条 插班。本校新制二年级尚有余额，有中学一二年程度者，可携转学证书来校考试补插。

第十条 校址。杭县西湖。

（原文刊于《浙江教育》第 3 期，1926 年）

浙江省立高级蚕桑科中学招收男女生简章

第一条 学额。高中一年级生一班四十名。

第二条 修业年限。三年毕业。

第三条 投考资格。初中毕业或与初中毕业程度相等者。

第四条 报名日期及地点。报名分通讯及亲到两种办法，其日期及地点规定如下：

（一）通讯报名

日期 自 月 日起至 月 日止

地点 沪杭线笕桥本校

（二）亲到报名

日期 自 月 日起至 月 日止

地点 沪杭线笕桥本校或 地

第五条 报名手续。填写报名单、呈缴毕业证书（或证明文件）及最近四寸半身相片两张、报名费一元。相片及报名费无论录取与否，概不发还。

通讯报名应先期索取报名单，照填后同证书、相片、报名费等，由邮局挂号寄至报名地点，并附邮票一角八分，备复信之用。经校审查证明文件合格准予报名者，即填给缴入各件收据及准考证，届时得凭证入场考试。其通讯报名者，前项证据由邮局挂号寄达（通讯报名者务须注意信件来往所需时日）。

第六条 试期及地点。试验日期及科目、地址列表如下：

月 ┌ 上午 党义、国文
日 └ 下午 英文、数学（算术、代数、几何）

月 ┌ 上午 物理化学、常识测验（动物、植物、矿物、生理、卫生、
　　　　　　法制、经济、历史、地理）
日 └ 下午 口试、体格检查

附注：上午八时至十二时，下午一时至四时

第七条 发表录取。新生除在本校揭示外，并用挂号书面通知。

第八条 入学手续。录取各生应于开学之前三日内，偕同保证人（保证人二人，须有固定职业，其一并须寓在杭州市，对所保学生能负一切责任者）前来本校，填写入学愿书及保证书，并将规定应缴各费一次缴清，再凭缴费收据换领入学、住宿各证，方准入学。如逾开学之期三日尚未来校注册，应即取消其入学资格，由备取生递补之。

第九条 应缴各费。一年级学生第一学期应缴各费如下：

（一）学　费　九元

（二）膳　费　三三元

（三）杂　费　二元

（四）讲义费　四元

（五）体育费　二元

（六）制服费　一二元

（七）书籍费　五元

（八）实习费　一元

（九）预备费　二元

（十）合计缴费大洋七十元

第十条 补助费。依照浙江省政府委员会第三九七次会议议决，浙江省补助省立中等以上学校清寒优良学生办法办理之。

（原文刊于《浙江省立高级蚕桑科中学章则一览》，1933 年。文章原标题为"招收男女生简章"，现标题为作者自拟）

浙江省立杭州蚕丝职业学校剪影 ①

慕陶、晨华

　　杭徽路侧，秦亭山畔，有五百余亩被田野拥抱着的一块场地上，分散着大小不一的洋式房屋，那便是浙江省立蚕丝职业学校的新校舍了——也就是国内最高的蚕丝专门学校的所在。

　　是中华民国纪元前十五年（清光绪二十三年）吧，侯官林迪臣先生守杭州，以蚕丝为浙江特产，呈准浙抚廖寿丰拨地筹款，就西湖金沙港建筑寮舍，定名为蚕学馆。民国元年更名为公立蚕桑学校，二年改名为浙江省立甲种蚕桑学校；十八年春，由金沙港迁至笕桥，更名为浙江省立蚕桑科中学；二十三年一月，因笕桥校舍为航空学校需要，奉令迁让，暂借梅东高桥大营一部分地方授课，更名为浙江省立高级蚕丝职业学校；二十五年八月，古荡新校舍落成，奉令更名为浙江省立杭州蚕丝职业学校。

　　校内分养蚕、制丝二科，学级有高初二部，学程与普通高初中无少异（高初部修业期限均各为三年），而是学课、实习并重的。

　　因为这学校知道的人很少，且又当蚕丝业不景气中，所以从前投考的人很少，四十名的学额，往往不足，是以成绩低劣，深为社会人士叹息。不过最近蚕丝业已转机活跃，学校也屋宇焕然，所以投考的人特多，本届更拟扩充学额呢！

　　校里的养蚕、制丝、栽桑和农场等实习，在每学期中占有很多时间，授课钟点比普通中学少一些，课程非开快车不能结束，同学终非得自修不足以应付将来的应用。实习是辛苦的，功课亦没有过去那样苟且。学校当局已抱着"苦其心志，劳其体肤"的一贯方针，所以投考本校的体格要强健，学业只要

---

① 　此稿系将慕陶、晨华二君两篇稿件集成。

真正能劳力就得了。

至于毕业以后出路，因为目前蚕丝等已经转机了，近几届毕业生当还未走出校时都已被社会邀去，今年的二系毕业同学，还有供不应求之现象。

本届招收高一新生四十名，资格为初中毕业或同等学力。初一新生五十名，资格为小学毕业或同等学力。报名日期八月一日至十日。考试日期（高级）十一、十二两日，（初级）十二、十三两日，地点在本校（从湖滨乘六路车至本校站，票价一角二分），其他手续及考试科目与一般同。

应缴各费：

项 目	高 级	初 级	备 注
学费	免	免	
膳费	三〇元	三〇元	多还少补
书籍费	五元	三元	多还少补
讲义费	四元	三元	
实习费	一元	免	
体育费	二元	二元	
杂费	二元	免	
预备费	二元	二元	多还少补
共计	四十六元	四十元	

新生加缴军训或童军服装费十八元。

为奖助家境清贫、体格健全、资禀颖异、成绩优良，或能劳动者，本校设有本省公费生。余杭县设本校该籍公费生及奖学金、工读生。家庭可不负担一文钱——只要能用功和苦学。

（原文刊于《学校新闻》第 66 期，1937 年）

浙江省立杭州蚕丝职业学校附设蚕丝职业补习班计划

第一条 定名。浙江省立杭州蚕丝职业学校附设蚕丝业职业补习班。

第二条 目的。以半工半读养成蚕业改进区之助理指导员、蚕种制造场暨丝厂之助理技术员及合作社之蚕丝技术人员为目的。

第三条 名额。三十名，男女兼收。

第四条 年限。一年。

第五条 入学资格。以完全小学毕业或具有同等学力而年龄满十六岁以上者。

第六条 课程。

（甲）学科。公民，每周一小时；国语，每周三小时；算术（附珠算），二小时；常识，二小时；养蚕学（附制种），六小时；栽桑学（附病虫害），四小时；制丝学（附烘茧），每周四小时；蚕体生理及病理（附解剖），每周五小时；蚕丝指导，一小时；体育，六小时。

（乙）实习。桑栽，三小时；养蚕制种，春秋二期，四个月；蚕具制造，三小时；蚕丝实习，定期一个月；检种，三小时。

第七条 学生用费。膳费暂由学生自给，其他一切费用免收，惟该班学生实习无试验性，如有相当盈余，俟呈厅核准后，酌量津贴学生膳费。

（原文刊于《浙江教育》第 3 卷第 5 期，1940 年）

教学概况

杭州蚕学馆课程表

第一年前期学课授业时数				第一年后期学课授业时数			
课 目	时 期			课 目	时 期		
	半年时数	星期时数	两年总计		半年时数	星期时数	两年总计
动物学	九二	四	九二	理学	三〇	三	/
植物学	九二	四	九二	化学	二〇	二	/
理学	六九	三	九九	数学	三〇	三	/
化学	四六	二	一一二	蚕体解剖	三〇	三	/
数学	六九	三	九九	显微镜使用法	二〇	二	/
蚕体解剖	六九	三	九九	养蚕法	三〇	三	一〇六
显微镜用法	六九	三	八九	蚕体生理	二〇	二	/
蚕体生理	四六	二	一三五	缫丝法	二〇	二	六六
实习	二五三	一一	七二六	茧及生丝检查法	二〇	二	二〇
计	八〇五	三五	/	器械学	二〇	二	六六
/				实习	一一〇	一一	/
/				计	三五〇	三五	/

第二年前期学课授业时数				第二年后期学课授业时数			
课 目	时 期			课 目	时 期		
	半年时数	星期时数	两年总计		半年时数	星期时数	两年总计
化学	四六	二	/	养蚕法	三〇	三	/
养蚕法	四六	二	/	气象学	三〇	三	/
蚕体生理	六九	三	/	肥料论	四〇	四	/
气象学	四六	二	七六	桑树栽培法	三〇	三	/

续表

第二年前期学课授业时数				第二年后期学课授业时数			
课　目	时　期			课　目	时　期		
	半年时数	星期时数	两年总计		半年时数	星期时数	两年总计
肥料论	四六	二	八六	土壤论	三〇	三	/
桑树栽培法	四六	二	七六	蚕体病理	四〇	四	/
缫丝法	四六	二	/	害菌论	四〇	四	四〇
土壤论	四六	二	七六	实习	一一〇	一一	/
器械学	四六	二	/	计	三五〇	三五	/
蚕体病理	六九	三	一一九	/			
桑树除害论	四六	二	四六	/			
实习	二五三	一一	/	/			
计	八〇五	三五	/	/			

（原文刊于《学报汇编》，1900 年）

杭州西湖蚕学馆饲蚕摘要

一、本馆造种，系仿东西洋分方造法，以一蛾为一区，用显微镜考验有病与否，病即割去，故所存者俱精良。无病之卵，购养之家，能照上开各条，留心饲育，必得丰收。

二、蚕种至冬期，宜浸浴一次，以除溺毒，并使加受寒气。本馆之种，业已用清水浴过，不必再浴，但慎重藏之可也。

三、我国向无专藏蚕种之器，然藏种之得法与否，于收成上关系甚大，宜极留意。大旨要使种子自十二月初，至来岁二月底，所受之暖气，不得过寒暑表上四十五度为最妙，若过暖则生长不顺，必致受害不少。此种购去，当体此意，贮藏于空板箱内，每张种纸，约离三四分，择冷而干燥之地置之，如室之北隅，庶免损失。

四、养蚕届期，蚕室及蚕具，如筐与架等，须用石灰水洗涤，以防传染；或先紧闭窗户，将门缝用纸表密，以硫磺和火硝熏之；蚕房内每一立方尺容积硫磺三分五厘，火硝三分五毫，然后净洗更佳。

五、旧法催种出蚁，只以暖燠包裹，或竟抱于胸前，然人身上之暖，有九十五六度，且裹急在内，不通空气，每有不出之患。今改用一简便火熏之法为妥。其法于先收蚁期十三四天，或二十天，作一木架，纸糊长方匣，匣之长阔，如蚕纸大，内分数层，每层离开一寸，以竹丝为之，如鸟笼式，以便搁种；其周围上下所糊之纸，密刺针孔，俾得空气流通；将种纸纳入，外挂寒暑表，悬于眠床之左侧上层；其右侧下层，安置火炉，炉内满盛热火，上覆草灰，使暖气徐徐上升；若炉在左侧，则种在右侧，总之种匣与炉，务宜斜对，勿使直接，而密闭床帐以保存之；如是者约经十三四日夜，而蚁出矣。但其间暖气须渐次加上，不可急遽，方得其生长顺序，即第一天用火六十度，第二天六十一度，第三天六十二度，以后依次递加；如遇天气晴暖，即停炉火，总以勿使寒暖骤变为最要；而在后七天中，尤宜留意，盖此时卵内胚子将变成蚁，一遇冷气，即阻其发生，而变成虚弱矣；其蚁出之先一日，须用纸包裹蚕纸，以防蚁蚕散逸。

六、收蚕之后，如遇天气寒冷，当用火暖之，以寒暑表自六十八度起，至七十五度为止，平均得七十三度，最为适宜。

七、蚕房内空气之干湿，于蚕体生长上，关系甚大，宜随时测定调理。大约以温湿表上，湿差温五度，如温度表上七十三度，湿度表上则应得六十八度为最适宜。

八、蚕房窗户，虽宜关闭紧密，然亦时须开放，以通空气，否则空气沉闷，蚕必受害甚多，惟遇大风及潮湿天气，仍以不开放为是。

九、砻糠最能收湿，蚕内宜用筛净砻糠垫底，以期干燥。

十、放叶宜薄而勤，切不可贪懒厚布。大约一天，小蚕时九次，二眠后八次，三眠后七次，四眠后五六次。

十一、蚕簁、桑梗、蚕沙（蚕沙即粪）须勤除去，不宜堆积过厚。除法可于前一次给桑时，小蚕宜前两三次，匀洒砻糠，在小蚕时宜磨碎，大则不必，以堆没蚕体为度，俾蚕与沙藬（桑藬即梗）隔绝，以便除时简易。

十二、蚕簁内放蚕，宜疏不宜过密，否则蚕身挤轧，易致眠起不齐。

十三、蚕房内各地，宜随时打扫清洁，勿得重积秽物，致蚕受害。

（录《同文扈报》）

（原文刊于《知新报》第 118 期，1900 年）

浙抚咨送蚕学馆教科课程及六期毕业各生履历分数单

普通学

物理学（中等教科书）、化学（中等教科书）、算学（笔算代数）、动物学（编辑普通教科书）、植物学（编辑普通教科书）、气象学（编辑普通气象学）、体操（普通体操）。

专门学

养蚕法、蚕体生理、蚕体病理、蚕体解剖、显微镜使用法、制丝法、桑树栽培法、土壤学、肥料论、害虫论、蚕种检查法。

实习

养蚕、制种、考种、栽桑、缫丝。

第一期 一十六名 光绪二十六年考试毕业

丁祖训，诸暨县监生，通计八十八分八厘；傅调梅，钱塘县附生，通计八十八分六厘；宣布泽，诸暨县监生，通计八十七分八厘；周式谷，诸暨县童生，通计八十七分；陈拜庚，新昌县童生，通计八十五分五厘；陈之藩，诸暨县附生，通计八十三分六厘；陈翰，诸暨县监生，通计八十一分七厘；骆缵郊，义乌县廪生，通计七十九分九厘；朱敏，仁和县附生，通计七十八分三厘；沈鸿逮，海宁州附生，通计七十六分九厘；吕汝本，新昌县监生，通计七十二分四厘；陆宝泰，杭州府学附生，通计六十六分二厘；俞鸿荃，新昌县附生，通计六十一分九厘；郭廷晖，福建闽县童生，通计五十七分九厘；黄燮，仁和县附生，通计五十六分六厘；吴锡璋，钱塘县附生，通计五十四分三厘。

第二期　十一名　光绪二十七年考试毕业

高种，福建侯官县童生，通计九十四分六厘一毫；蔡观，福建闽县监生，通计九十一分九厘八毫；石如璧，新昌县童生，通计八十四分八厘一毫；林景源，福建侯官县童生，通计七十七分二毫；邱仲刚，镇海县童生，通计七十六分六厘八毫五；刘宝圭，福建浦城县童生，通计七十八分七厘七毫五；周之桢，诸暨县童生，通计六十七分一厘六毫六；郑恺，钱塘县附生，通计六十五分八厘五毫；余仁，钱塘县附生，通计六十一分一厘一毫；赵国桢，西安县童生，通计六十一分一毫六。

第三期　六名　光绪二十八年考试毕业

郑辟疆，嘉善县童生，通计八十八分八厘；朱亦栋，钱塘县童生，通计八十六分四厘六毫；章子祥，钱塘县童生，通计七十三分三厘三毫；金湛，钱塘县童生，通计七十二分八厘九毫；郑銮，嘉善县童生，通计七十二分四厘四毫；陈和，福建闽县童生，通计六十四分八厘。

第四期　一十二名　光绪二十九年考试毕业

杨振鹏，江苏江都县附生，通计八十八分八厘五毫；巴成锦，安徽歙县附生，通计八十八分五厘五毫；钱保镜，江苏宝山县童生，通计八十八分二厘八毫；杜以芬，仁和县附生，通计八十七分一厘一毫；史家修，江苏华亭县附生，通计八十四分八厘；何其昌，诸暨县童生，通计八十二分七厘六毫；梁有立，钱塘县举人，通计八十二分二毫；吴绍伯，江苏青浦县附生，通计八十一分一厘六毫；徐翱，诸暨县童生，通计七十五分二厘三毫；林琦，福建闽县童生，通计七十四分四厘五毫；嵇冠群，德清县附生，通计七十二分九厘八毫；何逢时，诸暨县童生，通计六十二分八厘四毫。

第五期　一十二名　光绪三十年考试毕业

张保寅，仁和县附生，通计八十六分一厘；周继先，仁和县童生，通计八十五分六厘；沈迪生，江苏华亭县童生，通计八十四分九厘；郑濂，乐清县童生，通计七十九分八厘；宋以钺，嘉善县监生，通计七十九分三厘；钦含英，长兴县附生，通计七十八分六厘；吴德森，平阳县童生，通计七十四分四厘；周祖颐，平阳县童生，通计七十四分三厘；秦乐山，江苏娄县童生，通计七十二分一厘；陈国恩，天台县童生，通计七十一分三厘；吴仰山，镇海县童生，通计六十九分二厘；江企虞，江苏娄县童生，通计六十四分九厘。

第六期　九名　光绪三十一年考试毕业

方志澄，仁和县附生，通计九十六分四厘五毫；林在南，奉化县附生，通计九十五分八厘五毫；朱显邦，缙云县附生，通计九十二分五厘；徐菊生，诸暨县童生，通计九十分；潘世横，安徽桐城县童生，通计八十七分六厘；方从矩，仁和县附生，通计八十五分六厘；施震泽，乐清县童生，通计八十三分四厘五毫；陈涥，平阳县监生，通计八十二分七厘五毫；施铎，仁和县附生，通计八十二分六厘。

（原文刊于《学部官报》第 5 期，1906 年）

浙江省立甲种蚕业学校设立补习科之趣旨

叶同志[①]

　　本校所设之补习科，在前清时为别科，自民国以来，凡实业各校，除本科预科之外，莫不加设补习一科者。盖以吾国今日对于实业虽颇形发达，然有急于谋事而学之未能恒久者，有困于经济而学因之而中止者，有年长失学而耻于年幼同砚者等等，不可指数，是不得不为之善为处理者也。本校之所以设立补习科者，亦为是故欤。志之未入校以前，亦尝闻之矣；及入校后，迄今尤觉其有种种之趣味：

　　一、速成农业之趣味。养蚕非桑不可，而桑又非栽不能，然欲讲栽桑之法，则必先研究农学大要，若何耕种、若何培养，而后及栽桑，则无不利焉。以此短期而竟稍稍有得于此，是非有一种之趣旨也欤？

　　二、速成工业之趣味。栽桑而后可养蚕，理固然也。然饲育蚕虫，半属于目力，以检查其起眠之迟早；半属于手法，以调理其桑叶之多寡，及蚕俱熟而上蔟之后，又必赖吾人之手以选其茧之厚薄，所选之茧，或为制种用，或为制丝用，亦必赖吾人之目力与手力而后可。以未出校之现象，已似有劳工之练习，久之则精且熟焉；将来出校之后，其成绩优者，固可任事于社会，即成绩稍欠者，亦得以藉自劳其力而获利。此又其一种趣旨，而为志所感触者也。

　　三、速成商业之趣味。制丝之后，则必赖商为之售出焉。吾人之在校也，平素对于此项虽未免缺憾，然昨日得由校长及本级主任偕往纬成公司参观，又得稍稍调查一二。盖谓丝有优劣，择必在人之目力与手法之迟速，丝工成而束装并捆包之，近可以售于本地诸商家，远可达于各省及各国，其销甚广，其利亦因之而溥，此得于纬成公司，而觉其有趣。假令本校对于补习科不甚注重，焉得以此寸光而镜吾人于彼厂者哉。况本校分校，现均设贩卖所，各有主任，

---

① 叶同志，字伯固，浙江泰县人。本校补习科第八期入学，民国十一年（1922）1月毕业。

以管理其一切事务，而自动之能力，吾人均稍稍有之，其法之美，洵堪许焉。是亦一种趣味，岂可不言之欤？

其他种种趣旨，不能备论。吾人对于此三项，倘能兼用于将来，则补习科于将来犹觉其有趣，且可与本校本科及省立甲种各校并驾驰驱者矣。余何敢言，谨此。

（原文刊于《浙江省立甲种蚕业学校校友会杂志》第 4 期，1921 年。文章原标题为"本校设立补习科之趣旨"，现标题为作者自拟）

浙江省立高级蚕桑科中学学则

成　绩

一、学生成绩分学业成绩、操行成绩、体育成绩三种。学业成绩又分学科成绩与实习成绩两种。操行成绩、体育成绩及各学科之学业成绩有学年成绩、学期成绩及平时成绩三项。

二、操行及体育二种，即以平时成绩之总和作学期成绩；学业成绩以平时积分及临时试验之平均作平时成绩，以平时成绩及学期试验成绩之平均作学期成绩，两学期成绩平均数为学年成绩。

三、操行及体育之毕业成绩，以肄业最后一学期之操行及体育之成绩定之；学业之毕业成绩，以各学年之学年成绩再与毕业试验之成绩平均计算之。

四、一学期中各学科成绩之平均与各实习成绩之平均再平均之，即为本学期学业总成绩。

五、评定成绩分甲、乙、丙、丁四等，八十分以上为甲等，七十分以上为乙等，六十分以上为丙等，不及六十分为丁等，六十分以上为及格，未满六十分者不及格。

升级、留级、毕业

一、升级、留级以学业、实习、军训、体育成绩为标准。

二、学生学业成绩有下列二项之一者留级：

（一）学年总成绩不及格者。

（二）本学年中凡专门科一种或普通科二种不及格者。

三、凡实习、军训、体育任何一门平均成绩不及格者，不得升级与毕业。

四、凡一学期内缺课时数超过授课时数三分之一以上者，不得升级与毕业。

考　试

临时考试　按期考试

（一）临时考试由各科教员随时举行之。

（二）按期考试：

1. 学期考试每学期终了前由教务处规定日期举行之。

2. 毕业考试在第三学年终了前、学期考试完毕后，由教务处定期举行之。

补　考

一、临时考试因事或因病未能与试者，经该科教员之许可，得随时补考之。

二、学期考试因事或因病未能与试者，由教务处于下学期开始前定期补考之。

三、补考成绩以所得分数八折计算。

四、凡有下列各项之一者，不得补考：

（一）每学科于一学年内二学期考试均不及格者。

（二）临时考试与学期考试平均成绩不及五十分者。

（三）有意规避或临场作弊，经监试员查明有据者。

休学、退学

一、学生在肄业期内，因故须休学者，须由家长或保证人具函声叙理由，请求休学。

二、学生有下列事项之一者，令其休学：

（一）每学期开学后一星期内不注册、缴费者。

（二）体育成绩不及格，其原因在于体力太弱，经医生证明须有长时间休养者。

（三）发现精神病、传染性疾病，经医生证明一时不能痊愈者。

三、休学学生得于下学期开始时，请求复学，其因犯前（二）（三）两项而休学者，须呈验业经回（应为"恢"）复体力之证明文件，经学校当局核准，方准复学。

四、学生在肄业期间因故需退学者，应由家长或保证人具函声叙理由，请求退学，经学校当局核准后，给予修业证书。

五、学生有下列事项之一者，令其退学，开除学籍，不给修业证书：

（一）参加反革命团体或有反三民主义之思想或行为者。

（二）操行成绩两学期连续列入丁等者。

（三）犯重大过失其结果足以妨害学校风纪或团体秩序者。

（四）品性不良屡犯校规不知悔改者。

（五）言行悖谬不堪教诲者。

（六）连续留级二次或休学逾二学年者。

六、凡退学学生概不得复学。

奖励、惩戒

一、学生操行、学业、体育成绩有优异者奖励之，其奖励分下列三种：

（一）奖章。

（二）奖状。

（三）言词嘉奖。

二、学生有违反学校规则或学生团体之公约时，应惩戒之，其惩戒分下列三种：

（一）口头惩戒。

（二）书面惩戒。

（三）开除学籍。

（原文刊于《浙江省立高级蚕桑科中学章则一览》，1933年。文章原标题为"学则"，现标题为作者自拟）

浙江省立高级蚕桑科中学课程概要

科 目	第一学年 时 数	第二学年 时 数	第三学年 养蚕系	第三学年 制丝系
纪念周	一	一	一	一
党义	一	一	一	一
军事训练	三	三	/	/
国语	四	二	二	二
英语	三	二	二	二
日语	五	四	三	三
数学	三	二	/	二
物理	三	/	/	/
化学	三	/	/	/
有机化学	/	二	/	/
生物学	二	/	/	/
图画	二	二	/	/
栽桑学	四	一	/	/
养蚕学	四	/	/	/
镜学	一	/	/	/
蚕种学	/	三	/	/
制丝学	/	四	/	/
蚕体解剖	/	三	/	/
蚕体生理学	/	/	三	/
蚕体病理学	/	/	三	/
品种遗传学	/	/	二	/
蚕桑分析化学	/	/	一	/
蚕业泛论	一	/	/	/

续表

科　目	第一学年	第二学年	第三学年	
	时　数	时　数	养蚕系	制丝系
野蚕学	/	/	一	一
蚕业经营	/	/	二	/
蚕业法规	/	/	一	一
蚕业气象学	/	一	/	/
微生物学	/	/	二	/
土壤学	/	/	二	/
肥料学	/	/	二	/
工厂管理及设备	/	/	/	二
生丝检查法	/	/	/	一
制丝经营	/	/	/	二
制丝用水	/	/	/	一
生丝贸易	/	/	/	二
制丝分析化学	/	/	/	一
制丝纺织	/	/	/	二
纤维学	/	/	/	一
机械学	/	/	/	三
屑物整理学	/	/	/	一
机械制图	/	/	/	三
农业	二	二	/	/
农村社会	/	/	二	/
商业概论	一	/	/	/
簿记及会计	一	/	/	/
蚕事及桑园实习	/	三	三	/
制丝实习	/	三	/	六
蚕体解剖实习	/	三	三	/
生丝整理及检查实习	/	/	/	二
蚕体病理及微生物实习	/	/	二	/
蚕桑分析化学实习	/	/	三	/
绢丝分析化学实习	/	/	/	三

科　目	第一学年	第二学年	第三学年	
	时　数	时　数	养蚕系	制丝系
养蚕及制种实习	春夏二期	秋春夏三期	秋春二期	/
购茧及烘茧实习	/	/	烘茧实习无定时	无定时
工场管理实习	/	/	/	无定时
屑物整理实习	/	/	/	无定时
指导实习	/	/	无定时	/
学科合计	四四	三三	三〇	三二
实科合计	/	九	一一	一一
总　计	四四	四二	四一	四三

（原文刊于《浙江省立高级蚕桑科中学章则一览》，1933年。文章原标题为"课程概要"，现标题为作者自拟）

浙江省立高级蚕桑科中学体育实施大纲及体育成绩考查法

第一条 早操男女分地举行，每晨三十分钟，教材选用改正与模仿，又无论男女生得选田径赛代替早操。

第二条 课外运动自每星期一至星期五，每日下午四时起至五时止为运动时间，由体育办公室规定标准成绩并排定组数，令各学生自行选择田径赛二项、球类二项按时出场练习。

第三条 体育成绩考查法：

（一）早操占体育总分百分之二十，请假五次扣体育总分一分，缺席二次扣一分。

（二）课外运动占体育总分百分之四十，请假五次扣体育总分三分，缺席二次扣一分。

（三）标准测验占体育总分百分之三十，于每学期终了前一日举行之。

（四）精神及努力占体育总分百分之二十，不论早操或课外运动，有精神不振、敷衍了事者随时记录，于学期终了时酌扣总分。

第四条 体育不及格者不得升级与毕业。

第五条 如有未尽事宜，得随时提交教务会议修改之。

（原文刊于《浙江省立高级蚕桑科中学章则一览》，1933年。文章原标题为"体育实施大纲及体育成绩考查法"，现标题为作者自拟）

浙江省立高级蚕桑科中学军事教育实施方法

第一条　本中学遵照《国府修正高中以上学校军事教育方案》第一条之规定，应以军事教育为必修科目（女生除外），其修习期间定为二年。

第二条　军训之目的在锻炼学生心身、涵养、纪律、服从、负责、耐劳诸观念，提高国民献身殉国之精神，以增国防之能力。

第三条　军训一切事宜由本校军事教官协同助教秉承训练总监部计划办理，并受本校校长之指挥及监督。

第四条　军训之时间如下：

（一）每年度每星期实施三小时。

（二）每年度每暑假期内连续实施三星期极严格之军事训练。

（三）若有加紧军训事宜之时应遵训练总监部规定办理。

第五条　对于军事训练成绩不及格之学生，遵照《国民体育法》第六条之规定，不予毕业。

第六条　其他细则及军训计划另订之。

（原文刊于《浙江省立高级蚕桑科中学章则一览》，1933年。文章原标题为"军事教育实施方法"，现标题为作者自拟）

浙江省立杭州蚕丝职业学校教务概况

一、学级编制

本校自前清光绪二十三年杭州太守侯官林迪臣先生创办至今，计已三十八年。期间学制变迁，校名更改，不下十余次；学级编制，亦因学制之变迁，而历有变更。自民国十六年国民革命军奠定江浙以后，本校由浙江省立甲种蚕桑学校改名为浙江省立蚕桑科职业学校。当时为五年制之职业学校，五年级分养蚕、制丝二系，同时附设补习班一级，共设七班级。至十七年更名为浙江省立高级蚕桑科中学，学级编制亦由五年制之甲种职业学校而改为三年制之高中。同时补习班改称初级职业训练班，改为二年毕业。其后校名虽又屡经更改，而学级则未有变动。而今年六月始奉教育厅令，将初级训练班改为三年制之初级职业科；至此本校乃兼办高、初二级三年制之职业科，校名亦于十月间奉厅令改为今名。目前本校共设六班：计高级一二年各一班，高三养蚕、制丝各一班，初级一年一班，旧制初级职业训练班一班。

二、课　程

本校为蚕丝科职业学校，各级课程绝少成例可循。过去课程虽系参考国内外同性质之学校，自行拟订而成，总感课程庞杂，难免有骈技重复之处。乃于廿五年春，召集厘定课程委员会修改高中课程，并订定本学期新招三年制初级之教学科目与时数。兹将各级科（应为"课"）程列后：

表 1　二年制初级职业科课程

学科及时数	第一学年		第二学年	
	第一学期	第二学期	第三学期	第四学期
纪念周	一	一	一	一
公民	一	一	一	一

学科及时数		第一学年		第二学年	
		第一学期	第二学期	第三学期	第四学期
国语		五	五	四	四
日语		三	三	三	三
算术		三	三	三	三
理化		三	三	三	三
生物学		三	三	/	/
图画		一	一	/	/
农业		二	二	二	二
养蚕学		三	三	/	/
栽桑学		三	三	/	/
蚕体生理及解剖		二	二	二	二
商业大意		一	一	/	/
簿记及会计		/	/	一	一
制种学		/	/	三	三
蚕业经营		/	/	二	二
蚕体病理		/	/	二	二
桑树病虫害		/	/	一	一
制丝学		/	/	三	三
蚕事实习		三	三	/	/
桑园实习		三	三	三	三
解剖实习		三	三	三	三
制丝实习		/	/	三	三
养蚕实习		春蚕一季	秋蚕一季	春蚕一季	秋蚕一季
消毒检种实习		不定期	不定期	不定期	不定期
共计	学科	三十一小时	三十一小时	三十一小时	三十一小时
	实习	九小时	九小时	九小时	九小时
每周时数		四十小时	四十小时	四十小时	四十小时

注：二年制之初级职业科，现仅留二五级一班。该级系春季始业，年底毕业后，不再招生。

表 2 三年制初级职业科课程

学科及时数	第一学年		第二学年		第三学年	
	第一学期	第二学期	第三学期	第四学期	第五学期	第六学期
纪念周	一	一	一	一	一	一
公民	一	一	一	一	一	一
童军	二	二	二	二	二	二
国语	四	四	四	四	四	四
英语	三	三	三	三	三	三
算术	三	三	三	三	三	三
理化	三	三	三	三	/	/
生物学	二	二	二	二	/	/
图画	二	二	/	/	/	/
商业大意	一	一	/	/	/	/
珠算簿记	/	/	一	一	/	/
农业	三	三	三	三	二	二
蚕体生理及解剖	一	一	二	二	二	二
生理及解剖实习	/	/	三	三	三	三
蚕业泛论	一	一	/	/	/	/
养蚕学	三	三	/	/	/	/
栽桑学	三	三	/	/	/	/
蚕种学	/	/	三	三	/	/
蚕病学	/	/	三	三	/	/
制丝学	/	/	一	一	二	二
蚕业经营	/	/	/	/	二	二
蚕丝指导	/	/	/	/	一	一
蚕丝业法规	/	/	/	/	一	一
制丝经营及丝厂管理	/	/	/	/	一	一
生丝整理及检查	/	/	/	/	一	一
农场实习	三	三	三	三	三	三
桑园实习	三	三	三	三	三	三
制丝实习	/	/	/	/	一天	一天

学科及时数		第一学年		第二学年		第三学年	
		第一学期	第二学期	第三学期	第四学期	第五学期	第六学期
养蚕实习	养蚕	/	春蚕一季	秋蚕一季	春蚕一季	秋蚕一季	春蚕一季
	制种	/	同上	同上	同上	同上	同上
	消毒	不定期	不定期	不定期	不定期	不定期	不定期
	催青	/	春蚕	秋蚕	春蚕	秋蚕	春蚕
	浴种	不定期	不定期	不定期	不定期	不定期	不定期
	浸酸	同上	同上	同上	同上	同上	同上
	整种	同上	同上	同上	同上	同上	同上
	检种	同上	同上	同上	同上	同上	同上
	蚕具制造	二	二	/	/	/	/
毕业旅行		/	/	/	/	/	十天
共计	学科	三十三小时	三十三小时	三十二小时	三十二小时	二十六小时	二十六小时
	实习	八小时	八小时	九小时	九小时	十三小时	十三小时
每周时数		四十一小时	四十一小时	四十一小时	四十一小时	四十一小时	四十一小时

注：本课程表为二十五年度第一学期本校厘定课程委员会所拟定，自二十五年度招收之新生起，适用本课程表。

表 3　旧三年制高级职业科课程

学科及时数	第一学年		第二学年		第三学年			
					养蚕系		制丝系	
	第一学期	第二学期	第一学期	第二学期	第一学期	第二学期	第一学期	第二学期
纪念周	一	一	一	一	一	一	一	一
公民	一	一	一	一	一	一	一	一
军训	三	三	三	三	/	/	/	/
国语	四	四	二	二	二	二	二	二
日语	五	五	四	四	三	三	三	三
英语	三	三	二	二	二	二	二	二
物理	三	三	/	/	/	/	/	/

续表

学科及时数	第一学年		第二学年		第三学年			
					养蚕系		制丝系	
	第一学期	第二学期	第一学期	第二学期	第一学期	第二学期	第一学期	第二学期
化学	三	三	/	/	/	/	/	/
生物学	二	二	/	/	/	/	/	/
显微镜学	二	二	/	/	/	/	/	/
图画	一	一	/	/	/	/	/	/
数学	三	三	二	二	/	/	二	二
有机化学	/	/	二	二	/	/	/	/
用器画	/	/	一	一	/	/	/	/
蚕业泛论	一	一	/	/	/	/	/	/
养蚕学	四	四	/	/	/	/	/	/
栽桑学	四	四	/	/	/	/	/	/
桑害学	/	/	一	一	/	/	/	/
蚕种学	/	/	三	三	/	/	/	/
制丝学	/	/	四	四	/	/	/	/
蚕体解剖	/	/	三	三	/	/	/	/
蚕业气象	/	/	一	一	/	/	/	/
蚕体生理	/	/	/	/	三	三	/	/
蚕体病理	/	/	/	/	三	三	/	/
品种遗传学	/	/	/	/	二	二	/	/
蚕桑分析化学	/	/	/	/	一	一	/	/
野蚕论	/	/	/	/	一	一	一	/
蚕业经营	/	/	/	/	二	二	/	/
蚕业法规	/	/	/	/	一	一	一	一
微生物学	/	/	/	/	二	二	/	/
土壤学	/	/	/	/	二	二	/	/
肥料学	/	/	/	/	二	二	/	/
工场管理及设备	/	/	/	/	/	/	二	二
生丝检查法	/	/	/	/	/	/	一	一
制丝经营	/	/	/	/	/	/	二	二

学科及时数	第一学年		第二学年		第三学年			
					养蚕系		制丝系	
	第一学期	第二学期	第一学期	第二学期	第一学期	第二学期	第一学期	第二学期
生丝贸易	／	／	／	／	／	／	二	二
绢丝分析化学	／	／	／	／	／	／	一	一
制丝用水	／	／	／	／	／	／	一	一
绢丝纺织	／	／	／	／	／	／	二	二
纤维学	／	／	／	／	／	／	一	二
机械学	／	／	／	／	／	／	三	三
机械制图	／	／	／	／	／	／	三	三
农业	二	二	二	二	／	／	／	／
农村社会	／	／	／	／	二	二	／	／
商业概论	二	二	／	／	／	／	／	／
簿记学	一	一	／	／	／	／	／	／
桑园实习	／	／	三	三	三	三	／	／
制丝实习	／	／	三	三	／	／	六	六
解剖实习	／	／	三	三	三	三	／	／
生丝整理及检查	／	／	／	／	／	／	二	二
蚕桑及微生物	／	／	／	／	二	二	／	／
蚕桑分析化学	／	／	／	／	二	二	／	／
绢丝分析化学	／	／	／	／	／	／	二	二
养蚕制种	／	春蚕	春蚕	夏秋蚕	秋蚕	春蚕	／	／
购茧烘茧	／	／	／	／	／	／	无定时	无定时
工场管理	／	／	／	／	／	／	无定时	无定时
屑物整理	／	／	／	／	／	／	无定时	无定时
指导实习	／	／	／	／	／	／	无定时	无定时
合计 学科	四五	四五	三二	三二	三〇	三〇	三一	三一
合计 实习	／	／	九	九	一〇	一〇	一〇	一〇
每周时数	四五小时	四五小时	四一小时	四一小时	四〇小时	四一小时	四一小时	四一小时

注：旧制三年制高级职业科目前尚留二班，自廿五年度新收之新生起一律适用新课程。

表4　三年制高级职业科课程

本表乃廿五年度上学期厘定课程委员会所拟定，自廿五年招收之新生起，适用本课程。

学科及时数	第一学年		第二学年		第三学年			
					养蚕系		制丝系	
	第一学期	第二学期	第一学期	第二学期	第一学期	第二学期	第一学期	第二学期
纪念周	一	一	一	一	一	一	一	一
公民	一	一	一	一	一	一	一	一
军训	三	三	三	三	/	/	/	/
国语	三	三	三	三	三	三	三	三
日语	五	五	五	五	五	五	五	五
数学	三	三	三	三	/	/	/	/
物理	二	二	二	二	/	/	/	/
化学	二	二	二	二	/	/	/	/
生物	二	二	/	/	/	/	/	/
蚕业泛论	一	一	/	/	/	/	/	/
养蚕学	三	三	/	/	/	/	/	/
栽桑学	三	三	/	/	/	/	/	/
显微镜使用法	一	/	/	/	/	/	/	/
农业	三	三	三	三	/	/	/	/
桑害学	/	/	一	一	/	/	/	/
制丝学	/	/	三	三	/	/	/	/
会计学	/	/	二	二	/	/	/	/
蚕种学	/	/	/	/	三	三	/	/
野蚕大意	/	/	/	/	一	一	/	/
蚕体解剖	/	/	/	/	三	三	/	/
蚕体解剖实习	/	/	/	/	四	四	/	/
蚕体生理	/	/	/	/	二	二	/	/
蚕体病理	/	/	/	/	二	二	/	/
蚕种遗传学	/	/	/	/	二	二	/	/
蚕业经营	/	/	/	/	二	二	/	/
蚕业法规	/	/	/	/	/	/	一	一
气象学	/	/	/	/	一	一	/	/

学科及时数	第一学年		第二学年		第三学年			
					养蚕系		制丝系	
	第一学期	第二学期	第一学期	第二学期	第一学期	第二学期	第一学期	第二学期
土壤肥料	/	/	/	/	二	二	/	/
蚕桑分析	/	/	/	/	二	二	/	/
微生物	/	/	/	/	二	二	/	/
纤维学	/	/	/	/	/	/	一	一
丝厂管理学	/	/	/	/	/	/	一	一
生丝整理及检查	/	/	/	/	/	/	一	一
制丝经营及贸易	/	/	/	/	/	/	二	二
绢丝分析	/	/	/	/	/	/	二	二
制丝用水	/	/	/	/	/	/	一	一
屑物整理	/	/	/	/	/	/	一	一
机械学	/	/	/	/	/	/	二	二
机械制图	/	/	/	/	/	/	三	三
干茧学	/	/	/	/	/	/	一	一
农场实习	三	三	三	三	/	/	/	/
桑园实习	三	三	三	三	三	三	/	/
养蚕实习 养蚕	/	春蚕一季	秋蚕一季	春蚕一季	秋蚕一季	春蚕一季	/	/
养蚕实习 制种	/	春蚕	秋蚕	春蚕	秋蚕	春蚕	/	/
养蚕实习 消毒	无定时	无定时	无定时	无定时	无定时	无定时	/	/
养蚕实习 催青	无定时	无定时	无定时	无定时	无定时	无定时	/	/
养蚕实习 浴种	无定时	无定时	无定时	无定时	无定时	无定时	/	/
养蚕实习 浸酸	无定时	无定时	无定时	无定时	无定时	无定时	/	/
养蚕实习 整种	无定时	无定时	无定时	无定时	无定时	无定时	/	/
养蚕实习 检种	无定时	无定时	无定时	无定时	无定时	无定时	/	/
养蚕实习 蚕具制造	三	三	无定时	无定时	无定时	无定时	/	/
养蚕实习 蚕事指导	/	/	/	/	无定时	无定时	/	/

续表

学科及时数		第一学年 第一学期	第一学年 第二学期	第二学年 第一学期	第二学年 第二学期	第三学年 养蚕系 第一学期	第三学年 养蚕系 第二学期	第三学年 制丝系 第一学期	第三学年 制丝系 第二学期
制丝实习	购茧	/	/	无定时	无定时	/	/	无定时	无定时
	剥茧	/	/	无定时	无定时	/	/	无定时	无定时
	煮茧	/	/	无定时	无定时	/	/	无定时	无定时
	缫丝	/	/	一天	一天	/	/	二天	二天
	扬返	/	/	无定时	无定时	/	/	无定时	无定时
	生丝整理	/	/	无定时	无定时	/	/	无定时	无定时
	生丝检查	/	/	无定时	无定时	/	/	无定时	无定时
	屑物整理	/	/	无定时	无定时	/	/	无定时	无定时
	丝厂管理	/	/	无定时	无定时	/	/	无定时	无定时
修业旅行		/	/	/	/	/	二星期	/	二星期
共计实习	学科	三十三小时	三十三小时	二十九小时	二十九小时	三十七小时	三十七小时	二十六小时	二十六小时
	实习	九小时	九小时	十三小时	十三小时	三小时	三小时	十四小时	十四小时
每周总时数		四十二小时	四十二小时	四十二小时	四十二小时	四十小时	四十小时	四十小时	四十小时

三、教材大纲

一、普通学科多系根据部颁中等学校暂行课程标准，斟酌本校需要情形，略加增减，不另记载。

二、专门学科，因尚无部颁标准可以依据，由本校各科担任教师订定之。下列各科教材大纲，系各科讲义之摘要。

三、初级各专门学科讲义，大致与高级同而略简约（见表5—表31），不另记载。

表5 蚕业泛论教材大纲

时 数	教材	大 纲
每周一小时，一学年	蚕业的意义	蚕业的起源及发达 （一）概说（二）我国蚕业的起源及发达（三）日本蚕业的起源及发达（四）意法蚕业的起源及发达
		我国蚕丝业的地位 （一）世界生丝生产上的地位（二）我国贸易上的地位（三）我国工业上的地位（四）我国农业上的地位
		蚕业经营及现状 （一）养蚕制丝的经营及现况（二）蚕种制造业的经营及现状（三）制丝业的经营及现况
		蚕丝业的保护奖励 （一）蚕丝业行政机关（二）蚕丝业教育研究机关（三）生丝检查机关（四）蚕丝业团体（五）事业的奖励补助（六）蚕病预防及取缔（七）对外设施
		蚕丝业的未来推测 （一）蚕丝消费的未来推测（二）蚕丝生产的未来推测（三）结论

表6 养蚕学教材大纲

时 数	实 习	大 纲
每周三小时，一学年	于蚕期举行	（一）养蚕之目的（二）由饲育季节以别养蚕之分类并饲育法（三）养蚕计划（四）蚕种之选择及购入（五）蚕室（六）蚕具（七）蚕室之洗涤及消毒（八）蚕具之洗涤及消毒（九）饲育法（十）蚕种之催青（十一）收蚁（十二）蚕室内之气象（十三）饲料（十四）摘桑及贮桑（十五）调理（十六）给桑法（十七）除沙（十八）矿产分箔（十九）眠起蚕之保护（二〇）上蔟（二一）收茧

表7 蚕种遗传学教材大纲

时 数	实 习	大 纲
每周二小时，一学年	于蚕期中举行	（一）总论（二）孟德儿氏之业绩及其遗传法则（三）遗传与细胞（四）蚕之种遗传形质（五）蚕之遗传形质之实用的批评（六）卵之形质遗传（七）体色遗传（八）血色与茧色之遗传（九）眠性遗传（十）有瘤性之遗传（十一）石蚕与枝蚕之遗传（十二）油蚕之遗传（十三）畸形之遗传（十四）茧色之遗传（十五）茧形之遗传（十六）同功茧之遗传（十七）茧层量之遗传（十八）茧绵之遗传（十九）蛾之斑纹之遗传（二十）卵黄色与血色与茧色（二十一）遗传与雌雄（二十二）遗传与饲育（二十三）变异（二十四）彷徨变异（二十五）适应变异（二十六）偶然变异

表 8　蚕种学教材大纲

时　数	实　习	大　纲
每周三小时，一学年	于蚕期中举行	（一）绪论（二）蚕之来源（三）蚕种实用上之区别（四）蚕之品种（五）纯粹种（六）春蚕种之性状（七）秋蚕纯粹种之性状（八）多化性种之性状（九）固定种之性状（十）各国蚕种之比较（十一）交杂种之性状（十二）一代交杂种之性状（十三）蚕种制造与保护（十四）生殖与蚕种（十五）生殖器（十六）生殖细胞（十七）胚子的发育（十八）蚕种之特性（十九）蚕卵外观上之变化（二十）蚕种之呼吸（二十一）蚕种与外界（二十二）蚕种之制造（二十三）原种之选择（二十四）原种之饲育（二十五）种茧之选择及保护

表 9　野蚕论教材大纲

时　数	实　习	大　纲
每周一小时，一学年	蚕期中举行	（一）绪论（二）野蚕之种类（三）野蚕之形态及经过习性（四）柞蚕之饲育（五）各种野蚕之饲育（六）野蚕茧制丝法（七）天然丝之制法

表 10　蚕体解剖学教材大纲

时　数	实　习	大　纲
每周三小时，一学年	每周四小时，一学年	（一）蚕之外形（二）蚁蚕之外形（三）皮肤及腺（四）绢丝腺（五）消食管（六）肾脏管（七）呼吸器（八）背脉管及血液（九）脂肪（十）筋肉（十一）神经系（十二）感觉器（十三）生殖器（十四）脱皮中之诸器官（十五）蛹之外形（十六）蛹之内形（十七）蛾之外形（十八）蛾之皮肤及腺（十九）蛾之消化器及肾脏管（二十）蛾之呼吸器背脉管及脂肪组织（二十一）蛾之筋肉（二十二）蛾之生殖器（二十三）卵（二十四）精虫（二十五）胚子

表 11　蚕体生理学教材大纲

时　数	实　习	大　纲
每周二小时，一学年	蚕期中举行	（一）绪论（二）家蚕之成分（三）物质代谢（四）营养（五）食物（六）消化（七）吸收及同化（八）血液及循环（九）血液之色免性（十）呼吸（十一）排泄（十二）成虫（十三）变态（十四）绢丝之生成（十五）蚕（十六）蚕之生殖与外界之关系（十七）温度（十八）湿度（十九）光线（二十）有害物（二十一）势力代谢（二十二）体温（二十三）感觉（二十四）运动（二十五）趋移性本能及智能（二十六）生殖（二十七）生殖细胞及受精（二十八）胚子（二十九）再生（三十）遗传

表 12　蚕体病理学教材大纲

时　数	实　习	大　纲
每周二小时，一学年	除每周有微生物实验一小时外，并于蚕期中作种病理试验	（一）绪论（二）原因于节肢动物之蚕病（三）虱蛆病（四）多化性虱蛆（五）金毛虫病（六）蟿（通"孽"）虱病（七）原因于原生动物之蚕病（八）微粒子病（九）脓病（十）原因于菌类之蚕病（十一）白僵病（十二）绿僵病（十三）原因于细菌之蚕病（十四）卒倒病（十五）起缩病（十六）原因于非生物之蚕病（十七）软叶病（十八）中毒（十九）外伤（二十）蚕病预防

表 13　栽桑学教材大纲

时　数	实　习	大　纲
每周三小时，一学年	每周三小时	（一）绪论（二）桑树的种类（三）桑树的分布地（四）桑树在植物分类学上的地位（五）桑树的一班（应为"般"）的性质形态（六）植物分类学上桑树的种类（七）养蚕实用上的桑树品种（八）我国固有的品种（九）日本著名的栽培品种（十）欧洲的实用品种（十一）桑树品种的选择（十二）品种选择的一般要件（十三）春蚕用桑与夏蚕用桑（十四）桑树的品种改良（十五）自然杂种的选出法（十六）偶然变异利用法（十七）人为交杂法（十八）纯系分离法（十九）接木变异利用法（二十）桑树的繁殖（二十一）繁殖的种类（二十二）播种法（二十三）接种法（二十四）压条法（二十五）迁枝法（二十六）复育法（二十七）桑苗的审理及鉴定

表 14　桑害学教材大纲

时　数	实　习	大　纲
每周一小时，一学年	于桑园实习之时间中，随时举行	（一）绪论（二）因菌类寄生而起的病害（三）菌害防除概论（四）根部的菌害（五）干条的菌害（六）叶的菌害（七）花葚的菌害（八）桑的细菌病（九）因生理的障碍而起的病害（十）萎缩病（十一）挛枝病（十二）斑叶（十三）烟害（十四）因虫类侵蚀而起的灾害（十五）虫害驱除概说（十六）食害桑树芽叶的昆虫（十七）食害桑树干枝的昆虫

表 15　蚕业经营教材大纲

时　数	教　材	大　纲
每周二小时，一学年	蚕业经营	（一）养蚕业之意义（二）养蚕业发达之要件（三）蚕丝业之分业及协力（四）蚕业之性质（五）养蚕经营与养蚕企业（六）养蚕业之经营与要素（七）养蚕经济与养蚕技术（八）养蚕业之经营与养蚕技术（九）养蚕业之经营与规模（十）养蚕业之经营与蚕种（十一）养蚕业之经营与育种法（十二）养蚕业之经营与桑园（十三）养蚕业之经营与夏秋蚕（十四）养蚕与合作
	养蚕合作	（一）总论（二）养蚕合作社之利益（三）养蚕合作社之种种（四）养蚕合作社之业务（五）养蚕合作社之组织（六）养蚕合作社业务之分配

表16　制丝学教材大纲

时　数	实　习	大　纲
第二学年每周一小时，第三学年每周二小时	第二学年每周实习一天，第三学年每周实习二天	（一）总论（二）生丝之原料（三）蚕丝之物理上性质（四）茧之形状构造色泽紧缓缩皱重量丝长织度类节（五）强力及伸度（六）练茧量（七）茧丝之化学上性质（八）购茧之重要（九）购茧之方法（十）购茧地之选择（十一）茧之买卖方法（十二）茧质鉴定法（十三）茧价之算定（十四）茧之真价（十五）生茧之处理（十六）茧之搬运（十七）茧行（十八）煮茧之意义（十九）煮茧之要旨（二十）煮茧前之处理法（二十一）煮茧作用（二十二）茧腔吸水作用（二十三）茧层渗透作用（二十四）茧中物质之溶解作用（二十五）丝胶之凝固作用（二十六）煮茧方法（二十七）茧之品质与煮茧方法（二十八）煮茧之分量（二十九）煮茧汤之浓度（三十）煮茧温度及时间（三十一）茧之煮熟程度（三十二）煮熟茧之保护（三十三）缲剩茧之处理（三十四）煮茧用之蒸汽压力（三十五）煮茧场与煮茧锅、煮茧台及其附属品（三十六）缲丝法之种别（三十七）缲丝前之准备工程（三十八）座缲缲丝法（三十九）足踏缲丝法（四十）机械缲丝法（四十一）整绪法（四十二）施缲（四十三）添绪（四十四）断绪（四十五）织度整齐法（四十六）系丝（四十七）缲桦之回转（四十八）缲桦之缠丝量（四十九）各种缲丝法之得失（五十）浮沈（通"沉"）缲之比较（五十一）制丝技术之改良（五十二）多条缲丝机械（五十三）多条缲丝方法

表17　干茧学教材大纲

时　数	实　习	大　纲
每周一小时，一学年	无定时	（一）总论（二）杀蛹：（1）杀蛹的时期（2）杀蛹之方法（3）杀蛹之温度（4）杀蛹之程度（5）杀蛹茧之处理（6）杀蛹茧之审查法（三）干燥：（1）干燥之必要（2）方法（3）温度（4）时间（5）茧之收容量（6）换气作用（7）干燥之程度（8）干茧场之选择及建筑（9）干茧器具（10）干茧注意事项（四）关于干燥上学理之概要（1）热之测定（2）温度与热量（3）热之移动（4）大气之压力（5）蒸汽之压力（6）最大压力及饱和蒸汽（7）温度（8）膨胀及收缩（9）蒸发（五）储茧（1）储茧之目的（2）储茧之方法（3）储茧之注意（六）茧之加害物（1）茧征（2）鲣节虫（3）家鼠（4）螽蛆

表18　制丝用水教材大纲

时　数	实　习	大　纲
每周一小时	于规定之每周一小时中，适当支配实习时间	（一）制丝用水之意义（二）制丝水之选择（三）水之通性（四）水质简易改良法（五）水之所在（六）茧丝之理化性质（七）水之化学行为（八）丝之成分及性质（九）天然水之种类（十）丝质与水质之关系（十一）人工水之种类（十二）生丝与酸度之关系（十三）水之物理变化（十四）茧之解舒剂（十五）水之化学变化（十六）制丝用水特别处理（十七）水质一般之判别标准（十八）水素伊洪之研究

表 19　屑物整理学教材大纲

时　数	实　习	大　纲
每周一小时，一学年	于制丝实习之时间中举行	（一）绪言（二）丝绵制造（三）原料（四）器具（五）煮茧之方法（六）煮茧用药品之种类与得失并分量（七）煮茧之手续及注意条件（八）方形丝绵制造法（九）袋型丝绵制造法（十）方形丝绵与袋形丝绵之整理法（十一）绌丝制造（十二）原料（十三）机械（十四）原料之精炼（十五）精炼药品之种类，分类手续及精炼程度之鉴定（十六）纺出之方法（十七）抽丝之整理（十八）绌丝之漂白法（十九）同功茧缫丝（二十）同功茧缫丝原料（二十一）缫丝器械（二十二）煮茧之手续及程度之鉴定（二十三）索绪（二十四）缫丝（二十五）玉丝之整理（二十六）蚕蛹之利用

表 20　生丝整理及检查教材大纲

时　数	实　习	大　纲
每周一小时，一学年	于制丝实习之时间中支配之	（一）扬返（二）扬返之意义（三）扬返之种类（四）扬返器械（五）扬返方法（六）结绪（七）编丝（八）扬桦检查（九）扬返工程之注意事项（十）束装（十一）结束法（十二）括造法（十三）荷造法（十四）检查绪论（十五）生丝检查之必要（十六）肉眼鉴定（十七）肉眼鉴定目的（十八）丝质上之色相光泽手触抱合丝条斑颣节之鉴定（十九）肉眼检查室之构造方向光线（二十）整理上之线交桦角编丝丝片绞丝及包装检查（二十一）器械检查（二十二）原量检查（二十三）正量检查（二十四）再缫检查（二十五）织度检查（二十六）丝条斑检查（二十七）检查室之装置黑板之构造检查方法之分类检查之程序（二十八）颣节检查（二十九）颣颣之种类及其生成原因（三十）检颣机械之种类（三十一）检查方法（三十二）强方伸度检查（三十三）抱合检查（三十四）抱合检查机及其检查方法（三十五）弹性检查（三十六）练减检查（三十七）附生丝检查法

表 21　丝场管理学教材大纲

时　数	实　习	大　纲
每周一小时，一学年	于制丝实习之时间中支配之	（一）总论（二）工场管理之目的（三）管理上之误解条件（四）工场管理者之研究事项（五）分课制度（六）分课之程度（七）职员之支配（八）执务制度（九）营业期间（十）劳动时间（十一）休息时间（十二）定期休息（十三）夜间执业（十四）执务中之取缔（十五）职工之勤惰（十六）成绩调查（十七）各课之现业（十八）职工之种别（十九）女工之佣入（二十）女工之养成（二十一）职工之奖励（二十二）工资之支给法（二十三）支给法之种别（二十四）采分法（二十五）成绩之发表（二十六）职工之待遇法（二十七）工场设备（二十八）工场灾害之原因（二十九）采光及照明（三十）换气（三十一）工场之卫生设备（三十二）工场之火灾及其预防

表 22　制丝经营及贸易教材大纲

时　数	教　材	大　纲
每周二小时，一学年	工场与组织	（一）个人经营（二）共同经营（三）养蚕组合组营（四）公司经营
	工场设备	（一）工场之位置（二）工场建筑（三）宿舍（四）机械器具
	原料政策	（一）品种之统一（二）养蚕技术指导（三）干茧设备及干茧指导（四）贮茧设备
	工场管理	（一）人事（二）训练（三）消耗品之节约（工场之经营）（四）金融
	生丝贸易	（一）国内贸易（二）国外贸易

表 23　纤维学教材大纲

时　数	大　纲
每周一小时	（一）纤维素（二）纤维素对于酸类之影响（三）纤维素对于□类之影响（四）复体纤维素（五）胶状纤维素（六）硬化纤维素（七）纤维素之应用（八）各种植物纤维之性状（九）化学的木材纤维素（十）动物纤维之种类（十一）羊毛纤维（十二）骆驼毛纤维（十三）天然丝（十四）柞蚕丝（十五）棉花（十六）植物纤维（十七）矿物纤维（十八）人造绢丝的起源（十九）各国人造绢丝之进展（二十）人造制造法（二十一）未来的人造丝的前途

表 24　机械学教材大纲

时　数	教　材	大　纲
每周二小时，一学年	原动机	（一）汽罐（二）汽机（三）水车（四）电机
	给水机	（一）绑浦（二）注射器
	传动机	（一）调带（二）调绳（三）调车（四）齿轮（五）回转轴
	燃料	（一）薪柴（二）木炭（三）煤（四）重油
	干茧机	（一）简易式干茧机（二）移动式干茧机
	原料茧整理机	（一）采茧机（二）选茧机
	煮茧机	（一）煮茧锅（二）移动式煮茧机（三）高压式煮茧机
	缫丝机	（一）座缫机及足踏器（二）座缫机（三）立缫机（四）自动缫丝机
	扬返机	（一）高温扬返机（二）低温扬返机
	生丝检查机	（一）正量检查机（二）再缫机（三）织度机（四）丝条斑机（五）类节机（六）强伸力机（七）抱合机（八）弹性机（九）精练机
	屑物整理机	（一）手屑整理机（二）蛹衬整理机（三）蛹油压榨机（四）丝绵制造机（五）脱水机

表 25　气象学教材大纲

时　数	大　纲
每周一小时，一学年	（一）绪论（二）大气（三）日光（四）温度（五）湿度（六）气压（七）饱和与凝结（八）低气压（九）高气压（十）气压配置与天气之关系（十一）天气预报

表 26　土壤肥料教材大纲

时　数	实　习	大　纲
每周二小时，一学年	由担任教师于示教时间内，适当支配之	（一）土壤之意义（二）土壤与植物之关系（三）土壤之由来（四）土壤之分类（五）土壤之物理性质（六）土壤之化学性质（七）土壤之水（八）土壤之空气（九）土壤之生物（十）地力之维持（十一）原因土壤之一般（十二）肥料之意义（十三）肥料之主要成分（十四）三要素之天然借给量（十五）动物质肥料（十六）植物质肥料（十七）矿物质肥料（十八）人造肥料之制法（十九）有机质肥料（二十）桑园肥料

表 27　蚕桑分析教材大纲

时　数	实　习	大　纲
每周一小时，一学年	每周一小时	（一）普通定性分析（二）金属第一属至第五属分析（三）桑叶定性分析（四）桑叶定量分析（五）土壤定性分析（六）土壤定量分析（七）肥料定性分析（八）肥料定量分析

表 28　绢丝分析教材大纲

时　数	实　习	大　纲
每周一小时，一学年	每周一小时	（一）普通定性分析（二）金属第二属至第五属分析（三）水质定性分析（四）水质定量分析（五）丝质定性分析（六）丝质定量分析（七）茧质定性分析（八）茧质定量分析

表 29　蚕丝业法规教材大纲

时　数	大　纲
每周一小时，一学年	讲授我国以及世界各国现行关于蚕丝业之法规

表30 微生物教材大纲

时　数	实　习	大　纲
每周一小时，一学年	每周一小时，一学年	（一）微生物学总论（二）微生物之类别（三）微生物之形态（四）研究微生物之方法（五）灭菌法（六）培养剂之配置法（七）微生物之生理（八）微生物之营养（九）微生物之检验法（十）微生物之传染（十一）防疫及消毒（十二）免疫

表31 农业教材大纲

学年	时　数	实　习	教　材	大　纲
第一学年	每周三小时，二学年	每周三小时，二学年	农业大意	（一）农业的意义和范围（二）农业的发达和要素（三）农业的物质（四）农业的分类（五）农业与人生的关系
			农业气象	（一）空气（二）气压（三）风（四）温度（五）日光（六）湿气（七）降水（八）节气
			病害	（一）病源（二）六病害的原因（三）病菌的传染和传染的方法（四）病害的防治法（五）虫害（六）虫害的种类与习性（七）害虫的孳殖与传播（八）害虫预防法（九）害虫驱除法
			土壤	（一）土壤的由来（二）土壤的种类（三）土壤的成分和组织（四）土壤中的细菌
			肥料	（一）肥料的意义和分类（二）肥料的主要成分（三）主要肥料（四）肥料的选择和施用
			作物泛论	（一）作物的意义和范围（二）作物的分类和品种（三）作物的繁殖（四）整地施肥（五）种子预措（六）播种和育苗（七）移植和间苗（八）中耕和除草（九）灌溉和排水（十）收获和贮藏（十一）栽培顺序
			作物各论	（一）食用作物（二）工艺作物
第二学年			园艺	（一）园艺的意义和范围（二）蔬菜的种类和特质（三）蔬菜栽培的要素（四）蔬菜的苗育（五）蔬菜的管理（六）促成栽培（七）软化栽培（八）果树的种类（九）果树的繁殖（十）果树的栽培（十一）果树的修剪（十二）果树的管理（十三）仁果类果树的栽培（十四）核果类果树的栽培（十五）浆果类果树的栽培（十六）柑橘类的栽培（十七）柿的栽培（十八）花卉与人生的关系（十九）花园设计（二十）花卉的繁殖（二十一）花卉的管理（二十二）主要花卉的栽培法
			畜牧	（一）畜牧的意义和范围（二）家畜的繁殖（三）家畜的饲育法（四）家畜的管理（五）家畜的卫生和疾病（六）马（七）牛（八）羊（九）猪（十）鸡（十一）蜂

学年	时　数	实　习	教　材	大　纲
第二学年	每周三小时，二学年	每周三小时，二学年	森林	（一）森林和林业（二）森林的种类（三）森林的效用（四）林木的分类（五）林木的性质（六）天然造林法（七）人工造林法（八）森林的管理（九）森林的保护（十）马尾松（十一）棕（十二）油桐（十三）竹

四、设备概要

下列设备，乃根据廿五年度第一学期最近调查。本校各科实习设备，因历年迁移校舍关系，颇多于搬运时破坏损毁，难免简陋。除养蚕、制丝二系大部分系本年度新置外，其余如理化、农业、图书等，尚有待于今后之补充。

一、养蚕设备

（一）房屋设备

原种蚕室一座

原种贮桑室一座

普通蚕室一座

普通贮桑室一座

雨天作业场一座

（二）用具设备

蚕架一〇四具

大小蚕匾一九六〇只

各龄用蚕网三五〇〇只

给桑台一四〇具

切桑刀三二把

切桑板一一块

□□□木锯一〇七只

箱饲框二二只

给桑匾三一只

篓三〇只

上蔟架一〇六具

火缸二七只

制网架二六具

制蔟架三三具

喷雾机二只

消毒机一只

桑秤一一杆

催青箱一只

干湿计二八只

最高最低温度计三只

隔离器一五〇〇只

制种图二一二一只

制种架一〇三具

制种板二二四五具

浸酸笼九只

浸种板二〇〇块

棒状华氏表一只

比重计一只

乳钵一二只

乳棒一〇〇〇只

显微镜二〇具

换种板四〇块

杀蛾箱二七只

其他杂具三十六种，六〇五五件

二、栽桑设备（包括农场设备）

桑园五〇亩

农场一〇亩

苗床四座

堆肥场一所

大小锄头七四把

大小铁耙二六把

铲九把

移植鏝三三把

喷壶五把

采桑篓 六六只

桑箅 三〇只

桑剪 五六把

接桑刀 八八柄

锯 一六柄

其他杂具十一种，三三件

三、制丝设备

（一）厂屋

缫丝间一座

扬返间一座

锅炉间一座

煮茧室一座

检查室一间

办公室一间

（二）机械器及用具

二〇绪缫丝车 八〇部

五绪扬返车六四部

单式特大一〇四笼煮茧调一具

单胴式锅炉及零件一组

烟囱及零件一组

打水机 一台

滤水箱 四只

清水箱 一只

清水贮蓄池一所

三马力马达三只

二马力马达一只

一马力马达一只

半马力马达一只

黑板检查装置一组

手摇黑板检查装置一组

检颣器一具

生丝检力器二架

水分验燥器一只

织度检位器二只

木制检尺器五只

铁制检尺器三只

生丝括造器二架

直缫丝车一〇部

再缫丝车一三部

扬返车五部

婆平卷取机二台

打包箱 二只

一〇〇回检尺机二台

挂绞机四副

送茧车二台

送筴（通"篗"）车三台

打绞器三只

其他杂件三十八种，七百六十件

四、解剖设备

（一）房屋

解剖室一间

预备室一间

显微镜室一间

（二）用具

大显微镜二具

中显微镜九具

小显微镜一九具

解剖显微镜二具

塔形显微镜一具

扩大镜 二四具

切片机 二组

转写器 二只

转写台 一架

微尺器 三只

指视接眼镜一只

干湿表一只

酸度检定具一只

标本箱六只

吹装器一只

模型蚕一只

小天秤一只

范型病蚕七只

其他标本瓶试验管、各种药品计六十一种，六百二十四件

五、微生物实习设备

（一）房屋

微生病室一间

（二）用具

定温箱一只

干燥杀菌箱一只

蒸汽杀菌箱一只

消毒箱一只

远心分离器一只

小天秤一只

扁平培养器七十只

滴瓶三十只

白金丝二反

注射器二只

其他试验管、漏斗、量筒、药品以及杂件计五十四种，三百九十四件

六、化学实习设备

（一）器械七十一种，一千二百五十七件

（二）药品二百四十五种，二百八十件

七、物理实习设备

仪器八十九种，九十八件

八、军训设备

七九步枪　　二支

教育用枪十六支

劈刺器具一组

筑城模型一组

大鼓一只

小鼓六只

军号六组

挂图一组

其他水壶、背包、干粮袋、镐、锹、杂件十三种，一百二十九件

九、体育设备

四百米跑道一

排球场一

篮球场二

足球场一

跳坑三

单杠二

双杠一

拉力器二

跑表二

发令枪二

其他杂件十四种，一百十件

十、图书设备

（一）专门读物

1.关于蚕者 一百七十种，二百四十册。

2. 关于丝者 六十五种，七十二册。

（二）一般读物

约计五千册（内包括万有文库第一集及第二集）

（原文刊于《浙江省立蚕丝学校校刊》第 3 期，1937 年。文章原标题为"教务概况"，现标题为作者自拟）

浙江省立杭州蚕丝职业学校学则

第一章 总 纲

第一条 本校依照《职业学校法》及《职业学校规程》，培育青年生活之知识与生产之技能，分高初两级；高级部以养成蚕丝生产及管理机构之干部、工作人员，初级部以养成改良农村养蚕之基层人员为目的。

第二条 高级部实施下列训练：

（一）锻炼强健体格，养成劳动习惯。

（二）陶融公民道德，增进职业道德。

（三）授与蚕丝生产专门知识与技能。

（四）培养蚕丝生产过程管理之能力。

（五）充实科学知能，建立研究基础。

（六）启发蚕丝兴趣，鼓励创业精神。

第三条 初级部实施下列训练：

（一）锻炼强健体格，养成劳动习惯。

（二）陶融公民道德，增进职业道德。

（三）授与蚕丝生产简易知识与技能。

（四）培养从事栽桑养蚕之基本能力。

（五）充实农业知识，培植科学基础。

（六）启发蚕丝兴趣，鼓励创业精神。

第四条 本校高初两级，修业年限各规定三年，男女生兼收。

第五条 本校各学级，均秋季始业，必要时呈准教育厅，招收春季始业学生，每学级设一班，每班以四十人为度，但只（应为"至"）少须有二十五人，初级部不分系，高级部至三年级，分养蚕、制丝两系，分设二班。

第二章　课　程①

第六条　高级部各学期每周各科教学时数如下：

高级部教学科目及各学期每周各科教育时数表（略）②

第七条　初级部各学期每周各科教学时数如下：

初级部教学科目及各学期每周各科教学时数表（略）

第三章　入学、转学、休学、停学、复学、退学、开除学籍及毕业

甲、入学

第八条　初级部除招收乡镇公立小学或已立案之私立小学毕业生外，得招收具有同等学力之学生，但不得超过招收额数百分之三十。

第九条　高中部除招收公立初中或已立案之私立初中毕业生外，得招收具有同等学力之学生，但不得超过招收总额百分之二十五。

第十条　本校高初级各班，有缺额时，除同性质学校之肄业生得于呈准本校校长，经考试后编入各级外，普通中学之肄业生只准插一年级第二学期。

第十一条　招收新生时，试验科目及报名手续，另详招生简章，可附邮票函索。

第十二条　入学试验及格者，于入学时，亲填入学志愿书，并应邀同居住本城确有相当职业之保证人，来校填写保证书，入学校。保证人如有异动时，应随时通知本校，或另觅保证人，重填保证书。

---

① 注：（一）体育每日设早操二十分钟，课外运动一小时。

（二）凡有实习之科目，如在规定时数内，工作尚未完了时向得酌量延长。

（三）实习等随时令季节，集中举行，但其总时数不得少于规定时数。

（四）蚕桑科目因受季节之支配，尤重技术，故蚕桑科应在每学年授课时中（自十月一日至十二月末日、二月一日至三月末日），教完此期共一百五十一天，以讲授为主，实习副之。

（五）每学年之养蚕期，分春蚕与秋蚕两季，春蚕期为九十一天（自四月一日至六月末日），秋蚕期为六十一天（自八月一日至九月末日），共一百五十二天，以养蚕制种等实习为主体。

（六）蚕期中各专门科学得暂停讲授，但普通科以不停为原则。

（七）养蚕、制丝两系学生，均得利用假期，派送至蚕种场或丝厂实习，参加生产过程，以其成绩作为实习分数。

② 注：《高级部教学科目及各学期每周各科教育时数表》的内容与1937年《教务概况》中的《三年制高级职业科课程表》内容相同，《初级部教学科目及各学期每周各科教学时数表》与1937年《教务概况》中的《三年制初级职业科课程表》课程相同、课时略有不同，故略去。

第十三条　新生录取后，于入学时，须受新生入学训练三天。训练期间，发现思想行为确有不堪造就者，得按情节轻重，令其退学或确为试读生；经一学期之考核，确有改悟之表现者，由其级任导师提出训育会议决定，收为正式生。

乙、转学

第十四条　学生于学期或学年终了，考试成绩及格，须转学他校者，得由家长具请求书，并附该生最近二寸半身照片一张，经校长认可后，发给转学证书。

丙、休学

第十五条　学生有下列情事之一者，令其休学：

（一）每学期开学后，延不到校，或虽准请假而缺课时数逾本学期授课时数三分之一者。

（二）体格太弱，经校医验明，有长期休养之必要者。

（三）发现精神病或传染病，经校医验明，一时不易痊愈者。

第十六条　学生在肄业期间，有正当事故，经家长或保证人具请求书，说明理由，经校长许可后，得休学一学期或一学年。

丁、停学

第十七条　学生犯重大过失，经校长、教务处、训育处或级任导师，提交训育会议决议，得酌定期限，令其停学。

戊、复学

第十八条　休学或停学之学生，于下学期或学年开始时，应由家长或保证人，具函请求复学，因病休学者，须呈验健康诊断书，因过停学者，须具悔过书，经核准后，方可复学。

己、退学及开除学籍

第十九条　学生有下列情事之一者，经教务或训育会议决议，令其退学或开除学籍。

（一）发生重大不正当行为，有碍学校风纪或团体秩序者。

（二）品性不良，屡犯校规，不知悛悔者。

（三）学业过劣，难望造就者。

（四）体格羸弱，难望造就者。

（五）操行成绩列入丁等者。

（六）休学期满，不请求复学者。

（七）连续留级两次者。

第二十条　学生在肄业期内，因故请求退学时，须有家长或保证人，具请求书，说明理由，经校长许可，发给修业证明书。

庚、毕业

第二十一条　高初两级学生，修业期满，经考试及格，准予毕业，发给毕业证书。

第四章　成绩考查

甲、学业成绩考查

第二十二条　学业成绩分学科成绩与实习成绩两种，分别考查。

子、学科成绩考查

第二十三条　学业成绩以下列方式考查之：

（一）日常考查

（二）月考

（三）学期考试

（四）毕业考试

第二十四条　日常考查，依各学科之性质，由担任教师，随时以适当方式行之或举行临时测试。

第二十五条　月考由教务处定期举行，按学期之长短，举行二次或三次。

第二十六条　学期考试，于学期终了各科教学完毕时，就一学期内所习全部课程，由教务处排定日程举行。

第二十七条　毕业考试，于规定修业期满后，就所习全部课程，由教务处排定日程举行。

第二十八条　各科日常考查、临时测验之平均成绩为平时成绩。

第二十九条　各科平时成绩与学期考试成绩，合为学期考试成绩，平时成绩占三分之二，学期考试成绩占三分之一。

第三十条　各科学期成绩之平均为学期成绩，一二两学期之平均成绩为学年成绩。

第三十一条　各学年平均成绩与毕业考试成绩合为毕业成绩，各学年平均成绩，占毕业成绩三分之二，毕业考试成绩占三分之一。

第三十二条　第三学年第二学期，得免除学期考试，而以各科平时成绩，作为学期成绩。

第三十三条　考查学业成绩，用百分法计算，以六十分为及格分数。

第三十四条　学期考试因病或不得已事故缺席者，得于次学期开学后，规定期间内，举行补考一次。

第三十五条　一学期内，各科缺席时数达该学科教学总时数三分之一以上者，不得参与该科之学期考试。

第三十六条　每学生之学期成绩，普通科有三科以上不及格或无成绩者，或专科有二科以上不及格或无成绩者，或普通科科专科一科不及格或无成绩者，应予留级，有相当学级时留级一学期，无相当学级时留级一年。

第三十七条　学期考试成绩有不及格或无成绩之学科，但不及前条之留级标准时，次学明（应为"期"）仍令随原学级复读，一面补习不及格之学科，于学期中补行考试一次，如仍不及格，再行补习，次学期考试前，再行补考一次，及格后，准予正式进级，参加次学期之学期考试，否则不准参加次学期之学期考试，留级一学期，如无相当学级可留者，留级一学年，补考仍以二次为限。

第三十八条　毕业考试之成绩，其不及格之学科达第三十四条之留级标准者，应令留级，留级二次，仍不能及格者，发给修业凭书，令其退学。

第三十九条　毕业考试成绩有不及格之学科，但不及第三十四条之留级标准者，准予补考二次，如仍不能及格者，照前规定办理。

第四十条　学期学业成绩，以下法计算之：

（一）以各学科每周之授课时数乘各学科之学期成绩分数，得各学科平均分数总积。

（二）各学科平均分数总积相加，以本学期每周各科授课时数之总和除之，得本学期学业成绩分数。

第四十一条　计算学期学业成绩分数时，凡不及格学科之成绩，均加入计算。

第四十二条　学业成绩分甲、乙、丙、丁四等，其计算方法如下：

（一）八十分以上者为甲等。

（二）七十分以上未满八十分者为乙等。

（三）六十分以上未满七十分者为丙等。

（四）不及六十分者为丁等，应令留级。

第四十三条　高级部学生军事训练不及格者，初级部学生童军训练不及格者，不得进级或毕业。

五、实习成绩考查

第四十四条　各科实习成绩考查标准如下：

（一）兴趣 百分之十。

（二）耐劳 百分之二十。

（三）整洁 百分之五。

（四）消耗 百分之五。

（五）工具整理与保管 百分之五。

（六）服从指挥 百分之五。

（七）作业成绩 百分之五十。

第四十五条　实习缺席数达一学期该科实习总时数三分之一者或蚕期（似应为"缺席"）达该蚕期三分之一者，其成绩以不及格论。

第四十六条　实习成绩由负责指导实习之教师评定之。

第四十七条　学生派送至生产机关，参加生产过程时，得由学校请生产机关负责指导实习之主任技术人员评定本校学生已实习成绩。

第四十八条　实习成绩依照学业成绩以百分数计，不及六十分者为不及格，不得进级或毕业。

乙、操行成绩考查

第四十九条　本校全体教师均负考查学生操行成绩之责，其比例如下：

（一）各科教师占百分之二十。

（二）级任导师占百分之四十。

（三）训育处 占百分之二十。

（四）军训团童军团 占百分之二十。

（高中军训，初中童训）

第五十条　操行成绩分下列四项考查之：

（一）德行考查　由各科教师照一部颁训育标准考查之。

（二）内务考查　由各级级任导师、训育处、童军训练团及女生指导评定之。

（三）生活日记　由各级级任导师评定之。

（四）记录考查　由训育处记录每学生之请假、缺课、自修缺席次数，于学（期）终了时统计之。

第五十一条　前条四项考查，以德行考查为基准，占百分之五十，生活日记及内务考查各占百分之二十五，合为百分之一百，然后依照记录考查之结果，加减操行分数。

第五十二条　操行加分扣分之极（应为"标"）准如下：

（一）小过扣三分，大过扣九分。

（二）小功加三分，大功加九分。

（三）旷课每小时，扣三分（学科总平均分数）。

（四）全学期不缺课者加三分。

（五）规定集会无故缺席每次扣二分。

（六）全学期集会不缺席者加三分。

（七）自修无故缺席者每次扣一分。

（八）全学期自修不缺席者加三分。

（九）每月请外出假（病假例外）超过四次者每多一次扣一分。

（十）凡集会请假时数超过二十次者每多十次扣一分。

第五十三条　操行成绩照百分数计算，以六十分为及格分数。

第五十四条　操行成绩分四等，每等分三级，计算方法如下：

甲上　九一至一〇〇分

甲等　八五至九〇分

甲下　八〇至八五分

乙上　七七至七九分

乙等　七三至七六分

乙下　七〇至七二分

丙上　六七至六九分

丙等　六三至六六分

丙（下）　六〇至六十二分

第五十五条　操行成绩于每学期终了前一星期，由各导师评定，送训育处汇集结算，提出训育会议决定之。

第五十六条　训育会议对学生操行成绩，认有必要时得酌量增减。

第五十七条　操行成绩列丁等者，令其退学。

第五十八条　操行成绩列丙下者，予以警告。

第五十九条　学生记过，除照五十二条之规定减分外，仍继续存在，累积计算，满三大过者，令其退学。

丙、体育成绩考查办法

第六十条　体育成绩分早操、课外运动、体育测验、精神及努力四项考查之，其所占比例及扣分标准如下：

（一）早操。占百分之二十（请假五次作无故缺席一次论，无故缺席一次扣一分，无故缺席三次者，不给分数）。

（二）课外运动。占百分之三十。

（三）体育测验。占百分之三十（于学期终了前一日举行之）。

（四）精神及努力。占百分之二十。

第六十一条　早操或课外运动，请假逾总时数三分之一者，不给分数，但病假例外。

第六十二条　凡早操、课外运动、体育测验、精神及努力，四项中有一项经扣除缺席分数，达零分者，体育成绩作不及格论。

第六十三条　体育测验不及格时，得于次学期补习，补行测验，如仍不及格者，不得进级或毕业。

第六十四条　体育成绩不及格，不得进级或毕业。

第五章　学年、学期及休假

第六十五条　学年度开始于八月一日，终于次年七月三十一日。

第六十六条　一学年分为两学期，自八月一日至次年一月三十一日为第一学期，自二月一日至七月三十一日为第二学期。春季始业学年以第二学期为第一学期，第一学期为第二学期。

第六十七条　休假日期，除遵照教育厅令办理外，每年三月十三日，为本校成立纪念日，休假一天。

第六章　纳　费

第六十八条　学生每学期各费准照教育厅令收纳。

第七章　附　则

第六十九条　本学则经本校校务会议决议，呈准教育厅施行。

（原文刊于《浙江省立杭州蚕丝职业学校校刊》复刊第 1 期，1947 年。本文为节选）

浙江省立杭州蚕丝职业学校教务概况

一、学　制

本校为三年制之单科职业学校，分高初两级。初中部招收小学毕业学生，高中部招收初中毕业学生，各三年毕业。初中不分系，高中至第三学年分养蚕、制丝两系。（全面抗战期中因受环境制限，不得不迁就事实，曾取消分系制度，自下年度起当可恢复旧制）

二、学　级

本校向例于秋季招收新生，去秋奉教育厅转部令（三十四年十二月廿一日章字第一二一六号令）自卅四年第二学期起，添招春始业学生高初级各一班。故现有六个学级，分八班授课，高初级各四班。计高秋三、高秋二、高秋一，初秋三、初秋二、初秋一等六班及今年（1947）春季入学之高春一、初春一各一班，共计八班。

三、课　程

查本校高初两级学制系确定于二十五年春。当时曾组织厘定课程委员会修改高中课程，并订定初级三年之必修课程，报厅备案在案。其后全面抗战军兴，学校辗转迁避，蚕丝专才或随政府入川，或避地他去，专科教员聘请不易，致使课程不得不有所变更。兹将高初两级课程，及现行各级各科每周授课时数，列表如下：

第一表　三年制初级蚕丝科教学科目及每周教学时数表

第二表　三年制高级蚕丝科教学科目及每周教学时数表

（上列两种课程标准均系民（国）二十五年订立，可参见本校学则）

第三表　现行高初两级蚕丝科教学科目及每周教学时数表

每周教学时数

	高秋三	高秋二	高秋一	高春一	初秋三	初秋二	初秋一	初春一
纪念周	1	1	1	1	1	1	1	1
公民	1	1	1	1	1	1	1	1
军训	3	3	3	3				
童军					2	2	2	2
体育	2	2	2	2	2	2	2	2
史地			1	1			1	1
国语	3	3	3	3	4	4	4	4
日语	5	5	5	5				
英语					3	3	3	3
物理		2	2	2				
化学		2	2	2				
理化						3	3	3
算术					3	3	3	3
数学		3	3	3				
农业		3	3	3	2	3	3	3
生物			2	2		2	2	2
图画							1	1
显微镜使用法			2	2				
蚕业泛论			1	1			1	1
养蚕学		1	3	3		1	3	3
栽桑学		1	3	3		1	3	3
桑害学	2	2						
蚕种学	1				1	3		
制丝学	2	3			2	1		
蚕体解剖	1							
蚕体生理	3							
蚕体生理与解剖					2	2	2	2
实习					3	3		
蚕体病理	3				1	3		
蚕体遗传	2							
蚕业经营	1				2			
蚕丝指导					1			
气象学	1							
蚕业法规	1				1			
野蚕论	1							
丝厂管理	1							
生丝检查					1			

	高秋三	高秋二	高秋一	高春一	初秋三	初秋二	初秋一	初春一
制丝经营	1							
制丝经营与工厂管理					2			
屑物整理	2							
纤维学	2							
农村社会	2							
商业大意							1	1
珠算簿记						1		
会计学	1	2						
农桑实习		3	3	3	3	3	3	3
检种实习		3			3			
蚕具制造				2	2			
共计	42	40	42	42	42	42	41	41

四、各科设备

民国二十六年日倭进扰，本校第一步自古荡迁避余杭，其时各科仪器标本及实习设备图书等，除显微镜、白金杯等重要仪器及全部图书携带逃避以外，其余笨重机器及零星器具均无法带走，留存古荡。及胜利归来，蚕室丝厂以及各科设备，均与校舍同时悉数被毁，荡然无遗。目前仅有之仪器标本，除少数系于卅四年十二月间由本省伪蚕丝职校接收过来外，多数系在后方随时置备。兹略举大数于下：

（一）蚕科实验用仪器，共计七十六种

（二）蚕科实验用药品，十九种

（三）养蚕用器具，二十八种

（四）理化生物器材，七十种

（五）栽桑及农场用具，二十二种

（六）体育用具，二十五种

（七）军训及童军用具，十五种

（八）医药器械，十种

（九）医用药品，四十二种

（十）图书设备

1. 万有文库，一部（残缺）

2. 图书集成，一部（残缺）

3. 蚕丝专科及其他读物，七一五册

【附战时损失各科设备】

（一）养蚕设备

原蚕种蚕室，一座

干湿计，二八只

原种用贮桑室，一座

棒状华氏品，一只

普通蚕室，二座

比重计，一只

普通种用贮桑室，二座

隔离器，一五〇〇只

雨天作业场，一座

制种圈，二一二一只

催青箱，一只

乳钵，一二只

喷雾机，二只

乳棒，一〇〇〇只

消毒器，一只

最高最低温度计，三只

其他蚕架、大小蚕匾、蚕网、给桑台、切桑刀、桑秤、换桑板、杀蛾箱等大小蚕具五十七种，共计一万二千五百九十四件。

（二）栽桑及农场设备

苗床，四座

喷壶，五把

大小锄头，七四把

桑剪，五六把

大小铁耙，二六把

接桑刀，八八把

铁铲，九把

锯，一六把

其他采桑篓、桑篰等大小杂件二十五种，共一百二十九件

（三）制丝设备

缫丝间，一座

单胴卧式锅炉，一组

扬返间，一座

烟囱及零件，一组

锅炉间，一座

抽水机，一台

煮茧间，一座

滤水、清水箱，一组

检查室，一间

大小马达，六只

二〇绪立缫车，八〇台

黑板检查装置，一组

五绪扬返车，六四台

手摇黑板检查装置，一组

一〇四笼自动煮茧机，一台

生丝检力器，二架

木制直缫丝车，十台

水分验燥器，一只

木制复缫丝车，十三台

铁度检位衡，二只

四绪扬返车，五台

木制检尺器，五只

铁制检尺器，三只

送茧车，二台

一〇〇四检尺器，二只

送筷车，二台

婆平卷取器，二台

其他打包箱、挂绞器等杂件四十二种，共七百七十二件

（四）解剖设备

显微镜室，一间

扩大镜，二四只

解剖室，一间

转写台，一架

预备室，一间

酸度检定器，一只

其他标本、标本瓶、试验管、各种药品等六十五种，共六百四十件

（五）微生物设备

微生物实验室，一间

蒸汽杀菌箱，一只

定温箱，一只

消毒箱，一只

干燥杀菌箱，一只

其他远心分离器、白金丝、注射器、小天平、试验管、漏斗、量筒、药品等六十种，共四百件

（六）理化设备

物理仪器，八十九种，共计九十八件

化学仪器，七十一种，共计一千二百五十七件

化学药品，二百四十五种，共计二百八十件

（七）军训童军设备

十四种，一百三十二件

（八）体育设备

十九种，一百十八件

（九）图书设备

万有文库，一、二集残缺，约二百四十八册

图书集成（尚未整理）

蚕丝专门读物，损失约九十册

（十）各科教员出身履历（以姓氏笔画为序）

姓　名	担任学科	每周时数	出　身	履　历
吕一诚	养蚕	27	本校本科及研究科毕业，日本琦玉县熊谷蚕业试验场练习生	曾任安徽二农教员、女子蚕业讲习所教员、蚕种场技术主任农改所技士等职
宋之江	养蚕	25	本校本科及研究科毕业	曾任本校蚕科教员十三年，蚕种场技术主任一年
何鸿飞	国语会计	18	浙江省立第一师范毕业	曾任新昌县立中学、浙江省立第六中学及本校教职员九年
金成	早训	12	军委会驻滇干训团步兵总队第一期毕业	曾任中上尉、排长、少校、连长、处员、教官等职
花唯一	英语数学	24	上海南洋中学毕业，天津新学院肄业，浙江无试验检定	曾任津浦铁路科员、中等学校教员二十年、本校英文数学教员兼事务主任等职五年半
周天裕	日文	20	日本东京高等师范学校教育系毕业	曾任本校教员十年
周汝型	体育	16	上海东亚体专毕业，训练总监部国民体育学校速成班毕业	曾任嵊县中学体育主任、本校体育主任十五年
周鼎西	看护	2	杭州医专肄业二年，湖州浔溪医院实习六年，内政部卫生署注册医师（通字八八五号）	曾任浔溪医院医师二年，景宁路卫生院院长二年，台镇卫生院主任一年
袁藩夏	国语	24	国立师范大学高师本科毕业，浙江省高中公民教员审查合格	曾任中学以上学校教员二十余年，本校教员及训育主任七年半
孙墣	生物农业	25	浙江省立甲种蚕校、浙江省公立农业专门学校农科毕业	曾任余姚县政府建设科长、奉化县田业理事局常务委员、东阳县政府技士中等以上，学校教职员九年半，连任本校教员十八年
孙经圻	童军	8	上海持志大学肄业，浙江省童子军理事会宁波分会二七童子军夏令营毕业	曾任云和县立简易师范童军体育教员
陈钟	制丝	23	国立中央技术专科学校蚕丝科毕业	富华公司乐山制丝分厂工务主任、四川第六蚕业督导厂督导员
陈自同	数理化	24	之江大学土木工程系毕业	曾任中等学校教员六年半
陈继程	养蚕	24	本校本科毕业，日本茨城县蚕业试验场研究生	曾任本校职教员，先后四年本省建设厅及统会技士十四年，本省农改所原种场主任三年，本省蚕丝管理委员会技术科长四年
童雪天	生物农业	24	浙江大学农学院农社系毕业	曾任省立锦堂师范、私立安定中学教员五年
刘宗镐	养蚕	23	日本东京高等蚕业讲习所毕业	曾任本校教务主任专科教员、安徽二农、江苏二农蚕科教员三十一年

续表

姓　名	担任学科	每周时数	出　身	履　历
蔡政	国语	4	浙江省私立法政学校法律别科毕业	浙江省民政厅科员，绍兴、定海、奉化、新昌等县政府科长，福建省汽车管理处总务科长，浙江省田赋粮食管理处科员
缪祖同	制丝	4	日本东京高等蚕丝学校制丝科毕业	曾任浙江省蚕丝统制会缫丝委员会委员、本校制丝系主任、教务主任、校长等职十九年

（原文刊于《浙江省立杭州蚕丝职业学校校刊》复刊第 1 期，1947 年。文章原标题为"教务概况"，现标题为作者自拟）

实 践 教 学

旅行沪苏记

朱学锄[1]

自　述

夫处于暗室，不知天光之明暗；溺于膏粱，安晓世情之艰难；率由旧章，不能进而必退；侈谈新法，略其实而务虚；是四语者，非特吾侪然焉，而吾侪固无不然者，本校有见于斯，乃有旅行之发起。每岁三年级举行之，迄今三载，历有成章。本年春顺流及于我级，计是行焉。出发自四月五日，归自十一日。此七日中，来往者去其二，为时固已迫矣，然奔波中参观中，不无所睹。关于人事者，如丁汝霖君之蚕丝竞争，有手挽狂澜之势；郑辟疆君之为国造才，存培根植本之计；林在南君之经济实施，含舍彼谁归之责。此三子者，真不愧为蚕界柱栋矣。属于蚕丝者，如允余、久成二厂之布置，第二农校之蚕科，女子蚕校之近况，此数者，亦足以左右江苏之蚕业矣。系于风景者，如虎丘寒山，烟雨沪苏，或足以旷心悦目，或足以追思古人，莫不述之于旅次。文虽不工，大概已具，及归集而成兹，因摘其大要于首云。（四月十五日述）

行　志

残冬既去，阳春又临，桃红柳绿，草木奔腾，此情此景，正骚客学子思游之时。本校旅行团，亦将出发于斯时矣。时值中华民国八年四月五日，即吾侪旅行之开始日也。计本级同学十有五人，校长朱师，本级主任丁师，制丝主任曾师，并工役二名，都二十人。是日早晨五时出发，迄城站，仅六时半，满拟早车以行，因校长朱师要事羁身，故改乘二班车。八时许，汽笛一鸣，车轮

---

[1]　朱学锄，即朱新予。

疾驰，计所过十余站，及二时半，迄沪北站，寓后马路沪江第一台云。

六日本拟参观上海各厂，适值清明，碍于俗例，各处休假，徒呼负负而已。于是改变方针，作先苏计，乘八时半早车进，迄闾安站，时报一下矣。马车以行，寓名利旅社。下午即游虎丘，及回寓已傍晚矣。

七日上午，步至第二农校，参观竟，唤舟抵浒关，迄女子蚕校时已交午，中膳于彼。午后由该校校长郑先生辟疆，引导一切，后又迄百亩桑园公司，又抵女校桑园，所可啧啧者甚多。三时许返棹，途经枫桥，起游寒山寺，抵寓计已七时。

八日上午八时，乘车返沪，停午方抵旧寓。下午已不及参观，故各自游玩。余及叶君等数人，赴黄浦滩一走，及晚，餐于小有天，丁汝霖先生所待也，殷勤备至，并承演讲丝厂情形、经商战智识，感激不浅也。

九日上午，得丁汝霖先生之介绍，参观泰和洋行，检查取理，无所不备，引导亦甚周详，丁先生所施也。后又参观允余丝厂，该厂为丁先生所独办，内中各项，多应用新学理而改良者，足见丁先生之商战手续矣。下午搭电车，迄徐家汇，参观久成丝厂，办理尚属完善云。

十日上午，赴棋盘街参观商务印书馆，条分目析，井井然焉。后又迄印刷所，在宝山路，电车以进，该所地基五十余亩，各种印刷器械、标本仪器制造，无所不备也。下午为各自游玩，余从同学数人，往先施公司及新世界，回寓时报九下矣。

十一日为本团旅行之最终点。上午八时，乘车返杭，迄城站约十二时，买舟渡湖，为时固不早矣。（四月十二日述）

蚕　桑

艮山门外之桑景　自艮山迄硖石一带，桑树尚属繁盛，但栽培都不讲究，多数系乔木式，高刈及中刈，间或有之，枝萎芽疏，想无良好之结果，不识从事者，究何所用意也。（五日上午八时半车中述）

嘉湖方面之盛况　自硖石以上，地入嘉界，一旷平原，处处皆桑。仕立多八拳式，枝高干伟，颇多整齐，洵不愧为蚕桑旺盛处。而于养蚕一途，因此可见一斑，且于耕锄培肥，亦颇孜孜。据（嘉籍）同学黄君言，每岁于采叶前，耕锄培肥一次，采叶后如之，秋后如之，春初亦如之。更云养蚕法，虽不如本校中之良好，但较之别处，恐无以过之。盖年成十分时，每钱蚁亦能得鲜茧十六七斤，次则十三四斤；惜乎制丝业不能发展，制种业不能进行也。余聆其言，而察其地，固我浙江蚕业之矫矫者。（五日十时半车中述）

枫泾以前之悲观　车出枫泾，趋入苏界，遍地黄花，殆云台也。自兹迄沪，桑树罕见，想此与嘉界，不过一路之隔，何蚕业之从事，相去若是。风俗有关欤？抑土壤有关欤？岂经济有关耶？以风俗言，邑相邻，习相近，势也理也，况蚕桑为有利事业乎。以土壤言，四野平广，土质肥沃，无高山大川之阻隔。依土壤学言，亦已战胜。以经济言，资本既轻，获利又倍，彼因胡为乎不兴哉？吾苦困车中而远眺，不然，将揖彼土父老而语之曰仿彼邻土，亟起图之。我言无诳，注意及之。（五日二时车中述）

第二农校之组织　江苏省立第二农业学校，在苏州乡间，距阊门外约三里许。校中编置，共分六部：（一）教务部、（二）庶务部、（三）农产制造部、（四）畜牧部、（五）水产部、（六）养蚕部。内中以农产制造部，最为特色。畜牧部，亦尚可观。养蚕部林在南先生主其任，处处以经济为唯一目的；设备尚属完全，蚕室一所，计五间，质坚而式称，价亦不昂；惟冰室一间，设备虽属经济，于实际上，似未尽合用。（六日八时四十分民船中述）

女子蚕校之概况　校址在浒关，校长郑辟疆先生，关于蚕业进行，颇存热忱。该校校舍，计洋房三幢，外为办公室，中为教室，后为学生寄宿舍。雨操场一所，兼代礼堂讲演所之用，并于蚕期，可营上蔟室之用，虽不十分合式（应为"适"），但经济甚属得策。况我南方，当上蔟之际，天气温和，亦不致有骤变，诚一举二得之事也。新建蚕室十间，计价二千五百元，构造亦属朴固完备，惟省却固定之地炉；盖稚蚕之际，蚕小事省，进可以移动之火炉，亦不妨于作事；壮蚕之际，天温渐高，即有骤变，不过暂时而已，固定火炉，不如省却为利。郑先生之理想，可谓宏其中而现于外者，岂独区区哉？另有化学实验室及显微镜实验室，布置甚当。显微镜实验室，系黑色坚桌，以免摇动及光线之作用，窗外张以白布，免烈阳之直射，于光线上之设备亦云周到。又有缫丝室一间，丝车系各个分间（此处吾谓仅能行于研究场所，若丝厂中，恐有不经济之弊也），系四口缫足踏木机，煮茧室附之，亦属便利。唯烘茧灶系旧式之双灶式，想亦限于经费耳。校友会之组织，与吾校大略相同，但有贩卖所及

该校中通行钞票之设备，此为吾校之所未及也。（六日下午四时半民船中述）

百亩桑园之近况　园在女校侧，虽云百亩，实有百八十余亩。初系合资公司，现归林在南先生独办，创设已数年，成林者，约百余亩；惜地多瓦砾，于桑树之生理上，不免有害，但经营得策，亦可减少。园前茅舍数椽，营养蚕事业，兼售桑秧及蚕种云。（六日下午四时半民船中述）

附三刀式之接法　百亩桑园中所行之苗木接法，概用三刀式。系一年之苗木，离土半寸处，剪去干之上部，以大食中三指力压之，皮裂而入接穗。接穗之削法，以三刀竟其事，甚为便利。三刀之削法，一正中，二左侧，三右侧，接就，四周拥以细土，事告竣矣。据该园之报告，以此接法，能生活者，可占十之八九。省时易活，诚良法焉。（六日下午四时半民船中述）

女校桑园之伟观　百亩桑园之对岸（中隔小河），女校桑园在焉。门口数椽茅舍，为工役之寄宿处。园中成林者，约七八十亩，均干伟枝粗，节密芽壮。其植也，每株约占五方尺，三株为一畦；二畦之间，设一沟，为便作业排水之用；仕立系拳式，惜木耳菌太多。（六日下午四时半民船中述）

允余丝厂之经营　厂址在上海文极斯脱路，为丁汝霖先生所独办。全厂女工千余人，资本十余万元，因经理有方，年得厚利。惜民间蚕种未改良，原料较恶，不免有无形之损失，是非制丝家之罪也，兹录观察其大要如下：

缫丝室。系洋式楼房，上下二层充之，计丝车四百许座，光线尚属适宜。丝车之布置，为八行列，铁制，系直缫单捻式，其络绞为花经，条分（即"纤度"）为二十，乃至二十二得尼尔（系日本所缫）。茧之配合，为六厚茧及四薄茧（系无锡夏茧），盖应时好也。每二制丝女工，用一打盆女工，总计上下，约六百余人；每室设正副管事各一人，掌监察指示之事。女工之劳银，以制丝量之多寡，及手术之如何而定。上等女工，每日缫丝量约十八两，工价四角左右；中等女工，每日约得十三四两，工价三角许；下等女工，每日约得十一两，工价二角许。打盆女工，每日工价约角余；但此多系幼年女工（自八岁至十三岁），知识幼稚，学理经验，均难说起；况打盆为制丝中之最要，以如此小女子充任，恐损失不少。闻上海各厂，均是如此。然煮茧之生熟，丝量之多少，均有甚大之关系。丁先生为改良家实行家，未知亦计及此否。

剥茧室。茧为无锡夏茧，薄而色恶，较本校所产，相去远矣。计制丝一担，需干茧七百斤。剥茧女工工资，以剥茧多少为衡，计剥茧一箩（重八磅），工资八十文，手术较敏者，每日能剥四箩许；人数不限，盖以剥茧多少定工资故也。本日约三百余人，室内设事务员一人，掌分配与监督也。

选茧室。室在剥茧室之旁，为便利茧之运搬计。女工约百余人，别茧为同功薄皮优次四等，为简易之选别法。其工银，以日计之，每日约三角许。所选茧所为无锡夏茧，计其成数，据云茧衣占百分之五，同功占百分之十四五，下茧占百分之二十，余为供制丝用之优次茧，各种比较，以新元、大元为成数最优，诸桂等次之。

整理检查室。室内装置，有检位衡、检尺器及打绞器数具，女工约四五十人，工资亦以日计也。

屑物整理室。女工约五六十人，法取屑丝烂煮之，使成条，长约二尺，以压榨器压之，即所谓长吐是也（凡取自缲丝场之屑丝，每人按号盛以小篾篮，分别秤之，以备检查而别优劣），长吐每担时价二百元许云。（九日下午七时述于沪江第一台）

久成丝厂之现景 厂址在徐家汇路，经理为莫相清先生，前办迄今十许年矣。另有新设一所，为近时之扩充者。全厂女工二千余人，资本十余万元，每天能出丝四担余，办事费每日亦需四百二十两，规模较允余略大。然各种设备，实二而一也。所略异者，女工概系五口缲，剥茧室光线似欠流通，缲丝室光线较允余为适，兹录其特殊点如下：

贮水池。用水系河中吸引，既污而多含有机质，于制丝上，甚不适宜。该厂设有滤水铁桶一个，直径约丈许，内置棕榈、细沙、拳石、骨炭等，为滤清水质计，虽不得完全良好，亦得以略减其害。贮水池在桶之下，深入土中丈余，大约七八方丈，上加以铅皮之盖，无特殊之装置。据云水池充满时可供该厂七日之用。吾以该厂水质既恶，滤法尚未完美，宜于贮水池中，兼行改良水质，如曝洒法等，方为妥善。

机器间。蒸汽炉为双筒式，即用二炉，所以大其马力也。每日需煤十二吨，系由煤行包烧，以丝车之数计之。内地无煤行，恐难照此办理。每炉约六马力，前数年时，价为千五百两。（九日下午七时述于旅次）

泰和洋行之丝部 该行住□□路，经理各种货物，于蚕丝部，尤为注意。兹探得其大概如次：

束装。与本校大约相同，每捆重为百零八两，约五十绞，或四十余绞；每捆之上，附以标签，式如下：

```
┌─────────────────────┐
│ 商　标              │
│ 所送地（英文）      │
│ 条　分 22/20        │
│ 出口地（英文）      │
└─────────────────────┘
```

包装。内包纸数层，加以油纸，捆以绳，入于木箱，箱上亦附有前式标签之较大者，此法较诸内地，精密多矣。

检查。于丝之各种要点，均检查之。器具尚属完全，然多与本校相同，略之。

烘丝室。利用电气，乃置通电器室之中央，旁有挂丝架。电机开时，则生热，热亦不烈，颇合用于丝。室颇坚密，防热之散逸也。

浒绸。出自山东省，系柞蚕丝织成。优劣约四十余种，该行仅有式样，其中最上者，每尺约元余，供制夏服之用。（九日下午七时述于旅次）

商务书馆之蚕科　由该馆黄警顽君引导参观，黄君甚热心，口讲指画，受益不少。该馆于蚕业虽抱热忱，然所出图书物品无多，诚为憾事。于棋盘街所见，以蚕体解剖标本，最为出色。玻璃丝钩，亦尚合用。惟集绪之构造及装置，均属粗放。吾愿该馆之改良也。宝山路为该馆之印刷所，然制造亦属之。吾侪参观约二时之久，迂回曲折，五花八门，如山阴道上，应接不暇，走马看花，惟见其规模之宏大复杂耳。然而蚕业上仪器标本之制造，尚未之见，似亦美中之不足也。（十日下午九时述于旅次）

风　景

上海之大概　上海我东南之大商埠也，亦一闹热场也，一繁华奢侈地也，亦一罪恶之渊薮也，固无风景之可言。大概浦东多工场，英界多大商。以吾辈所履述之，以黄浦滩为最，足旷心远瞩，有各国轮船停泊及起岸口也，有外国公园，但书有"华人与犬不准入内"之字，吾辈虽得呼负而感触多矣。他若大新世界，诸大舞台，先施、永安之屋顶花园，不过热闹场所耳，诚无佳景之可言也。（十一日上午九时述于车中）

苏州之沧桑　苏州城内吾履未及其地，景况如何，不得而知。然阊门一隅，亦足以窥全豹矣。此处仅马路里许，多日商，货物十之八九为日货，为日租与否，惜不详，然其势力亦豪矣。其余处处，仅几座半顷古刹，菜园果圃，遍地丘墟。问之土人，据云苏州，古之名胜也，景有虎丘寒山，商务亦特盛，盖地临运河，南北之要道也。迄洪杨之乱，遭灾特殊，自阊安站迄浒关，处处皆是，岂独是哉？余曾于浒关，百亩桑园中亲见瓦砾，云是从前之大衙署。余睹此情，又想夫洪杨之为人矣。盖洪杨之起，非李闯、张献忠等之比，实中国之革命家也。徒用人不当，卒以败事；小不慎，则乱大谋，信也夫。（七日上午十时述于沪宁车中）

虎丘山之盛况 虎丘，一幽闲清静处所也，余述其盛，固负之矣。然吾所以说盛者，言其往来之众也。山实无甚妙处，坟起于旷野，不若我孤山之起于湖中，虽有俏（应为"峭"）壁千仞，亦不能拟我灵隐之飞来峰。山腰有数亭焉，再上有僧寺焉，寺旁有剑池，有生公说法处之千人石，山巅有破塔斜而奇，其殆以名迹显欤。山之妙处，我固不满于心焉，想各人心理不同欤。（六日下午八时述于名利旅社）

寒山寺之古钟 荒废已尽，殆不可步，数椽僧舍，半倚钟楼，所谓著名之地，惟是而已。唐人之诗，其奚以咏也。诗云"姑苏城外寒山寺，夜半钟声到客船"。或云寺中有古钟，音甚洪亮，且曾为诗人张继所咏。数年前日本人见为奇货，竟铸一膺（应为"赝"）钟易之以去，古迹被盗，惜哉！然亦狡矣。（七日下午七时述于旅次）

书　后

止于此乎？止矣。有所得乎？得如上。若是诚不负吾一行也。盖余好动也，亦不好动也，有益于吾者动之，无益于吾则不动也。忆余入校以来，四载于兹，天惠我如此好湖山，余之动机时作也。虽断碑残碣，必穷访之，盖皆有益于余者。去秋以还，病于足，余之好动性，作而制之者屡矣。今春足痊，诚跳跳欲试之际，而适有是举，余何为而不往，往而有是得，因不负矣。然举是得以关（似为"阅"）、以忆、以想、以推、以研究、以记录而观览焉，不禁种种之思潮，砰砰作吾脑海矣。阅者是举之所得也，知某焉善，某焉不善。善者赞之，不善者叹之。既集思而忆之，某者固善当仿效之，某者固不善，当改革之。又瞑目而想之，设我浙有是善焉，当提倡之，有是不善焉，应改革之，终扩充而推究之。假我中国有如斯如斯焉，当亦如是以行焉，然后利存而发展矣，弊除而改良矣。

现想旅行已成过去，转眼成空，余恐此行之成空也，故急将余脑海中之思潮有所得者，笔而记之，至于判断之非，余不能自如。其所经历之事实，则固无诳也，因登诸校友会杂志，以与诸同学一商兑之。

（原文刊于《浙江省立甲种蚕业学校校友会杂志》第 2 期，1919 年）

杭鲁沿途闻见录

吴起抡 [1]

　　庚申仲春，天气清和，草木萌动，为人生最快乐之时也。

　　于是有东鲁之游，及时乘沪杭快车于申江，见两旁桑林成荫，时将萌放，黄花紫豆，点缀其中，不禁喜出望外。吾浙之蚕桑，真不愧为全国冠乎。过北站目（应为"苜"）蓿云苔，遍地皆是，而桑独寥落，想必该地农人不知其利，藐视蚕桑，专以作物为主。倘能设法提倡，间种桑树，其利益岂不更厚？抵望亭而桑又现于两旁，均系中刈剪式，培养之得宜，不亚于吾浙。问同车之友曰，沿途之桑，何多若是？曰望亭隶于无锡，而无锡为江苏养蚕最盛之区，故丝厂之发达，无与匹焉。横林以北，两旁之桑，又不见矣。噫！江浙为产丝之区，何桑忽隐忽现，忽有忽无？意者提倡无方，不谋普及，任人民之自生自长故也。倘沿途皆桑，而丝之产额必增，何患国穷民贫之欤！

　　过浦口，丘陵起伏，地质砂松，树木稀少，偏地麦田，而桑毫不一见，惟少数之刺槐、柳树在焉。至蚌埠，一片荒野，更无一树。问友曰，地荒可惜，何不栽树？曰不若汝浙之喜栽树也。余曰，现值总统公令栽树，何独贵处不然？答曰，虽有此举，奈土地瘠薄，成活较难，且雨水不足，往往枯死，以致如此。再北行至济南间，与浦口至蚌埠间无少差异。

　　及抵济南，晤同人姚伯和先生，问以鲁省蚕业情形，曰不亚于吾浙，年来有蒸蒸日上之势，不若吾浙墨守旧习，无扩充发达之效；现青州、东昌二府属，出产为最；全省县立乙种蚕业学校，几达三分之二，以故丝厂之发达，甚于吾浙；去年厂丝出售外洋，每担亦可得价一千二百两云。次日，乘胶济车至

---

① 吴起抡，字醒夫，浙江杭县人。本校本科第十三期入学，民国二年三月毕业。历任浙江农事试验场暨原蚕种制造场助手、天台县立农业学校及温岭乙种蚕校教员、山西政治研究所委充山西晋城县农桑分局主任技术员、私立蚕业讲习所教员、嘉兴王店第一小学校长、私立毓英小学教员、首都警察厅保安科户籍员。

黄台站，参观农业专门学校。该校离站三里许，在站之东北隅，规模宏大，至蚕科一部分，有特制烘茧室、暴晒池、缫丝室、催青室、显微镜考验室、标本室、仪器室、成绩室等。至其布置之适宜，设备之完善，均极优美，而尤以缫丝室、显微镜检查室为最。至缫丝之机械，均以铁制，用汽力为原动力，仿佛丝厂之模范。而考验室中有显微镜、解剖镜及各种扩大镜等。光线之适当，无与匹焉，中有同学石君涿、章君植卿理其事。

（原文刊于《浙江省立甲种蚕业学校校友会杂志》第 3 期，1920 年）

纬成公司参观记

李洵仁 [1]

民国八年秋，余与本级诸同学，偕蚕科教员刘、傅二位先生往纬成公司参观。

是日也，天气清明，风不扬尘。于午膳后出发，雇舟渡湖，抵岸步行，至则校长朱先生已先在该处矣。当由缫丝部主任嵇先生及职员周容实先生带领，殷殷指示。先入膳厅，内设蒸气灶，为女工蒸热饭菜之用。厅外即装有贮水池，水系由井借蒸汽力吸上，经各桶滤过，既清而后以管通入工场供用，甚便利也。惟城中水质恶劣，于色泽不无减退。该公司专以自供织绸缎为目的，尚无妨碍也。左近为剥茧室，有女工数十人，剥茧之工价，约铜元二枚一斤，每日能剥十余斤。同室附设屑物整理之所，系将屑丝抽出而整理之，以供制棉线之用。闻其价值，以时价之上下不同，彼时约每担一百余元云。傍又设烘茧灶（双茧灶），每次可烘茧二百四十斤，约五六小时告竣，温度须高至一百八十度（华氏），作业敏捷，甚属有利。左出至缫丝场（机械），内分二室，共计车一百座，系沈（通"沉"）缫法，女工手术灵敏，每日能缫十余两（计作工每日以十一小时为率）。丝之纤度，以十五乃至十七得尼鲁为适，惟色泽不甚佳，殊属缺点（因水质不良），工价以女工技术之优劣为衡，约每日平均可得二三角云。右进为煮茧室（沈煮），将茧投入锅中（每锅约二两许），使用蒸汽，约三四分钟后，注入数次冷水（即中水扬水是也），平均以五分间煮就，告竣后，即将茧分给各女工，手续敏捷，莫可言喻。由左出即机械房，各工场所需之力，均由此原动机而发，闻每日需煤约九余吨云。外出至蒸汽干茧库，

---

[1] 李日暄，字洵仁，浙江临海人。本校本科第十九期入学，民国九年（1920）七月毕业。曾任本校检查员、浙江原种制造场技术员、浙江蚕业改良场技术员、浙江蚕种取缔所督察员、杭州集团蚕种场桑园管理。

该灶烘茧，极为迅速，殊为完善而且便利也。上楼即贮茧库，茧装入袋内，约重五十斤，每百斤茧可得绵三斤。下楼至扬返场，观其每绐各边，均有花径，以便检查之用，甚属得法。其架傍设有切断记数器，藉可判别女工之优劣也。待扬返毕后，即将检尺器四百回检之，以评其赏罚；检竣后，交与女工编丝而束装之。又上楼到选茧室，经数次选后，又分上中下数种，以便缫丝之用。后入打绞及检查各室，观其打绞，系以螺旋器绞之，甚属便利。检查则有检类器、核尺器等，又以检位衡以检各女工缫丝纤度之比较，以定其赏罚也。

观毕，遂整队向嵇、周两先生行礼辞谢而出，回校钟已六下矣。是日观览，虽为时无多，但于学识不无裨益，因为之记，以示不忘云尔。

（原文刊于《浙江省立甲种蚕业学校校友会杂志》第 3 期，1920 年）

参观虎林公司记

叶同志

民国十年，维暮之秋，西湖蚕校傅教员、戴书记偕余与三年级及本级诸同学往虎林公司参观，所以增长学识也。

十月十九日午后一时，由校出发，雇小舟四而分乘之，渡过西子湖，即整队而前往，经省教育会，东穿菜市桥，迤逦而南，曲折而入，有小巷一，名蒲场巷。是巷也，非有要事者不由此过，故来往者不及市上稠密，而游人稀少，诚堪设立公司，必为作工之便利。而虎林公司已久建设于其间，是非正适其宜者乎。此厂之第一分场，依门牌而数之，则在巷之第二十七号，遥遥视之，似有虎林公司第一分场字样。及抵而入其门时，有老者一、少者二，相迎而入焉，随即引导参观。

其始也，先往一巨室，即再缲室（又称捻丝工场）。室内布置整齐，迥异纬成公司，所缲之丝皆由各女工司之，而使丝筬及鼓车之旋转不停；其总机关为原动机，则别有一小室安置之，名原动室。室中有管理人一，余询之，则云该机须赖人管，犹仗擦油，每日约用油二斤。此室近旁再缲室，再缲室中之机械，名目繁冗，不克记忆，唯见其轴，各相距四五步间，由皮带系诸小轴，原动室之原动机一转，则各轴亦随之而转。出原动室而湾入扯吐间，再进而观之，即选剥间，是室诸女工纯粹用手缲丝，有手缲车。出其间而登楼，为车间，即捻丝厂，厂内共四十八车，仿造于意大利式，每车之外，各有箱焉，箱车并列，联络成行，每车各有女工司理之。其缲丝机械前，各有缲丝锅一，锅旁各有皮管，管一动则热水外出，可以使丝茧达于一定之热度；再由此锅中索绪，将丝缕移入于机械上，此机械一动，则见六条之丝缕齐转，缠绕而不已，如车轮然，不迟亦不速也。又见每月各人有勤工月表，以记各人自己每日到数，如全日到，则记一全字，半则记半，颇有秩序，不稍紊乱。车间之对室一所，内为打绞之用，有储丝箱，箱之高一尺六寸许，纵一尺，横一尺五寸，箱外各有号次。再进一室为屑物整理处，此处手法，不及纬成公司，惟初办如此，亦已佳矣。由是而下楼，复经捻丝场而出，又入虎林丝织公司。有人导引过董事室、会客室、丝线室，而入第一织工室。室内颇宽，每人司一机械，坐其上而织之，足踏其下之长木杆，一绳系其端，在人坐之后方，绳复与木轴相结，绳动则轮为之转；大轮之中心，有一铁条，与前两木轮相连，大轮动则小轮随之；小轮约一尺长三寸宽之麻编条，一端钉于轮上，一端连于下之机械，轮动则机械亦动。机械所以调停下方之各丝条也，有绳系于下列之竹管，每人各有领纬册一，以记其数。出其室一长巷，沿巷而行，见有一室，名纹工场，内有纸板甚多，均系马粪纸为之，专为打花纹之，种类甚多，难以记忆；惟其可以注目之要者，如草珊瑚、岭梅红、海灵芝、杜鹃红、紫罗兰、宜男草、绣纹、蜻蜓花，各种花纹，尚能记忆。司此职者，有工师在内为之楚（应为"处"）理及打孔也，打成后，则纹孔现焉。溜（应为"浏"）览一过，仍依班次鱼贯而出，临行时，并各相鞠躬为礼。

回校时，已至夕阳西下，山色溟蒙之际。回思昨日往观纬成公司，为时迫促，仅有走马看花而已。倘无虎林公司继览于今日，则求益无由，而智识终昧昧然，是则虎林公司内容之稍得吾心，能不谓为快事耶？故有不可不记者矣，记之所以免忘也。即日夜十时许谨记。

（原文刊于《浙江省立甲种蚕业学校校友会杂志》第 4 期，1921 年）

训 育 工 作

浙江省立高级蚕桑科中学训育大纲

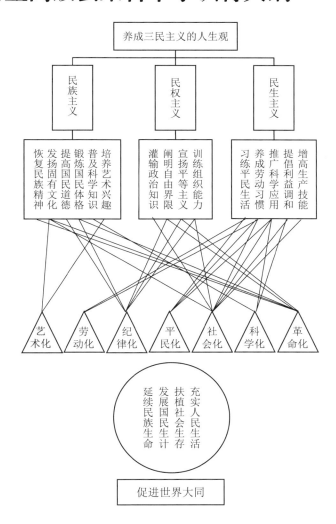

说明

（一）革命化的训练

1.关于环境的

布置中山纪念厅，随地悬挂革命的标语和政策。

2.关于宣传的

延请党国名人讲演，参加民众运动。

3.关于训练的

组织党义研究会及党义演讲竞赛会。购办各种革命书籍。

（二）科学化的训练

1.关于环境的

建设图书馆及各科仪器室、实验室等。

2.关于研究的

组织科学研究会。分赴各处丝厂、蚕户实地调查。

（三）社会化的训练

1.关于环境的

举办村里制，实行地方自治。

2.关于训练的

组织村里委员会，厘订公约和信条。

（四）平民化的训练

1.关于环境的

编订平民生活的标准表。设备平民式的房屋及园圃。

2.关于训练的

养成朴实的、简单的生活和习惯。

（五）纪律化的训练

1.关于环境的

随地悬挂共守信条和公约。平时一律须穿制服。

2.关于训练的

施以严格的军事训练。绝对履行公约，以养成国民守法的精神。

（六）劳动化的训练

1. 关于环境的

悬挂学生服务考查表。

2. 关于训练的

随时考查学生室内清洁和卫生的成绩。使学生常在蚕室、桑地及丝厂中实习，以养成刻苦耐劳的习惯。

（七）艺术化的训练

1. 关于环境的

建设美丽的亭园和整齐的道路，规定室内用具的种类及配置。

2. 关于训练的

组织文艺研究会及戏剧团。举行娱乐会以养成愉快的精神。

（原文刊于《浙江省立高级蚕桑科中学章则一览》，1933 年。文章原标题为"训育大纲"，现标题为作者自拟）

浙江省立高级蚕桑科中学训育标准

训育标准——忠孝仁爱信义和平

同时注意：

（一）力戒懦怯苟安，养成勇敢奋发之精神。

（二）力戒依赖敷衍，养成自立负责之能力。

（三）力戒轻躁盲从，养成审慎周密之思想。

（四）力戒浪漫奢靡，养成刻苦勤朴之习惯。

（五）力戒虚伪涣散，养成精诚团结之意志。

（六）力戒自私自利，养成爱国爱群之观念。

（原文刊于《浙江省立高级蚕桑科中学章则一览》，1933年。文章原标题为"训育标准"，现标题为作者自拟）

浙江省立高级蚕桑科中学训育实施计划及实施方法

训育实施计划

（一）使学生有最适当之读书环境与实习机会。

（二）使学生明了团体生活中应有之义务与权利。

（三）发展学生将来和现在生活中应有之思想、态度、智识、技能。

（四）训练学生认定本人将来应为事业作救国救民族之准备。

实施方法

（一）积极的

1. 人格的感化，俾养成品德高尚、勤俭耐劳之人材。

2. 适当的训导，俾免除轨外之行动。

3. 养成优良的校风，以增进愉快的生活。

4. 鼓励课外工作，以养成责任心与合作之精神。

5. 订定训育公约，俾学生自动遵守并养成其自尊心。

（二）消极的

1. 劝告学生，使其明了所犯之过而知改悔。

2. 采用适当之惩罚，使犯者知戒，未犯者知勉。

①口头警告；②记过；③严重警告并通知其家长。

3. 如劝告无效、惩罚不悔，则令其退学并报告其家长。

（原文刊于《浙江省立高级蚕桑科中学章则一览》，1933 年。文章原标题为"训育实施计划及实施方法"，现标题为作者自拟）

浙江省立高级蚕桑科中学训育处各项公约

教室公约

（一）闻上课钟即须齐集教室，不得迟延。

（二）上课先教员而入，下课后教员而出，均须依次徐行，不得争先恐后。

（三）教员上课下课时，学生均宜起立致敬，由教员点名稽查有无缺席。

（四）教员发问，学生必须起立致答，学生叩问，亦须先行起立。

（五）在教室内非经教员许可，不得自由出入。

（六）教室坐位须按定名次，不得僭越。

（七）教室内务宜整肃，无论教员到否，不准四散游行，高声喧笑。

（八）上课时除带讲义、教科书外，须各带笔记一册，随时记载，不得带阅功课外一切书籍。

（九）教员未到，在二十分钟以内不得擅自退课。

（十）教室内不得随意涕唾、抛弃纸屑，门窗、板壁不得涂抹。

（十一）他级学生不得在旁窥伺、高谈、喧笑、纵步烦扰。

（十二）出入教室、开闭门户各须谨慎，以免破坏玻窗。

（十三）教室黑板由级长及值星生整洁。

（十四）教室日记由值星生记载。

饲育室公约

（一）蚕室为养蚕重地，特须注意清洁、温湿、安静、阳光、空气等项。

（二）学生除值日当夜者外，宜常在蚕室照顾分内一切事宜。

（三）出入蚕室必须随时净手、换鞋、关门。

（四）在蚕室内，身体、衣服均宜洁净。

（五）蚕具用毕即宜安放整齐。

（六）室内宜各自打扫、清洁、拖拭地板，不得任意使唤工人。

（七）室内灯火宜时常小心察看，勿得疏忽。

（八）如有亲友来校参观者，须由本校办事人员导引；如学生自愿陪入者，俟工作完了、陈明主任、教师认可，方许引入。其余催青、饲育、调理、储桑等规则，由主任教师临时规定布告，各宜遵守。

实习公约

（一）实习时均由教员分组教授，不得僭越。

（二）实习系应用学理、熟练技术，须忍耐研究，不得疏忽。

（三）实习成绩要占学业总成绩二分之一，至为重要，切勿暴弃自误。

（四）各项实习均须切实自行劳动，不得任意呼使工役。

（五）各项实习时期之迟早长短及分量之多少轻重，均由教员按年级、时期支配教授，不得以己之好恶或嫌劳苦，抗不遵行。

（六）实习所用之材料、器具，各宜爱惜，使用不得糟耗，用毕即自行清理归还原处。

（七）如有无故玩弄器具以致毁损者，除查明事情处分外，仍要赔偿。

（八）实习所用之器具、材料及成绩品安置，均有定所，不得移入斋舍。

（九）实习所得之成绩品，须填明标签交于教员，以验成绩。

（十）实习场所须各整理清洁，不得散乱污秽。

（十一）实习时不准戏谑喧笑，并禁食物。

（十二）在实习时间内不得私自出外，并不得先自下课。

（十三）各项实习均须各自立簿笔记，以验心得。

缫丝场公约

（一）学生上缫丝场实习时，须着实习服，先由教员点名后，依派定座席学习，不得擅自更换。

（二）缫丝时认真学习，不得疏忽。

（三）凡添火取水等事项，须各自处理，不得任意呼唤工人。

（四）丝车器具各宜谨慎保护，不得无故玩弄致遭损坏。

（五）缫丝所用之器具、材料及成绩品，不得带入宿舍。

（六）每次所缫成之丝，须标明自己姓名，以便查察而验成绩。

（七）茧为缫丝原料，至为珍贵，宜各爱护，不得任意糟蹋。

（八）实习前须将应用器具各自整理，并视察丝车各部有无破损。

（九）实习时不准频离坐席，不得交谈戏谑及私自外出。

试场公约

（一）凡受考试者须于指定时刻前齐集，不得迟到。

（二）须各依座号，不得僭越。

（三）届考试时，不得请假规避，有特事者，须经训育处核准。

（四）考试场内须从监试员之指示。

（五）试验之监试员以考试委员主科教员为主。

（六）除笔墨外，不准携带书籍及草稿。

（七）不得交相嗫话及观望传递。

（八）不得自由出入，有特别事故者，须陈明理由，经监试员许可。

（九）试卷内备有草稿纸，缴卷时一律照原数附缴。

（十）誊写试卷务宜笔画清晰，并自点句。

（十一）考试时刻之长短由教员临时限定，缴卷不得逾限。

（十二）缴卷后即退出，不得逗留观望，并不得取回修改。

（十三）有违犯以上各条者，应酌量事情轻重为无效、减分、隔坐、退出等之处分。

自修室公约

（一）自修室座位应该依照编定次序，不要乱坐。

（二）自修时间是专心研究功课最好的时间，所以在自修时间内，不要任他空过，应利用他作有价值的工作。

（三）在自修时间奏乐、弹琴、高声叫唱或随便谈笑，多要妨碍别人的自修，所以绝对不可。

（四）整理、清洁是两种美德，和我们品行很有关系，所以不应乱放书籍、文具或乱掷纸屑。

（五）室内公物应该共同爱护，以养成公德心，所以对于门窗、板壁、电泡和桌椅等，要随时爱惜的。

（六）自修室内除置修学所需物件外，其余物品不要移入。

寝室公约

（一）依照排定榻位，不要随意调换。

（二）鞋袜衣服应该时常整理，安放妥处。

（三）勿要在室内燃点洋烛、烧煮食物。

（四）勿要擅自引导来宾入内。

（五）作息依日一定的时刻，是有益身心健康的，所以应按时熄灯就寝，并熄灯后，不得有妨碍别人睡觉的举动。

（六）青年人应当看重朝气，所谓"一日之计在于晨"，所以应该早起。

（七）每晨起后应先卷起蚊帐、整理被褥、盖好白毯。

（八）被褥应随时洗涤，窗门应按时开闭。

（九）室长是一室的代表，所以对于他合理的处置，应该服从。

膳厅公约

（一）膳厅是公共食堂，为维持团体精神起见，所以每餐入席是要按时的，不得提早或过迟。

（二）生理学家说细嚼可以帮助胃的消化，所以在会食时不应谈话。

（三）对于肺病嫌疑或患别种传染病的学友，应以友谊的态度劝他独食，同时患病者本人亦须自觉。

（四）饭菜如不卫生，应平心静气要求膳食委员会设法改良。

（五）膳厅中碗碟、桌凳等物，应共同保护，不要毁损。

（六）膳食委员是大家公举的，所以对于他们的工作，应当信任。

调养室公约

（一）不幸抱恙，经校医诊治须入调养室调养者，应先报知训育处，然后搬入。

（二）医生对于病症当然比病人知道清楚些，所以在疾病的时候，一切须听他的指导。

（三）调养室是病人所住的地方，须要安静些，无病的人不可随便出入，以免烦扰病人。

（四）调养室内公用的物件，要共同保护。

请假公约

（一）学校办事人对于学生负有相当的责任，学生如遇有不得意的事故不能上课和自修或须出校，应依照学校的请假的手续，到训育处声明理由，并填写请假单。

（二）请假期满如仍不能销假，可说明理由，再行续假，否则作无故旷课论。

集会公约

（一）学校内各种集会均有规定时间，开会时以振铃为号，所以一闻铃声，当立即赴会。

（二）开会时，一入会场即行肃静，对于行礼更须慎重。

（三）读《总理遗嘱》原为引起革命的情绪，静默的用意原为促进反省，所以对于这两件事须表示至敬至诚。

（四）开会的一切法则，须依照《民权初步》。

会客公约

（一）我们应该依照学校规定时间在室会客。

（二）会客时间不要过十五分钟。

（三）会客时我们应该注意礼貌，不要大声喧笑。

（四）送客勿要出大门。

（五）引客入校参观，应该通知学校当局。

（六）勿要留客膳食及住宿。

附会客时间

（一）平时每日自上午七时半至八时，下午半时至一时及四时半至五时半。

（二）休业日自早餐后到晚餐前止。

（三）蚕事期间自中午十二时半至一时（如有特别事故必须会客者，须征求蚕务处及训育处同意）。

其他公约

（一）在学生时代一切用具多是依靠家庭供给的，但要知家庭的金钱多是父兄费尽心血换来的，所以衣服、冠履务求简朴，费用务求节省。

（二）学校的工人皆有一定的工作，他们的人格同我们是一样的，所以不应当轻视他们，更不应该任意差遣他们。

（三）校中的花木为全校观瞻所关，所以应共同爱护。

（四）生理家说"烟酒足以伤脑"，为保重身体计，所以要设法禁绝。

（五）学校是读书的好地方，青年是一生成败的关键，所以决不能有堕落的行为。

学生戒烟公约

烟能伤脑，去毒务尽

（一）生理家告诉我们说"烟能伤脑"，又说"脑是人生一切行动的总机关"，所以我们青年要保护脑力，不应该吃烟。

（二）我们读书的费用都从家庭供给，不是自己直接产生出来的，所以我们应当节省无益的费用，吃烟也是无益的一种消费，所以应当去掉他。

（三）我们知道吃烟是一种坏的习惯，它的来源不是一朝一夕的，所以我们戒烟应经过相当的时日和方法。

（四）古老说得好"人孰无过"，过而能改，善莫大焉"，所以我们即有烟的过失，亦不妨明白告诉出来，学校所指定的吸烟登记表，我们多情愿照实填写。

（五）我们为逐渐减少每天吸烟的分量和次数起见，所以在自己所认定戒烟日期内，情愿在指定地点吃烟，以资节制而表决心。

（六）我们认定青年做事应该具有革命性，所以在戒烟期间内，应抱有"一刀两断"的精神，口是心非及掩人耳目的行为是不愿为的。

（七）我们做事应该抱"言之必行，行必有效"的决心，所以在现在认定日期内戒绝以后，或在学期间开始时，如果再有吃烟的行为，均愿受训育部的制裁。

以上公约是大家的公意所在，人人有遵守的义务，倘有故意破坏者，我们认他为公敌，应受惩戒和制裁。

（原文刊于《浙江省立高级蚕桑科中学章则一览》，1933 年。文章原标题为"训育处各项公约"，现标题为作者自拟）

浙江省立高级蚕桑科中学学生操行成绩考查标准及实施方法

标　准

（一）礼貌

（二）整洁

（三）守约

（四）服务

（五）勤奋

（六）思想

依上列标准分甲乙丙丁四种。

方　法

（一）教室方面之考查

（二）自修时之考查

（三）集会时之考查

（四）膳厅上之考查

（五）寝室方面之考查

（六）课外作业方面之考查

（七）图书方面之考查

（八）早操时之考查

（九）其他各方面之考查

（十）教职员之报告

（原文刊于《浙江省立高级蚕桑科中学章则一览》，1933年。文章原标题为"学生操行成绩考查标准及实施方法"，现标题为作者自拟）

浙江省立高级蚕桑科中学学生卫生规则

一、本校特聘校医一人，常时到校察看学生，如有疾病，随时诊视，药资酌取。

二、本校特设浴室数间，学生得按时洗沐，以求清洁。

三、饮食当知节制，日用、点心、果品非经训育处检定，不得私自购食。

四、清洁为卫生上最重要之事，下列诸端尤宜注意：

（一）饭后须漱口、擦牙，指爪须常剪除。

（二）衣服须常洗涤，勿使垢腻。

（三）啮指、舔笔之癖，皆宜屏除。

（四）涕唾必入痰盂，以防传染。

（五）床褥须整理清洁，用品须存庋妥帖。

五、烟酒切宜禁绝，以保身体而维德性。

六、注意身体自然的发育（如禁止女生之束胸、缠足）。

七、饱食、空腹不得行剧烈运动。

八、就寝时须服小衣，虽夏日亦不可裸卧。

九、运动后切忌脱衣纳凉，以防伤风。

十、例假日宜游览山水旷野之处，以舒畅身心。

（原文刊于《浙江省立高级蚕桑科中学章则一览》，1933 年。文章原标题为"学生卫生规则"，现标题为作者自拟）

浙江省立高级蚕桑科中学吸烟惩戒办法

一、本办法为厉行学生戒烟公约为设。

二、本办法由训育部主持之。

三、凡已登记之吸烟学生，在认定之戒烟日期内，每天须在学校指定地方吸烟，违者作私吸论。

四、凡已登记之吸烟学生，在满认定之戒烟日期后，倘再有吸烟行为，亦作私吸论。

五、未登记之吸烟学生，不论在戒烟或非戒烟期间，倘有吸烟行为，亦作私吸论。

六、凡本校学生，自此次吸烟后至毕业时为止，不论已登记或未登记，皆不得吸烟，犯者均作私吸论。

七、凡私吸烟之学生，应受下列惩戒处分之一种或二种：

（一）没收烟具及烟类。

（二）罚金：每次一角以上一元以下（此项罚金概拨图书馆费）。

（三）在纪念周自白。

（四）剥夺选举权及被选举权。

（五）警告分普通、特别两种，依训育部之惩戒规程办理之。

八、每次惩戒之吸烟学生，由训育部按照登记表填记之。

九、戒烟日期由训育部临时公布之。

十、本办法由训育部公布实行。

（原文刊于《浙江省立高级蚕桑科中学章则一览》，1933 年。文章原标题为"吸烟惩戒办法"，现标题为作者自拟）

浙江省立杭州蚕丝职业学校训育概况

本校训育处组织，一照厅颁《中等学校行政组织暂行规程》，于训育主任外，并于每班设学级主任，襄助训育主任，共负训育之责。并依照厅颁《中等学校训育暂行标准》，订定《训育实施细则》；根据《本校组织大纲》，订定《训育会议规则》《训育指导委员会规则》《训育处办事细则》等，均已呈请教厅核准备案，详载于本年八月修正出版之《本校章则一览》中。又有《二十五年度训育进行计划》，载于本刊第一期中。兹为避免重复，仅将训育上最近实施概况择要分述于后。

一、训育设施上之进展

本校过去数年中，虽因借用梅东高桥营房作校舍，既感不敷，又嫌散漫，以致训教两方，一样困难，训育趋向不得不多致力于消极的制裁一方面；但为自来教学精神，凤重实习，在勤劳与德性之训练，久已自然涵养于职业训练之中，师生晨夕居处相同，甘苦与共，生活习惯，潜移默化，信仰既固，感格较易，故训教两方仍得勉收合一之效，以保持俭约劳苦之学风，与康乐整饬之校纪。

自本年九月迁入古荡新舍以来，自然环境已足振起精神，使人人自动的激励奋发；建筑设计亦适合教学理想，使处处能取得回环连络。从而训育趋响益得自然减少使用消极的制裁法之机会，而一意努力于积极的设施与指导工作。复由教、训各处之一室治事，军训教官、童军团长与训育人员之合组军训队，各级主任与各科专任教师之随时取得联络，使全体训教人员意思全无隔碍，往往遇事不必待定期会议，而已能步伐齐一，各方并进，再无处理失却时效之弊。现在如图书室、阅览室、国防教育陈列室等，增进智能的设备；民众夜校、消费合作社等，关于社会服务的组织；长跑、爬山、射击、自由车等，早晚随时可得训练之机会；以及师生全体之起居、饮食、运动，得以完全融合无间，益收人格感化与生活指导之效；凡此种种，若非新环境之助，曷克臻此？以后尚拟利用农村环境，发展学生对于社会服务之工作，如联络古荡附近蚕户，举行共同催青、稚蚕共育、合作烘茧等，亦已拟定计划，先行调查，而待明年春蚕期间开始举办。

惟如图书室、阅览室等，设备尚简；陈列室、合作社等，地位逼窄；疗养室、储藏室等，或以蚕室暂时代用，或并适当之代用室而不易得；乃至如学生自修室尚未建筑，使学生日夜拥挤于教室之中，在自修、整洁、卫生各方面，都为之发生不少困难，此则有待于第二、三期建筑告成，方能改善耳。

二、善导学生之思想与生活

自"九一八"以后，全国青年热血，无时无刻，不在沸腾；偶遇事故，一触即发。本校深虑及此，故于每学期开始之时，必由第一次训育会议重申善导学生思想方案，提请各科专任教师注意。一方面于各科教材中加重积极的国防智识，于课外读物及图书室中多介绍国防性质之图书，于军训室中附设国防教育陈列室，陈列国防上各种模型、图表等。一方面加紧军事训练与童军训练，严行军事管理，在每次集队时及纪念周上，由军事训练队与各科专任教师多作严正而有系统之报告或讲演；并规定每阅两星期，至少请校外名人讲演专家学术一次。使学生在不断的增强民族意识之环境中，同时要有实行卫国之能力与准备。而在平时，则常得保持清静之头脑，以逐渐养成纯正之理智与判别力，不致因一时冲动而溃决奔放，流于偏激。

复以本校学生毕业之后之工作，不入农村、自己企业，即入种场、丝厂，担任技术、管理之役——无往不是清苦辛劳之境。故若不于此时养成俭朴勤劳之习惯，何以应付他日之环境？从而对于学生生活，力戒奢侈惰逸，提倡勤劳俭约，自为第一要旨；而对于团体生活必要之自律与守法精神，更为注意。现在自学生寝室、盥洗室、走廊以至教室，日常之整洁任务无不由室内学生共负，而由训育人员会同军训及童军训练人员每日举行室务检查，每周总检查一次。又利用未辟之地亩、待筑之道路，时时举行劳动服务，以事建设——常见山边水畔，师生一同荷担呼邪而过，且同感甚浓厚之兴趣，亦本校之奇迹。是则由于多数学生来自田间，或中下资产之家庭，或有经营蚕丝业之父兄，曾经刻苦之熏陶，素质相宜，训练较易也。

要之，本校学生之思想与生活，似已多数能相密合。在平时均能深信本位救国之义，所期毕业出校，能当一切实的蚕丝技术人员，而不致荒迤厥职；在有事时，当能以刻苦耐劳之习惯，服从守法之精神，而在领袖指导之下，出为国家之卫士——此为本校历年以来久悬不变之中心训练。

三、课外活动与社会服务

本校授课时间特多，以致课外活动之支配非常不易。复以各级课程之支配，性质上微有不同——大约一年级偏于基本教学，多在教室；二年（级）以上，实习时间渐增，多在实验场所，则课外活动之支配亦不可不顾虑及之，以相调剂。现在凡属增进学识技能之活动，如外国语、音乐、绘画、书法等各种研究会，特为规定时间，在每日下午运动时间以后举行，入社者不限级别。凡属增进服务能力之活动，如办理民众夜校、消费合作社，以及将来拟办之古荡附近农村养蚕合作、烘茧合作等活动，为一年生能力未充，自修功课又繁重之故，皆规定高年级生担任，以免一年级生荒课而废事。他如参加校外各种集会与活动，以及校内各种演习，如防空、防毒等，则由学校主持，师生全体参加，自无级别之限制。对于附近农村调查与各地种场、丝厂之参观，则在本校特予重视，常由各科专任教师利用例假日，乃至不恤抽出相当授课时间，郑重指导举行，使作报告，评定成绩，列入于各该科实习成绩之中。各级壁报之编辑，定每月一刊；演讲之练习，定每周一次。是等所费时间有限，而获益甚大，故虽属各级学生自治会之活动，每由各级主任转请其他专科教师相助轮流辅导；并为之规定撰稿演讲轮值之制，以防规避，而期普及。至于郊游会、远足会、游艺会、欢送毕业同学会、新年同乐会，以及各种竞赛会等，或由学生主持，或由学校提倡，或为偶发事件，亦常相当注意，一方面促其自动，一方面与以辅导，务期贯彻活动之宗旨，而收充分之良果。

最近总计各项活动之成绩：在研究、参观与竞赛各项，学生兴趣似最浓厚；在服务与演习方面，亦能努力；惟对于调剂身心之音乐演奏组织，学生渴望甚殷，而为现有校舍不敷，迄无适当之场所供其使用——是为最大之缺憾。

（原文刊于《浙江省立蚕丝学校校刊》第 3 期，1937 年。文章原标题为"训育概况"，现标题为作者自拟）

浙江省立杭州蚕丝职业学校训导概况

本校在三十四年冬复员，由缙云回返杭州。古荡原有校舍全部被敌毁坏，化成瓦砾之场，乃租借保俶塔后之护国寺及黄龙洞两处为临时校舍。佛殿经堂，破屋漏房，充作教室、寝室、膳厅、自修室等之用，在管理及指导两方面所遇到之困难，实不下于八年来颠沛流离中所遭遇者。兹将复员来一年中之训导概况述之如下：

一、管理方面

管理是先藉消极方法启发学生之自动精神，以养成其有自信自治独立之能力，使其一切行动潜移默化纳入于优良之规律中。由此，管理与被管理两方面都先有灵活之组织、显明之目标及确实具体之施行方法，宛如翻沙应有其模型及技术然。

（一）我们之组织

1. 教师方面。由训导处、军事教官、童军教练、体育主任、校医联合组成军训团及童军训练团，主持全校男女学生在军事上之管理与训练。

2. 学生方面。本校高初中二部共有男女学生一百六十四人，其中男生有八十二人，住在护国寺，女生有八十二人，住在黄龙洞。

（1）高中部男女学生均受军事训练，编成一团，团长是校长，副团长是军事教官。团分为三中队，其中男生编为两个中队，女生编为一个中队。每中队设队长一人，由学生充任之。每中队分成三小队，每小队设分队长一人，由学生充任之。

（2）初中部男女学生均受童军教练，编成一团，团长是校长，副团长是体育主任。团分为三中队，其中男生编成一个中队，女生编成二个中队。每中队设正副队长各一人，由学生充任之。每中队分成二小队，每小队设正副小队长各一人，由学生充任之。

（二）我们的目标

本校系三三制之蚕丝职业学校，除具普通中学之一般性质外，尚有蚕丝专业上之特殊性能，因之，我们之学生是要养成有下列两种之美德：

1. 良好公民之楷模——明是非，守纪律，负责任。

2. 专业家之风度——进取，专精。

（三）我们的方法

1. 先从简单切身之日常生活做起，其办法由军事教官、童军教练、女生指导组成整洁队，在每天早晨轮流检查服装是否整洁，仪容是否严肃，内务是否整洁，寝室、教室、膳厅、厨房及厕所是否清洁，将检查结果分成个人及团体两种，评定分数，载在订定表册内，随时向学生布示，以资鼓励。

2. 同时诱导学生服从命令，遵守公约，守时刻，践诺言，其办法由训育处人员及值周导师在每天中之早操、早自修、午睡、晚自修举行点名和督导。再由训育处随时与教务处联络检查学生旷课和缺课，并揭示之。

3. 守秩序是优良公民应具之最基本道德，我们感到极端之重要，其诱导办法由席次、铺位、座位、集会、排队做起。

（1）高初中之男生住在护国寺，其膳厅、自修室及寝室均在护国寺，皆编定席次、座次及铺位之号数。各种集会、上课前、进餐前之集队，均由值星中队长统率之。

（2）高初中之女生住在黄龙洞，其膳厅、自修室及寝室均在黄龙洞，亦编定席次、座次及铺位之号数。各种集会、上课前、进餐前之集队，均由值星小队长统率之。

二、训练方面

训练是着重于内心之积极陶冶，一旦达到完成之境，个人在学问及事业之成功基于此，国家民族之兴起亦赖乎此，其效力之大，难以言喻。

（一）我们的目标：同前。

（二）我们的方法

兹将其荦荦大者概述于后。

1. 思想之训练。由训导会议订定训导实施大纲，交由训导处负责实施外，再由各级级任导师协助进行，必要时请各科专任教师随时诱导，以期同赴于同一之中心训练。思想之训练与学校传统之校风有密切之关系。本校自创办迄今，有五十年悠久之历史，在校任教之教师，其任教之年数，多者在三十年以上，至少者亦有五年以上，这种以教育为终身事业，以培育青年为乐事，并以学校作家之精神，以此已足潜移默化学生之思想。同时本校学生多数来自田间，为农人之子弟，其淳朴、克（应为"刻"）苦、耐劳之气质特厚，惟嫌进取和专精之风稍差，近一年来由各全校教师之着重于这目标，已在迈进中。此外尚感觉一般青年对于稳健与落伍及革命与捣乱似嫌其认识之不足，在新生入校时，特别加重训练，同时请级任导师多作谈话，给以具体实例之证明与解释。在纪念周时，请值周导师讲述中外古今名人之事迹，作为示范，期使每个学生得身心两方面之健全发展，达成为完人。

2. 生活之训练。本校学生之日常生活除受军事训练外，蚕期实习及平时农桑实习中受到有规律的和团体的劳动服务训练，其成绩之优良，为一般训练所难有，对之非常重视。此次复校，由缙云来杭，校具、图书和仪器由学生组织运输队负责运输。到杭后租得临时校舍，修葺改装和建辟运动场，亦由学生负责，所得结果令人非常满意。本校学生之膳食完全由学生自治会组织膳食委员会负责办理。记账、采买、监厨等事由学生轮流充任，以养成处理衣食住行四大事项中之一之能力。

3. 社会服务之训练。本校除以师生为社员所组成之消费合作社外，还联合组织农村服务社，在本校附近及派往实习制种场之附近，对于一般农民劝导植桑和养蚕，对于蚕农则指导植桑养蚕和制种之改良方法，诱导学生进入人生以服务社会为目的之门径。此次清寒学生助学金之劝募，乘此良好机会，全校教师督促全体学生参加，在三月念（应为"廿"）九日之一天，即将劝募总会所发给之义卖花全部销完。

4. 健康之训练。本校全体同仁经此次抗战，在颠沛流离中，深深体会到健康为一切之本，个人和国家不由此入手做起，则如植树，而未令其根入土，期望其能滋长繁茂必不可得。本校全体学生在每晨举行早操及下午课外活动举行各种规定之运动外，组织长跑队、爬山队、游泳队、自由车队等，令每个学生感觉健康之重要，而再引起其对于运动之兴趣，同时乘此启发互相爱群之美德。此外请校医随时举行体格检查，注射防疫针及种牛痘，对于卫生常识亦随时举行讲述。

三、我们的困难

复员来一年中在训导上所感到之困难极多，其中要以校舍之不够用和不合宜为最大者。现在学校已将教育厅发给之复员费与蚕丝界之捐助金共计一万万九千万元，在古荡原来校址先建筑蚕室及一部分校舍，从下学期起，这个大困难当可减除不少，而一般小困难亦可免除不少。

（原文刊于《浙江省立杭州蚕丝职业学校校刊》复刊第 1 期，1947 年。文章原标题为"训导概况"，现标题为作者自拟）

求学生活

郑辟疆的铜茶壶

余广彤

当时和（费）达生同去日本留学的郑蓉镜是郑先生的小妹妹，她和达生在女蚕校同班，两人很要好。郑先生派她俩到日本去，蓉镜学蚕桑，达生学制丝。

在准备出国期间，一天费达生到住在学校隔壁的郑先生家去找蓉镜，适逢郑先生从外面进来，关切地问她准备得怎么样。达生说，路费找姑父没有借到，外祖父答应给筹借，妈妈已在给她改衣服，把一件大红袄改为对襟的。

说话间，她和蓉镜走进了郑先生的房间。室内整洁、简朴，没有珍贵的摆设。费达生的眼光落在书橱上一个比小碗稍大一点的铜茶壶上。

费达生好奇地拿起茶壶端详着。黄铜制成的小壶，底下有烟熏的痕迹，上面提把上还有一寸多长防止烫手而装的护木。小壶遍身没有纹饰。看来不是文物古玩，而是普通人家的生活用具。

"郑先生，"当时学校一般不称职务，费达生后来也一直这样称呼郑辟疆，"这么小的茶壶怎么用呢？"

郑先生接过茶壶，用手提起来说："你看，从前吊在油灯上面就可以烧开水了！"

"你现在还用吗？"费达生问。

"不用了，留着是个纪念。这是我进蚕学馆时从家里带出来的。"

郑辟疆一手提着这把小茶壶，眼前仿佛浮现出当年母亲站在河岸上送自己上杭州求学的情景……

郑先生是吴江县盛泽镇人。地处江浙两省交界的盛泽是江南享有盛名的丝绸之乡，居民自古以来就"以机为田，以梭为耒"。镇西郊白龙桥石柱上刻着这样一副对联："晴翻千尺浪，风送万机声。"到清朝末年，这里的丝绸市场仍是"蜂攒蚁集，挨挤不平，路途无伫足之隙"。郑先生的父亲是个屡试不第，以诗酒自娱，经常泛舟乡间为农民看病的儒医。勤劳的母亲终年织绸，这是家中经济的一个重要来源。郑辟疆十八岁那年，冒籍浙江嘉善人，就近到杭州去应举人考，结果落选了，便在离家不远的一个乡村坐馆当塾师。过了一年多，听说杭州蚕学馆招生，他要去报名。父亲执意不允，想叫他以后再去应考，弄个一官半职，荣宗耀祖。而织绸为生的母亲却支持他去学蚕丝。母亲给他炒了十多斤炒米，把洗干净的布枕套装得鼓鼓囊囊的，又给他装上这把小茶壶，送他上了船。那时蚕学馆有个规定，要试用一个月，经过考试合格，才算正式入学，并享受免费。郑辟疆从早到晚刻苦学习，肚子饿了就提着这把小茶壶打一碗开水，把炒米冲一下充饥。他终于考出了优异成绩，正式入学，并取得了享受减免学膳费的资格。

郑辟疆考入蚕学馆是在 1900 年——中国近代史上著名的戊戌维新运动之后二年。那时学习西方，修铁路、办实业、建学堂似一股浪潮席卷全国。杭州蚕学馆就是在这股浪潮中兴办起来的全国第一所蚕桑学校，几名主要教员都是从日本请来的蚕丝专家。郑辟疆在两年学习期间，奋发努力，毕业考试名列第一，所以毕业后又留校任教一年。为了振兴祖国的蚕丝事业，他于 1903 年去日本考察，参观了爱知、静冈等著名蚕区，访问了日本著名的蚕丝专家。他目睹日本蚕丝业蒸蒸日上，在国际市场上称雄称霸，而我国是蚕丝的故乡，如今却因政治腐败而百业凋零，蚕丝业墨守成规，每况愈下，深感痛心疾首。他立志要为振兴中国的蚕丝事业奋斗终生！

一把小茶壶凝聚着母亲的嘱托，寄托着自己的宏图大志啊！

（原文刊于《蚕丝春秋》，1990 年。文章节选自"当初情谊是师生"部分，标题为作者自拟）

浙江蚕校二十周年纪念大会记

李济谦 ①

戊午十月一日，浙江蚕校开二十周年纪念大会。余虽有要事，而未遑先请假他往，以本校创开纪念会也，故兹会之事物，似得目窥全豹矣。

夫会未开之先几日，本校学生自行造作各样玩品模型，暨涤扫各种丝蚕仪器，并区划出入道路。字画也，丝象也，茧塔也，桑叶狮也，纸花塔也，蚕桑图也，缫丝车模型也，饲蚕室模型也，饲蚕匾架模型也，养秋蚕也，须造作佳良，乃分布贴置焉。至于检尺器、检位衡、强伸机、类节器、压榨器，各种丝茧标本、蚕卵解剖、蚕体解剖各标本，本年所制之种、一二三四五龄蚕、催青后之蚁蚕之完全标本，显微镜、贮藏箱、蚕匾蚕架、切桑刀、切桑板、桑筛桑席，以及蒸汽消毒灶、烘茧灶等，或扫或涤，然后陈设焉。惟江苏、安徽等省之蚕农枝，及浙江女子蚕业讲习所送来以丝茧作成各样花卉、人、屋、山、塔，与蚕桑丝茧标本图，则仍其自然而布置焉。夫贴置与陈设之处，皆以本校故有之讲堂、考种楼、养蚕室、上蔟所为之也。室之四隅，非红木为间，则白垩为壁，各玩品及器具，因之更为增色矣。余至是不禁欣然雀跃，盖形色足以其启人之心、引人之志也。

若夫出入道路之区划，则自本校之头门而进转而左，经各陈列室，再左转而登楼，经各置物室，转而右，走楼南下楼；稍左，经贮桑室，次烘茧灶，次蒸汽消毒灶，次西原式烘茧灶；稍右，登梯至楼上，左而北走楼，经各室，由右走楼南下楼；稍左，经招待室而至会场，出其北门而右，委蛇（通"逶迤"）至制丝实习场，出其南门，此皆未开会之先几日所为也。

自后本校校长派各学生为各处之管理员，及招待员与演讲员，而余则为管理员。凡管理三日，盖兹会定期乃三日也。三日所历之事，觉不无异同。第

① 李济谦，字若庚，湖南湘阴人。本校本科第十九期入学，民国九年（1920）七月毕业。

一日政界多，而常宾少，故是日之询问者颇少。第二日学界多，常宾若第一日，而询问者与第一日反。第三日皆常宾耳。夫第一日政界多，二日学界多，三日皆常宾者，本会之入场券使然也。然而一二日之有常宾，乃该常宾之误，而本会之招待员悯其或远方来者，或非一二时能至，或农忙无闲时也，遂不得不从权宜，令其入而参观也。又新闻记者三日皆至，盖记新闻，非求确当，则失其天职，又记不求完全，则不免持管窥天之识。是以新闻记者欲破除其弊，而三日皆至。而本会亦欲令其记述完全，以扬本校蚕业之成绩，而启发人心之仿效，引伸人之志，谋吾国之富强，故三日皆令其入耳。然当其来也，必令求得入场券乃许入也，由此可知兹会之整肃矣。苟不如此，则扰扰憧憧，自由来往，肆无忌惮，秩序紊乱，而诸参观者因视之为不足轻重，致生恶念矣。其欲启发也，引伸也，岂能有效乎？此余向之所以不遑请假也，盖不特少一人之力，即鲜一人之成绩；且一人请假，他人效之，成绩既少，不足观瞻，即无以启人心，引人志，而希参观者纪念之，亦难矣。

余辈既嗜蚕学，安可不振刷精神，壮斯会之色，而图启引之见诸事实哉？况吾辈之贫弱甚于他国，倘长此而不求富强，是欲蹈印度诸国之覆辙也。夫富强之起点维何？振兴实业。实业之要领安在？蚕丝其一也。吾国素以吸收外人之大利，而外人不谓我吸其利，且谓丝不足其用。余辈既嗜斯学，而闻此言，安可不直起急图，扩张斯业，以尽吸彼之利，而富我之邦乎？且强兵出于富国，兵强则国强，是欲求国强，则从富而得；而欲致于富，则非振兴实业中之缓不容发之蚕丝，不可得也。神农之教曰，有石城十仞，汤池百步，带甲百万，而亡粟，勿能守也，粟者食也。孔子曰，足食足兵，食者民之所恃以为命。然有食无金钱以购之，无食也。则所恃以为命者，必又恃金钱之为易也。然则欲谋富强，必先求富也明矣。吾华自此富而致强，则法租之广州湾，日占之朝鲜与台湾及琉球，英借之威海与九龙，皆将璧还吾华也。有此希望，则林公创办蚕校之勤劳，诚足令人纪念也。伟矣哉，林公之勤劳！

余因全睹兹会之始终，故得觑缕记此，且以感也。

（原文刊于《浙江省立甲种蚕业学校校友会杂志》第 2 期，1919 年）

省会中等学校联合运动会记

孙广玉 [1]

民国八年十一月六日，为浙江省会中等学校秋季联合运动大会之期。

是日，余校缘道途遥远，鸡鸣时即起，盥栉整队赴会。会场设于梅东高桥大教场，场广大，会场仅得其半，周以竹篱、国旗、会旗，高举中央，五色小旗，飘扬空际。司令台位于北，南面会场，颜曰"自强不息"，其左右为卫生、军队两台，均壮观也。

七点许，各校暨各部干事全体毕集，教育伍厅长、省长公署教育冯科长，亦相继至。卢督军以公务羁留，特派上校参谋张谅卿君，代表莅会。钟八鸣，行开会式。张、伍诸君致词毕，即开始运动。节目凡五十有三，首早操，终高栏，依序举行。惟其时烟雾弥漫。来宾尚属晨星寥寥。过九时后，气爽风清，天高日晶，万点秋色，太空呈秀。非特来观者跻跻跄跄，争先恐后，即运动员亦为之神飞气扬，精神倍振，而空际无数之五色国旗，从风飘荡，任意东西。适与白衣女生团体之月映晴川幽秀舞各运动，上下交映，诚不啻一幅天然画图也。

五点半许，运动告终。团体运动互见短长，至若田径，则以安定、蕙兰、宗文、一中、一师诸学校，最得优胜，农校次之，蚕校、商校又次之。惟安定诸校，每于其校得胜之际，即极为鼓掌喝彩，窃期期以为不然。若蚕校，不预为习练，临阵失败，固事之宜，殆亦其校之性质使然欤。

斯日秩序，甚形整齐，盖除军警维持外，上有蕙兰，安定、宗文、体育、青年团暨第五高小六处童子军辅助也。日之方中，会有商品陈列馆长阮氏者，

① 孙广玉，字韫玉，陕西鄠县人。本校本科第二十期入学，民国十年（1921）七月毕业。曾任陕西省立甲种农业学校蚕科主任、省立第一职业学校教务主任、省立第一蚕业学校教务主任、国民第二军第十师第二混成旅参议、蓝田县知事、省教育图书社社长、省公署咨议、陕西省立印刷局局长。

发布国货传单，并代泰丰、开利两公司，分赠干饼糖果，各职员及运动员得之，咸有喜色，斯亦别开生面之一广告妙术也。

傍午，又忽飞来兵士摧残行素女校骇闻，学生会为之呼吁，波及全会，运动中辍。嗣奉教育伍厅长愿负责任，定时答复之宣布，旋即继续进行。予傍叩该事理由，关系该校所租校舍，与督军署刘某副官有纠葛焉。会已闭，尚无复音。各学校本同类相体恤之谊，抱兔死狐悲之情，宣言尚无答复，宁披星戴月，冒寒露宿，誓不散会。既而好音报来，各学校始奏乐鸣鼓，踊跃整队，沿故道而归；各员英气勃勃，冲天震地，略无饥寒气，观者极口称赞，金曰壮哉，诚不愧健全之运动会也。

时钟已八下矣，予归濡笔而记之，志不忘也。

关中孙广玉

（原文刊于《浙江省立甲种蚕业学校校友会杂志》第 3 期，1920 年）

我的蚕校生活

郑鑫泉 [1]

　　一个人生在世上，无论是在家庭里、学校中、社会上，总是脱离不了生活。然而家庭、学校、社会的生活，各不同的。我是没有入社会上生活的一分子，我所经历的生活，只有家庭和学校二种。所以我把这两种来比较一下。我觉得学校生活和家庭生活，绝对的比不来；家庭的生活，没有秩序的，学校生活是有秩序的，所以我承认"学校生活"是我适当的生活。我在学校生活情形，是从幼稚而进高深的。从前的生活，可不用述，现在的生活，却是有研究的价值，将来的生活，由现在而再呈进，所以我的主张，就是"不愿（似为"顾"）已往和将来，只是注重现在，有了现在，必有将来"。我的生活也是这样，现在且把我在蚕校里的生活情形，叙述一下，再加以研究。

　　现在的蚕校生活，可以分三层说：一、课内的生活，二、课外的生活，三、其他的生活。

　　（一）我们到学校里来的目的，是为求学而来的，然而求学的范围很广，所以"到处是学问"。读书是"求学"中紧要份子。在学校里读书，以上课时候为主的；上课的时间，是学校里规定的。我当然不敢违抗他，而依照他去工作。我回想到从前在课堂上读书，算是用功的了。然而现在觉（得）还有些不当。胡适之先生说："读书要四到，除心眼口外，还要用一手，合成四到。"这句话是很对的。我在这学期已是用"四到"的功夫，来做读书的法子。我在课业上的生活，只要一言二语就可说完；不过对于各科学者课上的研究方法，却是不同。比如国文、英文同物理、化学，他研究的方法，就各异了。上国文同英文二课时候，完全用心在教师讲出的和书本上，研究的功夫放在课外。至于

① 郑鑫泉，字振元，江苏无锡人。本校本科第二十九期入学，民国二十年（1931）七月毕业。曾任大中华蚕丝社洛社制种场主任、无锡瑞昌丝厂人事部主任、无锡冷藏库主任。曾留学日本。

化学、物理二课，书本则为一参考罢了，而注重讲的理和试验，推他的理，求他的法。其余的因性质的不同，而研究的功夫就有差异。还有上课时所有不明了的，难记忆的，紧要的东西，就把他写在"剳（通"札"）记"簿上，以备课外的研究。

（二）一昼夜二十四小时，白天只占了十二分之七，而我们上课的时间，实足不过六点钟左右，其余的都是闲暇了。我以前把这宝贵的光阴白白的去了的很多，而不能利用，并以为很短促的时候，不能做一回事。所以很是可惜。在这学期，已经想到非用一个方法利用不可，这个方法就是课外生活。现在且把我现在实行的课外生活，写在下面：

（1）清晨的生活。我每天在六时以前就起身（以后天亮很早，预备在五时以前起身，起身后专习日文、英文），盥洗后，就写大字，至早膳为止。早膳后散步片刻，再预备本日所上的功课。

（2）午后的生活。吃过午膳后，有一小时的休息，我在这时随意的，比如有什么功课没有做完，就乘此做完他。如没有别事，就随意看书。

（3）下午课余的生活。我在下午课余的时候，除有特别事故外，从四时到五时一刻温习本日的功课。一刻到二刻，是在运动场上工作。

（4）晚饭后到寝前的生活。吃了晚饭后，做一刻的校外散步，地点总是在玉带桥和苏堤。并且作晚间的深呼吸，得益不少。回校后到阅报室看报，使识时务。在晚间自修课，我因为恐怕眼睛出毛病，所以晚上不大做功课，至多随意看了一回书，得到些课外常识，在寝前做一片本日的日记。

（5）每课休息时的生活。这些时间本来给我们休息的，所以我在这些时间，常常散步在天井里。

（6）空班上的生活。我们校里在上课时间中，有几时是空的，我在这空班上，不做别事，只是研究中山主义和新文学。

（7）休息日的生活。这休息日包括星期日和星期六下午的，我在星期六下午，是全休息的，若要买东西的时候，就到城里去，没事的时候，就在学校里洗浴和洗自己的内衣和别物。至于星期日，则八时以前和晚六时以后，都是照常。在上午八时以后，完全温习本周的功课；下午饭后作郊外的游行，这半天里完全在校外的生活，也是最快乐的生活。

以上所说的，就是我实行的课外过活情形，然而有时因种种的关系，有破坏这种程式的，更不敢说："年如一日。"

（三）其他的生活，就是衣、食、住三项和其他的，现在也写一写。

衣。这衣服一项，是本来赖于父母的供给。然而我穿的衣服，不求奢华美丽，只要整齐清洁就是了。

食。蚕校里的膳食，不卫生不清洁极了。我问（应为"向"）来有"一箪食，一瓢饮，乐在其中矣"的主张，菜蔬不要太好，只要卫生和有益于身体就够了。但是看了现在的膳食，正是没法想。

住。学校里的校舍很不完全，寝室的房屋也是很陈旧。并且天井里也是很不清洁。对于卫生相差得很远，对于艺术化的生活，更是讲不到。但是我有一种习气——也许是我的好习气，就是什么地方有一种不好看的，或是污秽的，就要过不过去，更是我自己的地方。所以我寝室里的卧床、书桌，总要保持整齐清洁的。

我们学校校舍的位置，是在风景最好的西湖边，走出校门就能领略到西湖全景。这是何等的地方呀！然而校舍地位这样的好，而校园的布置欠适当。校园的布置不好了，似乎在生活上，感觉到一种不快的现象。我的意思，每级应设一个学级园，植些花木。校园中的路上，弄它平来，路旁栽些四季花。于至（似应为"至于"）种种布置，一时不能尽述。若能好好的布置起来，非但在校生活的人，觉得快乐；就是外面人到我们校里来，觉（得）我们校里的精神上、形式上都是很好。

我的志向是要尽我的力去利于他人，现在我是在蚕校里读书，将是拿蚕业来为人类谋幸福，为民族扬荣光。但是这事一人是做不来的，而只有一部分的力量。所以必须要联合了同志，共同来做。现在我在蚕校里读书，可以于此多交些朋友，来进行我们的志愿；并且将来到社会上去，对于交际是很要紧的，所以在未入社会之前，应有相当的练习。

我的蚕校生活，已经大略的发表过了。现在可做一句总结束：就是"看清了我的人生意义，来做我积极的生活"。

五·十四，十六·写于西湖蚕校

（原文刊于《浙江省立蚕桑科职业学校三十周年纪念特刊》，1928 年）

八十年前在母校的回忆录

袁启仁 [1]

我 1921 年 5 月出生于诸暨。7 岁时因父亲在浙江大学文理学院任会计，我随母亲和弟妹迁居杭州读小学、初中。初中将毕业时，我父亲和蚕校老师徐淡人的父亲是同乡、是知己，经徐老推荐，我于 1936 年 7 月考入浙江省立杭州蚕丝学校。

当时，蚕校新校舍在古荡老和山麓（现浙大玉泉校区）。新校舍设备齐全，有新建的办公教育大楼、原蚕种饲育室、新型立缫式缫丝厂和员工宿舍。校长陈石民、教务主任缪祖同、训育主任吴晓初、事务主任何鸿飞，师资队伍优秀。课程有语文、数理化，还有日语（老师周天裕）、栽桑学（老师徐淡人）、养蚕学（老师徐豪放）、制丝学（老师缪祖同）、蚕体病理学（老师刘启周）、蚕体解剖学（老师周仙美）、体育课（老师周汝型）。还有军训课（教官刘之锐），上课时穿军装，佩腰带，绑双腿，肩步枪，还进行实弹打靶。早晨军号一响，迅速起床，把棉被用夹板夹成四方（学生棉被、毯子、枕巾是统一的），起床后集队，由体育老师带队从学校到古荡跑步一大圈，回校进早餐。每年春秋各养蚕一次，从收蚁、饲育、上蔟、结茧、化蛾、产卵，为期一个月制成原蚕种，产卵后的雌蛾要在显微镜下逐个检查有否病毒，如发现有微粒子病，该蛾所产蚕卵即行销毁。所产原种供蚕种厂制成普通蚕种供农民饲养。栽桑学在校园内进行接枝、施肥，培育成碧绿的桑叶供养蚕。制丝学在缫丝厂内进行多车向的技术培训。那时，一片欣欣向荣，感到前途辉煌，满怀着未来的期望。

好景不长，入学一年多，1937 年"七七事变"，抗日战争全面爆发，8 月

---

① 袁启仁，1937 年 7 月考入浙江省立杭州蚕丝职业学校，1940 年 7 月毕业。曾任财政部贸易委员会富华贸易公司业务员，杭州开源丝厂技术科长，浙江省轻工业厅丝绸管理局技术科长、《丝绸》月刊编辑室主任，浙江省丝绸公司绍兴地区分公司领导班子成员、党支部委员，浙江省纺织工程学会常务理事、副秘书长兼科普委员会主任。

13 日，日寇进攻上海。8 月 14 日，日军飞机成群突击杭州，防空警报一响，学生按领导指示疏散隐蔽到老和山上，我们目睹日机疯狂轰炸，我军机升空与日机激战，炸弹爆炸声与机枪扫射声，交织在一起。在激战中看到有飞机被击落，火焰冲地。当时，我们半喜半忧，喜的是我军飞机迎战，忧的是击落飞机敌我不清。事后得知，是我军高志航大队长领航的战机，史无前例首次击落日机 7 架，我军无大损伤。我们兴高采烈地手舞足蹈起来。

1937 年 9 月，日军在杭州湾登陆，杭州连遭轰炸，战火迫近杭州。10 月，学校不得不停学解散。当时学校选择部分年龄较大、身体健壮的学生，由陈石民、缪祖同等老师带领内迁。抗战胜利后，回迁杭州。古荡校舍已被摧毁，只能在黄龙洞复学。我因年龄较小，没有参加内迁，而是随父母避难到诸暨老家。我加入了诸暨流动剧团，宣传抗日救国，后因诸暨连遭轰炸，遂避难到乡下。

1939 年 2 月，接到学校在嵊县甘霖复学的通知，我告别父母去嵊县。校址在距甘霖镇约三华里的显净寺（当时嵊县、新昌等县未沦陷），校长是缪祖同，学生人数，仅有全面抗战前的一半还不到，我的班级在全面抗战前入学时有 30 多人，到甘霖只有 17 人。课程和专业老师没有大变动，但日语由刘启周老师任教，取消了军训课，由于条件限制，没有养蚕和制丝的实习机会。在学一年多，生活非常艰苦，睡的地铺，冬天铺上稻草以取暖，吃的是大锅菜，8 人一桌，基本上是一锅咸菜、豆腐加点肉丝。生活虽艰苦，但意气风发，学习情绪很高涨。

1940 年 7 月毕业时 17 人，养蚕、制丝不分专业，有的同学进入蚕种厂，有的进入丝厂，我分配到当时财政部贸易委员会富华贸易公司浙江分公司嵊县办事处；主营收茧缫丝，缫成生丝出口换汇，支援抗战。到目前止，17 人中已去世 14 人，2 人失联。

上述是 1936 年到 1940 年入学情况，凭记忆写此，如有不当请指正为盼。

（原文由作者提供，2019 年）

回忆浙江省立杭州蚕丝职业学校在嵊县

宋樟香

　　浙江省立蚕丝职业学校在杭州市黄龙洞。1937 年卢沟桥"七七事变"后，日寇侵略中国大举南下，许多大城市的学校纷纷逃难，迁往农村和山区。1939 年夏，蚕校从杭州迁来嵊县，以甘霖镇西南三里的寺前村显净寺为校址，并立即以甘霖小学为报名考试点，招收高中、初中学生两班，每班 50 名，共 100 人。原从杭州来的除老师外，学生有高中二、三级和初中二、三级 4 个班，约 200 人，新学期开学就有了 6 个班，学生约 300 人。校长有两位，一位是新昌西坑人陈石民先生，名基陶，字锡昭，日本东京大学农科毕业，任省蚕丝管理委员会主任，是省议员，在业界最有实权，被誉为"蚕头"，他是外校长，主要分管学生的毕业分配。还有一位内校长，名叫缪祖同先生，宁波人，负责学校管理和学生工作。老师共有二三十位，教务主任刘启周先生、训育主任吴晓初先生、体育主任周汝型先生、农业主任孙百友先生，老师有王完民、袁启仁、袁范夏、沈之善、洪道南、周剑飞等；还有三位女老师，孙虞卿教高中日文，周仙美教生物学，于亦男教体育……这许多先生多数是日本留学回来的，那时，日本是蚕丝业最发达的国家。在学校里学生叫老师都以"先生"相称。那时是国家危难时期，教育学生要爱国，随时准备上前线打日本鬼子，所以学校实行军事化管理，配有一名军事教官，名叫潘大伟，负责学生军事训练，制度十分严格。他带来一个号兵，上课、下课、起床、睡觉都得听吹号指挥，闻号即行，谁也不敢怠慢。

　　我是甘霖镇人，读的是初中班。凡普通中学的功课我们都有，还要学专业知识，有养蚕学、制丝学、栽桑学、解剖蚕体学、屑物整理等，总共有十多种课目，学习非常紧张。开学第一天，先由缪祖同内校长训话，告知学生入学必做到"勤苦"二字，这就是我们学校的校训。除知识课外，每年要到丝厂、蚕场实习，养春秋蚕二期，从孵化开始到制好蚕种，实际操作整个过程，必须一步一步地学会技术。全校学生又分期分批去甘霖镇东十五里的苍岩丝厂实习半个月的缫丝。先生说，学生毕业时要达到丝厂和蚕种场当技术员的水平，高中毕业班当两年技术员可以升任技术主任，初中毕业班当三年技术员可升任技术主任。第三年办了一期速成班，说只能当技术员，没有资格升技术主任。高中部不学英文，读日文，说毕业后可到日本留学。所以，几年的学习很正规，也很紧张。

刚从杭州迁来时，显净寺已破旧，修整后，房子还是不够用，因而立即在寺旁建了三座茅草房，两座当教室，一座为膳厅，中间有一块空地，供学生下课时玩乐。又在寺内填平操场一块，供集合学生升降国旗和校长、主任训话之用。寺外又填平了两处高低不平的荒地作为操场，设有篮球场、排球场、跳高、跳远、跑道等。每周一、四早课前要集体做早操；二、五练长跑，要从学校跑到甘霖，再跑回来，才吃早饭；三、六爬寺前村顶的长蛇山。这些场地是全校师生自己劳动填出来的，大家用脸盆到二里外童家、宋家边的小溪里挖细沙，一盆一盆的捧回来，真是人多力量大，没几天就填好了。每天的伙食是一粥两饭。学生大多是浙西人，诸暨、东阳、新昌人都有，先生杭州人居多。或许是战乱时期，师生都非常团结，但总有一点恐惧感，不知明天会发生什么事。

在显净寺共办学三年，嵊县即将沦陷，学校只得再逃难，由省政府安排迁至缙云壶镇，这时我已三年毕业，后来的事就不知道了。抗日战争胜利后，我曾去过杭州，母校已安然迁回老校址黄龙洞，那是杭州一个风景非常美丽的地方。

我今年已经九十岁了，眼睛时时发花，手也发抖，十年前重修《嵊县志》时，金文渊要我回忆蚕校的情况，我写过一些，交给了他，内容就这些，只有二点要补充：一是学校内还有一个图书馆，有人专门管理，供师生借书阅读；二是学校还有一个医务室，校医是甘霖下街头的陈华三先生，他内外科兼善，对学生关怀备至。

（原文刊于嵊州新闻网文化频道，2013年。原标题为"回忆浙江省立蚕丝职业学校在嵊县"，现标题为作者自拟）

浙江省立杭州蚕丝职业学校在前路村

应　坚 [1]

　　抗日战争期间，浙江省立杭州蚕丝职业学校（浙江理工大学前身），全体师生在陈石民、缪祖同前后两任校长的带领下，携带着教学必备的图书、仪器、教具等，颠沛流离，历尽艰难困苦，历经余杭、临安、桐庐、建德、寿昌、兰溪、汤溪、龙游、新昌、缙云十县，九迁校址，于 1943 年 8 月才抵达前路村，而后复课并招收新生。抗战胜利后，于 1945 年 12 月 2 日复员杭州。在前路村办学，始末为二年零四个月。

　　校舍设在应氏总祠（俗称大祠堂）和应氏己祠（俗称小祠堂）。两座祠堂都是坐东朝西。大祠堂有上、中、下三厅，加南北两厢（楼屋）。小祠堂为一厅，加两厢（平房）。当年学校的布局，大体是：总祠为校部和初蚕部，北厢房底层西端是初秋二班教室；中间和东端，分别为校办公室、图书（室）、仪器室，医务室；南厢房底层：东端为伙房，中、西两间为初秋三和初秋一班的教室。南北厢房的楼层分别为男、女学生和少数教职工宿舍。上厅和中厅为礼堂兼膳厅，下厅建有戏台，便是礼堂的主席台，戏台后壁正中挂孙中山遗像，两侧挂党旗、国旗。

　　己祠为高蚕部校舍。其南侧厢房分别为高秋三和高秋二班教室，北厢房为高秋一班教室和教师休息室，厅堂三间作教学实习场地或其他机动用场。

　　操场设在慕义桥西首、土地庙北边路下的一丘田里。操场上的体育设施有：篮、排球场，有跳高、跳远的沙坑，有木制的单、双杠；跑道是临时用石灰粉弹六条线而构成的。此外，如掷铅球、甩铁饼的场地是临用时布置的。在操场西边，还立有一株木制的升旗杆。

---

① 　应坚，浙江缙云人。本校高级第十七期入学，1948 年 7 月毕业。曾供职于杭州蚕业指导所、临安县农业局。

操场地面铺用的和沙坑里所用的清水沙，都是体育老师带领学生，用洗脸盆作工具，逐步地从漳溪里挖取和搬运回来的。这也可见当年师生们自力更生、艰苦创业的可贵精神。

教职工宿舍，除少数几位管理人员住校外，大多数各自在村里租住民房。当年在我家居住过的先是教栽桑学的陈师颢先生一家四口（师母和一女一儿），后是缪校长一家四口（师母和两个女儿）。

学校每年秋季招收高、初蚕两个班的新生，每班40多名。所以在校生通常为：高蚕部不到百名，初蚕部略多，在百名以上，全校总数在200人左右。

当年，在校教职工约二三十名。教师的素质都很高，多数是早年毕业于本校的先辈校友，有多名是赴日留学归来的优秀学者，都是从事教育工作多年的老教师。我记得到的，教文化课的有：袁藩夏（语文）、陈自周（数学）、花唯一、蒋欣然（初蚕英语并兼任女生指导）等；专业课教师有：刘启周、陈师颢、吕一诚、宋志刚、袁伯康、孙伯友、金铁华，宋衍椒等，体育老师周汝型，初蚕童子军教师孙沂昕，高蚕军训教官，原先是汪德清（姓汪人），1945年新派来一位少校军衔的青年教官——金诚（新登县人），此外还有校医——周鼎西（吴西坑人）。

课程设置，一年级略侧重于文化课，并开设专业基础课，诸如"桑树栽培学""养蚕学"等。二、三年级即侧重于专业课，栽桑方面的有"土壤肥料学""病虫害防治学"；养蚕方面的"蚕体生理学""蚕体病理学""蚕体解剖学"；制丝方面："缫丝工艺学"（原料篇、缫丝篇、煮茧篇、生丝整检与屑物整理篇）、"机械学"；还有综合性的"遗传育种学""气象学"等。同学们都感到学习内容多、任务重。但大家的求知欲望强烈，大家读书都非常勤奋。

抗战时期，专业教科书没有任何一家印刷出版单位愿意印刷出版（因为印数少、成本高），所以各门课程全部由校方刻印讲义。每门专业课的讲义是随着老师讲课的进度逐步印发的，要到期终才能自行汇订成册。1944年秋，本校毕业的周赓超校友，因为他练就一手清秀的硬笔书法，所以毕业后，学校将他留校任职，专事刻写蜡纸，印刷专业课的讲义。

高蚕的军训、初蚕的童子军和体育课是学生必修的重点课目。教育行政当局明文规定：这三门课，任何一门不及格，即不得升级或毕业。

体育是锻炼和提高学生体质的重要课程。虽然由于校址的不断迁移，体育设施简陋，但是周汝型老师千方百计地搞得既紧凑又活跃，除常规教学外，每年根据可能条件，还举办一届春季或秋季运动会。办会时人手不够，把安定中学的徐子行、虞夫亨两位体育老师都请过来帮忙（是协作的，安定中学办会，周老师也会过去帮忙）。通过校运会，校方对体育比赛优胜者颁发奖状，给予表彰和鼓励。另一举措是：设置"体育优胜流动红旗"，组织和发动各班级间开展竞赛，争夺红旗，"红旗"在体育优胜班的教室上方流动悬挂。此外，篮、排球还组织起"校选队"，外出参加校际比赛，例如女篮球校选队，曾多次去壶镇与安定中学校选队进行友谊赛（当年我还在安定初中读书，曾前往观战）。吕佩珉、邢曼珠、丁彩凤、吕文高等，都是当年球艺不错、稍有名气的女球星。

初蚕的童子军、高蚕的军训课，都是为培养学生的集体主义思想和组织纪律性的重要课程，同时也是为抗日和抵御外患培养军事后备力量的举措之一，所以占有重要的教学地位。

负责初蚕童子军课程的孙沂昕先生，很动脑子，除认真做好常规的课堂教学活（动），有时还组织童子军野外露营或操场训练比赛。诸如："一把砍刀，一块硬柴片"生火速度比赛，"十根绳索，打十个绳结"的速度比赛等，以提高学生在特殊环境条件下的生活和生存能力，搞得很活跃，也极大地提高学生的学习兴趣。

高蚕的军训，即更加严格，我们的金诚教官，真可谓是新官上任"三把火"，对军事训练抓着特别紧，寒冬腊月，每日天没亮便吹哨子，让学生起床，限时到操场集合，整队训练，或跑步，或甩手榴弹，或用木制步枪操练擗刺，等等。有时晨练跑步，要爬岭跑到水口殿返回才吃早饭，以提高学生的运动毅力、耐力和军事素质。此外，每年还组织外出长途行军拉练，我亲历过一回远行永康县方岩的行军拉练。记得那次行军跑步时，比我高一班的一位同学——吴美玙因脱水而晕倒在地上，经急救才清醒过来。

1942 年，在壶镇及周边的四所完全中学（金华中学、安定中学、锦堂师范、蚕丝职校），开展过一次动员高中学生报名参加"青年远征军"的活动。热血青年，情绪高涨，纷纷自觉报名参军，如男同学吕乐然、女同学吕文高都曾报名参军。我记得在壶镇安定中学操场还举行了欢送会，欢送一批学生光荣参加"青年远征军"，接兵部队也派来官佐迎接。

学校大型的学生集会、训话活动，多数在操场上，于晨练和升旗仪式后进行，但是，如遇雨天或者某些纪念性集会活动，例如孙中山总理的生忌节日或纪念周活动等，便在总祠的"礼堂"举行，全体师生伫立在总理遗像面前，庄严地唱国歌、背诵总理遗嘱，致默念三分钟、行三鞠躬礼等例行仪式。然后，由校长或训育主任，或值周（日）老师宣讲一些抗日形势之类的信息，或进行德育教育诸内容，等等。

蚕校学生是吃公粮的，故读书的费用较普通中学省得多，同时，毕业后也易于就业。所以，家境经济欠宽裕的青年，都会选择蚕校就读。如我们村，除了我和应淑锦，分别在高、初蚕毕业外，曾在初蚕肄业的还有沈海涵、应传陆、应显通和应宅尚等。

高、初蚕在前路毕业的有四个班、共51人。在前路入学、到杭州毕业的有六个班，共88人。这些毕业生绝大多数从事本专业，为国效力。其中有许多是本业务战线的骨干，曾创造不朽的业绩，并担负重要的职务。例如初级第六期毕业生汪土标（后改士标），解放以来一直在全省产茧量最多的桐乡县任业务负责人，不久便任该县农业局长；又如同班毕业生吕秀岳长期在省科学技术协会任学会部副部长。又如高级第十七期毕业生赵仙昌、应燮高和我都是高级农艺师，并分别在桐庐、上虞、临安县担任业务领导职务。再如同班的杜润熙，从解放军部队转业地方后，曾任温州丝厂等多家工厂的厂长。

其次，我是1945年秋才考入蚕校，在前路只有一个学期。好在我们班从初蚕毕业，再升入高蚕的约有14名同学，几乎占到高一班名额的40%，他们在蚕校就读达六年之久，学校在前路的全过程，他们都是亲历者，所以在我的回忆中，有些内容都是后来与他们日常交谈中积累的。

由于我的年事已高，今年已是92岁高龄老人，耳聋眼花，思维迟钝。上述"回忆"，难免会有谬误，文字上也会有不妥之处。只能供作参考。

（原文由作者提供，2019年）

营地生活片段

几阵西北风像是注射了一枚奎宁针，把几天来阴阴雨雨发着寒热病的老天，一变为天高气爽的清秋。

就在一个健康的早晨，露营的队伍出发了；这不是安闲和享乐的行列，每个人的手中都携带着"衣、食、住、行"的必需品，以及自卫的武器——军棍。看！他们在向奋斗和生存的路上挺进！挺进！

"营地在望了"，是一个茅草过膝的荒场。在每个人兴奋的情绪中泛起了惆怅，这就是我们八年前的原校址吗？

营帐、炊具、被铺……都放在一块，传令股的号声把他们集中在一块。

"你们有感觉到吗？在这一块荒地中就是我们一周生活的处所。在八年前这里是一幢幢高大的房子和宽广的体育场，八年中敌人把我们毁灭得丝毫不存，虽然敌人有枪炮和残酷的手段，但是我们有时间与精神，在我们每一个人的身上都负有复兴古荡母校的责任，大家记住，今天是我们工作开始的第一天。

在工作中我们首先应该记住一句话'这是我应该做的'，不要推诿和躲避。男孩本来比女孩子勇敢些，但这不是一定的原则，希望在我们营地中没有要不得的小姐脾气，不要做女人似的女人，大家通力合作，拿出童子军的小队精神，在很短的时间内来完成我们的生活场所。……"

工作进行得很迅速，在"刷！刷！"的茅刀割草声中，荒场已变为平坦的乐园。保管股分发了每个小队的营帐炊具等，布置股忙着架搭营门，每小队按照指定的处所工作着，在紧张而活泼的空间里，服务股已把旗杆竖立在中央，号音"135"大家在原地立正，望着国旗徐徐上升，哦！这是胜利后古荡第一次国旗的飘扬。

马蹄形的营帐都已架扎完成，接着各小队忙于建筑炊灶、食桌等。爱开玩笑的郑提着一桶水说："喂！韩兰根，看你满身的泥，活像黄龙洞中朱天君菩萨。"

"是啊！正因为上帝是用泥来制造我们男人的，看你一身打得水淋淋，倒没有辜负上帝来创造你们的一番好心。"

"呸！看工作来处罚你。"

每小队都不肯示弱，班超队将炊灶设计成一只"弓"，意理是投笔从戎。轩辕队造成了一个指南车，还有一只飞燕，意思是朝着正确的方向翱翔。白日队制了一个国徽，猎户队是梅花形，旁边还有一个胜利的代表"V"字，来构成大锅小锅、茶壶的安放处所。北斗队的小姐们造了一个"熊猫小姐"。

炊烟缓缓地上升，"大哥哥"充作了火头军，小姐们也被打入厨房，一阵阵的菜香弥漫了整个的营地，这该是多么有意义的生活啊！

司令营传出了"铛铛！铛铛！"的报时锣声，是六时了。警卫股去请示今晚的口令与警卫的分派。十分钟后传令股亦被传入，接着集合的号声响了。

"今天的收获很大，以各位的劳力换来了宝贵的代价。预定的工作都能在规定的时间内完成。从明日开始将举行各项活动和作业，同时希望多多注意布告，但今晚天气很好，正是我们童子军活动最好的时候，我们就来举行一次机警演习，自七时至九时，要遵守规则，切不可犯规。"

天上没有月，只有数不清的星星，担任攻的甲队已出发了，营地中的乙方由中队长带来分派明暗岗位，同时以"Scout"作为口令，大家全神贯注，等待着假敌人的进攻。

"铛铛！铛铛！铛铛！"是报告七时的锣声。营地中已十分静寂，只四周秋虫的鸣声闹得猖狂而无赖。

甲方的口令是"二二五"，他们把人数分成四组，伏在草丛中爬行着。

"啊！他们守得相当严，你看，营地中只看得到几盏摇曳的营灯，和几个固定的岗位，其他的人一定已埋伏了。"

"……"没有回答，因为大家都知道，谈话会被发觉而致失败。

接近警戒线了，他们屏息着气等待机会进攻。

"看，中华的女英雄挺立在前哨！"他又说话了。

半小时后营地中发出"站住，口令！"的喊声，接着一阵喧哗，爱说话而又勇敢的潘因入警戒线而被俘了。

二分钟后又静寂下来，乙方又在等待捕获俘虏，甲方在计划着进攻的方式。

"化装，我想化装一定能成功，"聪明的沈，想出了进攻的方法，"只要伪装成一个农场工人的话。"

大家都无疑地通过了，怂恿着老实的康去走成功的路。

头上戴了一顶笠帽，蓝布衣衫裤，袖管都卷得高高的，脚踏草鞋，左手提两灯，右手挽竹篮，篮中放着一只五磅大的酒瓶，他向着营地走去。

"哪个？"守营者发问了。

"我是农场工人，到街上去买酒去。"

平安地，他穿过了营地，在山谷中他静坐片刻，又缓缓地走回来。

"哪个？"门岗的声音。

"我是农场工人，刚才到街上去买了酒来。"

当进入营地后，他向着司令帐走去。

"站住！"第二道哨兵的命令。

"对不住，我是农工，到司令帐去，有事与孙先生谈。"

在乙方没有怀疑的境地里，他获得了团印而安然再走出警戒线。

"我们胜利了，"一阵哄笑声随着"铛铛！"的九时锣声而结束这次演习。

布告牌上告诉着今天的活动项目——旗语。

早饭后整个营地到处有红白旗帜的飘扬，"长划，短划，串，交……"之声充满耳边，同时还夹杂着"是分站比赛呢？还是个别考验？"的问号。

九时到了，各小队的代表怀着紧张的情绪集合司令营前，当听完了各项应守规则及比赛方式后，由竞赛股领着各代表一站站地分发，警笛声中，旗帜挥动，全营鸦雀无声等候着胜利谁属。

五分钟后，班超、白日二队首以敏捷姿态结束了收发全文，满营掌声雷动，轩辕、猎户、北斗不慌不忙，沉着应战，获得百分之八十正确，竞赛股周、潘二君笑容可掬，持着总记录，跑进钟式营帐，来评定各组成绩。

当警卫股撤销晚间岗位时，起身的号音响了，一天的工作又在等候我们去努力。

因为今天是营地各小队工程、布置等比赛，这是此次露营最重要的中心项目，特地请了几位导师来评判。早饭后各小队长忙着指挥队员整理一切，八时许金教官骑脚踏车首先到达营地，他带给每小队兴奋与紧张的情绪，因为大家知道比赛快开始了。半小时后，在"立正"的口令下，全营目迎校长与刘先生莅临。

营地值日官陈君，将各小队集合在营前，评判开始了。

导师们含着笑，由北斗队开始依次巡视。

"各小队所表现的精神与成绩都很好。"当兼团长走到最后一小队的时候，这样说。

在沉默的空气中，大家注意着导师们的铅笔在评定册上走动，终于猎户队以一分之强，荣获冠军。

新月偷偷地在云层中露出腼腆的脸蛋，秋风玩笑地抚摸着柳枝。营地的夜色格外令人可爱，在静寂的气氛中时时传过来几阵女同学和谐的歌声，服务股胡与郑正忙着将一块柴片在掘了浅洞的土上架起井字的形状。

八时整，营火开始了，火光熊熊，营地中顿时又热闹起来，这是此次露营的最后的一个活动项目。农场主任孙先生以幽默的姿态出现在会场时，更增多了同学不少兴趣，在余兴中他拿了三条军棍，缚成一个人形，抱扶着，扭扭捏捏地跳起舞来，惹得满场都笑痛肚子。猎户队的"苦学贫儿"表演得相当真切，白日队雄壮的歌声响彻了老河（应为"和"）山谷，每个人的脸上都挂着微笑，忘却了几日来的疲劳。最后是工作检讨，孙教练将每天的作业和活动，一项项地分析，有圆满的，也有缺憾的，他希冀在不久的将来获得更大的效果，在今天不过是播下了健康的种子。

第六天的早晨，在各小队破坏工作完了后，营地又为一片荒场，大家依恋地望着它，好像有许多难言惜别的话，希望在明年的秋天，营帐变成了一幢幢洋房，让我们时刻在你的怀抱中生活着。

附：营地作业或活动表

时 间		项 目
一	上午	架搭营帐、营门、旗杆，建造炊灶、食桌
	下午	掘营沟，整理营地，欢呼会
二	上午	建造实物架，及时规工作计划
	下午	剥制标本，爬山，机警演习
三	上午	方位旅行测量、制图
	下午	休息，侦察假案，昏夜寻路
四	上午	旗语比赛，救护演习
	下午	野跑，炊事比赛，星象观察
五	上午	整理营地，工程、布置比赛
	下午	军步演习，劳动服务，音乐会
六	上午	招待会，营地检阅
	下午	摄影旅行，营火大会，工作检讨

营地各股干事名单

警卫股：章德利　姚宏勋

康乐股：郑　健　杨敏铮

服务股：胡介泓　郑建康

竞赛股：周鹤龄　潘绍玉

事务股：陈映春　郑　健（兼）

招待股：胡华英　胡紫芬

布置股：陈映春（兼）　沈剑霞（兼）

摄影股：姚殴华　郑　健（兼）

通讯股：张志林　郑建康（兼）

传令股：叶桂花　陈肃英

保管股：程嘉飞　徐美玉

欢呼股：居镜如　应传隆

文书股：沈剑霞

（原文刊于《浙江省立杭州蚕丝职业学校校刊》复刊第 1 期，1947 年）

越野赛跑记实

周汝型 [1]

　　轰动全校的越野赛跑，以秋雨连绵，一延再延，终于在北风凛冽，晦明不雨的初冬，十二月十九日下午，全体师生，本着大无畏的精神，举行完毕。

　　时届十二，集合号音，传令整队，缪校长含笑莅场，略致训词，命令出发，煞（通"霎"）时金鼓齐奏，大队人马，向竞赛目标——岳坟前进，浩浩荡荡，备极严壮，允称劲军。抵岳坟，解散休息，预赛健儿，分别准备，司令报告各组比赛程序及路线毕，即行开始。第一场为女子初中组，参加二十一人，由岳坟——三桥折回，计程二千五百公尺。第二场为女子高中组，参加十一人，由岳坟——循白堤——经里西湖一周，计程三千五百公尺。第三场为男子初中组，多（应为"参"）加二十四人，由岳坟——沿六桥——达净寺折回，计程五千三百公尺。第四场为男子高中组，参加二十一人，由岳坟环西湖一周，计程八千余公尺。各组竞赛，均极紧张，成绩也称满意，尤以各组赛员，皆能贯彻始终，实为难能可贵，兹将各组锦标队、个人优胜前三名成绩，报导于后。

级队锦标

　　男子高中组高秋三年级得八分

　　男子初中组初秋三年级得八分

　　女子高中组高春一年级得十三分

　　女子初中组初春一年级得十分

---

[1]　周汝型，毕业于上海东亚体专、训练总监部国民体育学校速成班。曾任嵊县中学体育主任，本校体育主任。

各组冠军

成绩——前三名

男子高中组：第一名吴美玙（高秋三）成绩四十三分十一秒，第二名张绥明（高秋一），第三名黄昌福（高秋三）。

男子初中组：第一名项德坚（初秋三）成绩二十八分三十九秒，第二名沈子端（初秋三），第三名潘金声（初秋二）。

女子高中组：第一名花典兰（高秋三）成绩二十三分六秒，第二名莫洁梧（高秋一），第三名韩希恒（高春一）。

女子初中组：第一名陈毓芳（初秋二）成绩十三分二十七秒，第二名居镜如（初春一），第三名柴宝珠（初春一）。

按本校体育，战前素负盛誉，尤以长跑一项，执全浙之牛耳，凡达五年。复员来校，校舍被毁，寄居寺院，体育方面，经费竭蹶，各种条件，不能配合，困难丛错，殊少发展。现在复兴在望，期在三年以内，奠基古荡，竭我绵薄，重振体育，此吾之大愿焉。

（原文刊于《浙江省立杭州蚕丝职业学校校刊》复刊第 1 期，1947 年）

解放前"蚕校"的学生运动

董敏之 [1]

　　解放前,省立杭州蚕丝职业学校的学生运动在地下党和以浙大为中心的浙江学联的领导下,和全市大中院校一起,进行过一系列游行示威斗争,锻炼和培养了一支生气勃勃的学生队伍。

　　一九四七年五、六月间,在杭州全市范围内掀起了一场轰轰烈烈的反内战、反饥饿、反迫害的学生革命运动,特别是这年十月二十九日浙江大学学生会主席于子三被国民党反动派杀害以后,全市学生纷纷进行了罢课、游行、抗议、声援浙大学生的正义斗争,到四八年一月出殡时,运动已推向高潮。按照分片活动的原则,"蚕校""杭工""高商""高医" [2] 一起行动。记得当时部署罢课、游行是在"杭工"的一间教室里开会研究的。罢课三天以后,上述四个学校的校长在湖滨"高医"的一间会议室里和我们学生代表进行谈判,校长中有"蚕校"的缪祖同、"杭工"的陈庆堂等。我们提出的条件是,必须严惩镇压学生运动的刽子手,还我言论、集会、游行、出版刊物的自由等。伪教育厅因屈于舆论压力,表示接受谈判条件,但过后,对出版刊物等自由,反而变本加厉地进行控制。

　　蚕校学生自治会为了进一步团结更多的师生参加斗争行列,除了积极办好"民主墙报",用活生生的事例揭露反动派的黑暗统治,学艺部还组织成立了"白涛"学术研究社,下设文艺、社会科学、外国语学等三个组,一般每隔一天开展一次活动。如文艺组以"白涛"学术研究社为阵地,办好"白涛"半月刊,广泛发动同学们写稿、投稿,有的在校刊发表,有的在"民主墙报"刊登,

---

① 董敏之,1949年7月毕业于本校高级制丝科第十九期,在校曾任学生会主席,曾任浙江省轻工业厅副处级巡视员。
② 杭工、高商、高医即杭州工业学校、杭州商业学校、杭州护士学校。

形成了一股声势浩大的舆论力量，有力地配合了当时的学生运动。当时"杭师"的地下党同志还经常为刊物提供稿件，并以我的笔名发表。在校刊上我还撰文介绍过"白毛女"剧本，反响较大。

为了配合形势，学艺部的剧咏团经常教唱一些进步歌曲，并且还自己凑钱刻写印刷过一本名为《山那边》的歌曲选编小册子，以后这就成了一份迎接解放的礼物。剧团还演出大型讽刺剧"黄金潮"，揭露反动当局政治经济崩溃的丑状。

一九四八年国民党对学生运动的镇压更加疯狂，"民主墙报""白涛"半月刊等相继勒令停刊，白色恐怖笼罩全市，我当时作为学生会主席兼文艺部长和"白涛"社长，也以所谓违反校规进行宣传鼓动的罪名，受到记大过处理。

一九四九年的春天，杭城一片兵荒马乱，人们可以清楚地看到，反动派已彻底败退。为了迎接解放，我们成立了护校团，日夜值班巡逻，维持学校秩序，保护好学校的设备财产，保护好师生的安全。难忘的五月三日，我们全校师生集中在学校大门口，列队迎接大军进城，欢呼杭州解放。

（原文刊于《浙江省绍兴市农业学校建校九十周年纪念册》，1987 年）

校友工作

浙江省立甲种蚕业学校校友会缘起

徐忠国 [1]

个人之思想简单，合之则周密。个人之才力薄弱，集之则优厚。欲谋学术事业之进步，必由团体之集合，无古今中外一也，况本校系研究蚕业。

蚕业者，实业中之本务，中华之特产也。不啻英之铁、美之棉，为国家之绝大富源。本校欲开辟此绝大之富源，非藉群策群力，无以收其效。故校长及教职员谋设是会以联合在校同人，及已毕业诸同志，各输其思想才力，以图斯业之振兴，其所益非浅鲜也。

勿谓藐藐微虫，研究之范围本隘；须知纤纤细缕，国家之命脉所维。缅桑土既蚕之绩，而知夏之所以兴；诵休其蚕织之诗，而知周之所由败。其关系为何如哉？盖蚕丝为我中华国产，值今竞讲外国贸易之秋，蚕丝尤商战之利器，衡之往昔，尤宜注重。彼日本区区四岛耳，徒以上下一致，锐意改良，制丝养蚕，著著进步。据明治四十二年之报告，其生丝输出额，殆占我国输出总额之半。我国为蚕业发轫之地，蚕业要素，占世界最优等之地位，从事改良，事半加（似为"功"）倍；加以十五倍日本之土地，八倍日本之人民而计算之，岂非此现时输出总额，应增加七八倍而有余裕乎？于是人民之生计充裕，国家之财政亦较圆活，即谓教育可因此而兴，军备可因此而振，其他种种实业之提倡发达，均因此蠕蠕者之是赖亦无不可也。

校友会乎，校友会乎，斯业之进步，其利益为何如乎？欲斯业之进步，其责任为何如乎？且经营一种事业，必先考斯业之性质。若我蚕业，性质尤为特别，种桑养蚕，带有农业性质也；制造生丝，整理屑物，带有工业之性质也；贩卖生茧、生丝、蚕种，又具商业之性质也。且与兹神灵产物为劲敌者，有微粒子病、脓病等之病原微生物，硬化病、软化病之病原菌族；故吾辈之业

---

① 徐忠国，即徐淡人。

蚕学者，又须牺牲其脑力，与幺麽丑类，起绝大之战争，是又必须具军人之毅力决心而后可。一业而具四性，苟非济济多士，协力同心，共图进步，其奚以成厥功。是则本会之组织，有亟不容缓者矣。

忠国，校友会之一分子，志其缘起若此，愿与诸君共勉云尔。

（原文刊于《浙江省立甲种蚕业学校校友会杂志》第 1 期，1918 年。文章原标题为"校友会缘起"，现标题为作者自拟）

浙江省立甲种蚕业学校校友会会章

第一章　总　纲

第一条　本会以修养品性、研究学术、锻炼身体、发扬校风、敦睦友谊为宗旨。

第二条　本会为本校教职员及学生全体所组织，故定名为浙江省立甲种蚕业学校校友会。

第三条　本会附设于本校。

第二章　会　员

第四条　本会会员分为二种：

一、甲种会员。现在本校之教职员及学生充之。

二、乙种会员。曾在本校之教职员及毕业生充之。但肄业生之因事故告退者，得为本会会友。

第三章　事　务

第五条　本会事务分为四部：

一编辑部，二图书部，三运动部，四讲演部（各部细则另定）。

第四章　职　员

第六条　本会职员分为二部：

一、干事部

会长一人，由本校校长任之。

干事长一人，由甲种会员中公举之。

主任会计一人，由会长于甲种会员中推举之。

干事员六人，庶务、书记、会计各二人，由甲种会员中公举之。

部长（各部一人）于甲种会员中公举之。

部正（各部每级一人）由学生分级公举之。

二、评议部

评议长一人，于甲种会员中公举之。

评议员十五人，于教职员中公举五人，于学生中每级举出二人。

第五章　职务及任期

第七条　会长总理本会一切事务。干事长商承会长执行会务。部长掌理本部事务。部正协助部长，襄理部务。干事员承会长、干事长之命，分掌本会庶务、会计、书记事务。评议长及评议员评议本会事务。

第八条　职员之任期，除会长永以校长兼任外，其余均以一年为任期，得连举连任。

第六章　开会及会期

第九条　本会每年开大会二次，于春秋二季举行，报告会务、选举职员及提议会中兴革事宜。但有特别事故，得开临时会，由会长召集。

全体职员会、各部职员会及评议会，无定期。有应集商事件时，得由会长及各部长，随时召集开会。开大会时，各会员如有提议事件，须于开会前提出意见书，由会长于开会时付议。

本会议事有出席员半数以上认可者为取决，但非得甲种会员半数以上出席，不得开会。

凡会员非有特别事故，均须到会。

第七章　经　费

第十条　本会经费计开如下：

一、基本捐。每会员一元，入会时缴入（此款非有特别事故经大会通过者，不得支用）。

二、经常捐。凡现在本校教职员，每月捐薪二百分之一，凡现在本校学生，每年捐洋一元，分二期缴纳。

三、补助款。凡学期开始迟到学生之扣膳，均由校中汇总拨助本会。

四、特别捐。有特别事故发生，常款不敷用时，得开会议决向会员募集。

五、名誉捐。有特别捐助本会经费者，本会公推为名誉员。

第十一条 本会会员所有应纳之会费，均由主任会计征收存贮。

第十二条 本会经费之支配：

一、基本金。每年提取十分之三，津贴三年级生为修学旅行费；十分之一，津贴补习科生为修学旅行费。

二、经常及补助款。定编辑、图书、运动三部，各支十分之三，讲演部支百分之五，预备费百分之五。

第十三条 本会以学年为会计年度，以上年度之收入为下年度之支出，所有决算、预算均于秋季开大会时报告议决。

第八章 规 约

第十四条 本会定规约如下：

一、通守规约

（一）恪守会章。

（二）维持秩序。

（三）爱重名誉。

（四）互相规劝。

二、议事规约

（一）遇有选举或公决事件，均以投票或起立多数为标准。

（二）凡有益于校友会者，方准协议。

（三）凡开会时均可发表个人意见，惟既经公众决定，不得复行争执。

三、执行规约

（一）各职员经公举后，须力负责任。

（二）各部员经认定部务后，须协力研究进行。

第九章 附 则

第十五条 本章程如有未备，得于开大会时提议修改，以臻完善。

一、评议部细则

（一）本部以协助会务进行、议论持平为宗旨。

（二）本部议员人数及选举法，均依会章定之。

（三）部长主持全部事务，凡有评议事件，均由部长通告召集之。

（四）评议员共同评议会务，须依次讨论，不得争执意见。

（五）本部设书记二人、庶务一人，由部长于评议员中推定之。书记担任记录、报告及信件各事，庶务任部中杂务。

（六）议事范围以会长交议及会员四分之一以上之请议者为限。

（七）评议事件须全体议员三分之二以上出席者，方能开会。但非经出席员三分之二以上之认可，不能发生效力。

（八）开会不定次数，如有交议及请议事件，即行开会议决之。

（九）本部议决之事件，如会长以为尚未完善，可书明理由再交复议，并可由会长或各部长于本部开会时出席讨论，但无议决权。

（十）本部对于会中办理有疑问之事，得由本部员二分之一以上署名，提出质问书，请求会长答复。

（十一）会议时间由部长临时酌定之。

（十二）会议场所以本校教室充之，由部长临时指定。

（十三）本细则由大会通过施行。

二、图书部细则

（一）本部以增益智识、修养品行为宗旨。

（二）本部经费照校友会会章拨用。

（三）本部职员设部长一人、部正五人，照校友会章程公举之。

（四）本部部长主持本部一切事务，本部部正任编纂图书目录、记载部务及图书之购办整理贷借诸事务。

（五）本部职员之任期依校友会章程定之。

（六）本部所备图书，凡属本会会员，均得借阅，惟各宜爱惜保重，如有污损及遗失等事，应责令本人赔偿。

（七）本部购置图书，须关于蚕丝业及有益于心身者。

（八）本部购置图书及他之品物时，由部长与部正拟就草单，呈请会长核定后，交部正购办。

（九）本部图书目录编号牌示，以便借书时之查对。

（十）本部备有借书证，凡欲借阅图书者，须于发书前二日，填写书目，交与部正。如一种图书同时有数人借贷，则以抽签法定之。

（十一）借缴回数定一月二次，于每月朔望举行，缴书时期则于发书二日前交还，不得逾限。

（十二）借阅图书每人先定一种，但杂志、丛书等则限定二册。

（十三）各级部正集各借书证，协同部长于图书室对照目录之号次，领取图书即载入收付簿，而部正再于簿上盖印以重责任。

（十四）各级部正将领得之图书，即照借证上之姓名发给；同时即令该借书人填取收据，以备存查，于图书缴回日发还。逾期不缴者，凭据索取。

（十五）借阅者若遇寒暑假及他事故出校时，即使贷借日期未满，须将所借阅之图书先期缴交同级之部正，以便收藏而资整理；若不自行缴还或逾期不缴，则该级部正应向索取，以重责任。

（十六）各部正收回之图书，宜即协同部长收藏于图书室，于收付簿上注明，以免舛误。

（十七）本细则经本会评议会通过施行，如有增删之处，得随时提交评议会修改。

三、讲演部细则

（一）本部以研究学术、练习辩才为宗旨。

（二）本部由本校校友会会员愿入本部者组织之。

（三）本部开会场所借用本校讲堂。

（四）本部部员须负宣讲之责，由部长商承会长派往各处演讲。

（五）本部设部长一人、部正五人，按照校友会章程定之。由部长于部正中，推定庶务二人、会计一人、书记二人，分任职务。

（六）本部各职员之任期，照校友会章程，以一年为限。

（七）部长主持本部一切事务，并评定讲演员辩论之优劣，以及校正命题；书记记录部务及演辞，并部长之评语；庶务掌开会演讲时之布置筹备，及一切杂务。

（八）本部分国语演讲与雄辩二种。国语演讲每月举行二次，于第二、第四各星期四下午四时后行之；雄辩每月举行一次，于第三星期下午四时行之，其题由部长先一星期宣布之。

（九）讲演员所讲之演题，以不涉于政治及本校之校务为限。

（十）开会时演讲雄辩次序由部长定之。

（十一）开会之秩序：

1. 开会时由部长主席，书记报告缺席之部员，凡出席演讲者均由部长预先排定班次，演讲时须谨守秩序、和平讨论，不得喧闹争执。

2. 本部部员均须到会，并不得擅自离席。如有不得已事故，须陈明部长许可，方准离席。

3. 凡本会会员均可入场旁听。

4. 开会闭会均须由部长指示。

（十二）本部有商议事件时，由部长临时召集本部职员开会酌议。

（十三）本部经费照校友会章程所定拨用。

（十四）本部于任期终时，择成绩之优者奖之，以资鼓励，其奖金由本部项下支取。

（十五）本细则由评议会通过施行，如有须增删修改之处，得提出于评议会修正。

四、编辑部细则

（一）本部以研究学术、交换智识、改良蚕业为宗旨。

（二）本部由全体会员组织之。

（三）本部经费照校友会章程支配拨用。

（四）本部每年出蚕业杂志三期，校友会杂志一期。

（五）本部设部长一人、部正五人、编辑主任一人、编辑员十人，除部正由各级公举外，余皆由部长推举之。

（六）本部干事员由部长于部正中推选，书记二人、会计一人、庶务二人，分任事务。

（七）本部职员之职务：

部长主持校阅文稿，编辑征文及本部一切事务。

书记掌誊稿、记录、校对及往来函件诸事务。

会计掌本部经费之收支。

庶务掌收稿、付印、分送、保管诸事务。

编辑主任掌管编辑事务，及汇集全体文稿。

编辑员任编辑事务。

（八）本部有事须集议时，由部长临时召集开会。

（九）凡本会会员皆有投稿于本部之责，惟投稿时须注明下列各项：

1. 来稿须誊写清楚，自点句读。

2. 须填写真姓名及通信处，如愿用别号者，亦须注明真名。

3. 会员投稿先交本部庶务，并由庶务员记入投稿名簿，以备稽查。

4. 编辑稿须在印刷期一月以前缴齐，征文题不在此限，由部长随时定之。

（十）每期杂志，凡甲种会员每人各赠一部，其他特别投稿者经登载后，赠以本期杂志。

（十一）本部因经费支绌，每期杂志除分赠外，由各会员担任销售，以资挹注。

（十二）本部会友任期将终时，核计各人著作之多寡与优劣，酌量赠奖，以资鼓励，其经费由本部项下开支。

（十三）本细则由评议会通过施行，如有须增删修改之处，仍得提出，于评议会议决修正。

五、运动部细则

（一）本部以强健体格、活泼精神为宗旨。

（二）本部由校友会会员认入本部者组织之。

（三）本部设赛球、赛跑及抛掷超距等运动，以图普及，其运动次序由部长酌定之。

（四）本部经费照校友会章程拨用，如不敷时，得向部员临时募集之。

（五）本部设部长一人、部正五人，照校友会章程公举之，其任期亦照校友会章程一年为一任。

（六）部长掌理本部一切事务。由部长于部正中推定正副干事各一人，协助部长执行部务，其余部正亦由部长推定，分掌庶务、会计、书记各事务。

（七）凡练习各种之运动时，应照各种运动规则行之。

（八）凡运动时，不得以偶然细故遽起争端，并不得以个人意见而碍全体。

（九）本部每月比赛一次，由评判员评定分数，于任期将满时由部长汇算分数，酌量奖之，其经费由本部项下开支。

（十）本部细则由评议会通过施行，如有修改，仍须提出于评议会议决。

（原文刊于《浙江省立甲种蚕业学校校友会杂志》第 1 期，1918 年）

天下事以艰难而成

朱显邦[1]

天下事以艰难而成，轻易而败者，征之已事，往往而然。

本校始名蚕学馆，创于戊戌之春，由林公迪臣、邵公伯纲，规画肇造焉。吾国之有蚕业教育，以此为嚆矢，至今垂廿稔矣。毕业生之就聘各处者，先后达十七行省，而各省学生之来校就学者如之，可谓效及全国矣。然一溯夫艰难缔造，以及历来办理维持者之苦心，读本校沿革记，乃知其详。

岁癸丑，校中同人，以校友散处全国，而校中诸友，亦应联络以交换智识，则校友会尚焉，因相与拟订章程，开会讨论，卒以不得当而止。丙辰之秋，余以斯会关于校友之精神结合，裨益非尠（通"鲜"），复提议组织，经数次而成。忽忽二年，其中图书、讲演、运动各部，次第略具端倪。甚矣，成事之非易也。今编辑一部，亦积稿盈箧，而诸友不自满假，未敢自以为是，掉以轻心，遽灾梨枣，其用意良郑重矣。

顾吾窃有说焉，天下之事理无穷，即吾人之思想，亦与之无穷。有今以为是而后以为非者矣，有此以为是而彼以为非者矣。既是非之无定，亦惟归于诚而不忽，以靳求吾力之所能至焉而已。吾既不敢处以轻忽简易之心，诚求其吾之所谓是者，而尚有非焉。则留以研求，再图进境，此盈科后进之意，亦即不自满假之初衷也。校友会之杂志，原取以发表校友之心得，以证现在之进境，文不取乎高深，理不关乎奥赜，惟各能以慎重之心出之，以求吾之所谓是焉，则付之剞劂，未始不可。且伐木求友，他山借石，以己之未知，求世之知者以告我，以己之未能，求世之能者以教我。我非先有以自表，则人之欲告以

<hr>

[1] 朱显邦，字文园，浙江缙云人。本校本科第六期入学，光绪三十一年六月毕业。毕业后留学日本，回国历任本校教员及本省缫丝传习所所长、本校校长、海盐蚕业改良场场长、女子蚕业讲习所教务主任及烟台蚕丝学校、芜湖第二农校等处蚕科主任、普利蚕种场经理。

知，欲教以能者，亦无由人，必待辞精理确，数易稿而始问世焉。此他日闭户著书，名山之业也。吾会杂志之旨，本以商量旧学，瀹发新知，以就正有道也，似可不拘于此。然仍不可掉以轻心，而以为易，必其难其慎，以求吾之所谓是焉。而有所非者，以待当世之教正，则庶几切磋琢磨，而日进于高明欤。

因杂志第一期之成也，遂书其缘起以为之序。

（原文刊于《浙江省立甲种蚕业学校校友会杂志》第 1 期，1918 年。文章原标题为"序言一"，该标题为作者自拟）

浙江蚕业学校校友会杂志序

齐耀珊 [1]

浙江为古扬州之域，厥篚织贝，详于禹贡，蚕桑之利，由来旧（似为"久"）矣。只因世其业者，自封固步，罔知改良，以致固有利源，渐为外人所夺，至可惜也。

自前清林公迪臣来守杭郡，创设蚕学馆于西湖之金沙港，选高材生肄业其中，于是学有专门，艺无止境。诸生之毕业于是校者，本所师承，转相授受，足迹遍十七省，成绩优美，为全国先路之导。今在校同人，复有校友会之设，月刊杂志一册，商量旧学，瀹发新知，甚盛事也。

夫为学之道，专力方可致精，集思乃能广益。近今物质文明日臻发达，尤非萃千百人心思才力，极深研究，无以辟新机而谋进步。校内诸生历年毕业以后，散处四方，情隔意暌，实足为研究学问之障碍。今有学会以联络情谊，有杂志以牗启见闻，庶几告友声丁许，千里一堂，以日进于专精不难矣。

兹当该会首期杂志发刊之期，余见诸生敦重本业，合力求学，有合于古人以文会友之义也，爰志数语而归之。

（原文刊于《浙江省立甲种蚕业学校校友会杂志》第 2 期，1919 年）

---

[1]　齐耀珊，字照岩，山东昌邑人。1917—1920 年间，任浙江省省长。

母校校友会四川分会成立感言

李国宪 [1]

二十六年冬，倭寇逼抵京江，仓惶出走，经汉皋入川，以内子病，寓居北温泉之农庄。时在二十七年一月之中旬，同学郑鑫泉来访，谈及母校旅川同学状况，颇有所感，乃分函相招，或传语约晤。于三月上旬，集同学郑鑫泉、李明、杨若兰、罗亚欧、王玉行及宪等于新都□家桥郑寓，商讨吾浙蚕旅川同学会之期成办法，当推鑫泉、亚欧负责筹备，并拟有简则一份，及征求旅川校友通告一则。旬后，宪走关中，亚欧不知去向，由鑫泉独任其事。及宪回新都，榴花已过，溽暑蒸人。时业师朱新予由海上来，朱师系宪十余年来之老上司，乱离时不及谋面，当有陈述承办之事，未免烦忙。无何，秋风吹动，鑫泉顿赋兴□，骊歌一曲，各自天涯，同学会竟无人负其责矣！

二十八年一月，宪承乏川东蚕业推广区，同事中有母校同学多人，亦欣亦憾。所欣者：以同学而为同事，甘苦与共，休戚相关，尤于离乱中得之，心神俱慰。所憾者：全川同学，无一组织，而当时又不悉母校所在，断梗之蓬，游离可慨！入夏，宪别战后新兴繁荣之北碚，风景幽丽之温泉，飞滇从朱师，与川中同学相隔二千里矣。

今春因公至迤西宝川县，晤同学周绍模，道及四川同学会筹设之经过，并悉周师天裕为之主持。当时航函周师，略陈微见，承周师以会章及征询表等随时见寄，均经一一奉复。倾周师又命宪为□刊通讯录，师命不可违，又为分内事，见散沙凝为膏石，集众志以成城，欢欣鼓舞，乐不可抑。固为执笔述所感：

盖我浙蚕有四十余年之历史，毕业同学千余人，足迹遍全国，若能择各

---

① 李国宪，字显青，浙江萧山人。本校本科第二十六期入学，民国十七年（1928）七月毕业。曾任本校助手，后留学日本。曾任中国合众蚕丝改良会推广部驻锡办事处主任，兼女子蚕校校务主任。

中心地点，以组织同学分会，以母校为核心，以渝会为西南分会，互通声气，互相扶持，则会务进履必速，同学借助定多。然事在人为，决非偶然。默察今日我国有数之学校，负有光荣之校誉，其毕业生之在社会占有重要地位者，事非一朝一夕，或依附某种权势而幸获之；要皆学校之精神，寓于学生之事业中，而学生服务之荣誉，与事业之成就，亦即为学校真实精神之表现。

今母校偏处浙东，经费□绌，其校务之进行必难。目睹战后迁地学校，教师不能固定，设备不能完善，即普通参考书，亦感缺如；毕业学生，实科之经验不足，学科之精奥未明，宪辄深叹中国教育退后十年。母校诸师长于艰难困苦中，竭诚维护，已为全体同学共所感戴，更望进（似为"精"）益求精，百尺竿头，再进一步。对于学生除学术科严格督教外，尤须精神贯注其刻苦耐劳之习气，与舍己为群之美德，而于毕业同学感情之联络，与服务指导更更不可忽视。

吾侪毕业同学今日所处之地位，以时势所趋，艰困信甚。有因国际现势，对本业发生怀疑者；有以环境刺激，不能安心服务者；有感所处职位不若往昔而无兴趣者。因各有其苦衷，然非大时代职业青年应有之态度，而于持重镇静如少□□。宪意欲求团体有光荣，个人必须自力更生，守住自己岗位，然后始可以精神的召致，定力的援助与他人，裨益于团体。故凡我浙蚕同学之爱护同学会者，务必以本身为开端，力行力学于艰苦困难中，得其宝贵之经验；若此则基本全健，上层建筑可尚高□宏伟，再进而求各同学学术之探讨，事业之合作，先进者对于后来同学之□□，职高位重者，对一般同学之提携，始可表里沟通，上下一贯，质量兼重，而无庇□。

须经暴风雨而我浙蚕同学，可兀立不动，使校风永长，会誉日隆。我浙蚕校友，晋疆无止！

一九四〇年七月二五日　于云南祥云县

（原文见浙江省档案馆馆藏档案"浙江省立杭州蚕丝职业学校　卷宗 L032-000-0660"，1940 年）

献给校友们

蔡永龄 [1]

校友们：

蚕丝为我国重要外销物资，亦为江南农村经济之命脉，关系国计民生，至为巨大。据战前海关贸易统计，平均每年生丝输出，占出口商品总值百分之十四强，历居第一位，藉以换取外汇，抵补同时进口总值百分之十以上，在国际经济地位之重要，概可想见。溯自全面抗战军兴，东南各重要蚕区，相继沦陷，备受日伪摧残，固有基础，十去六七。胜利以还，政府鉴蚕丝之重要，攸关建国大计，不容或缓，乃设立经营管理机构，促其迅速复兴。惟经悠长八载之摧毁，元气大伤，一时恢复，自非易事；加以国内烽火未熄，物价工资日趋高昂，成本增重，而丝价不振，本年生丝输出，日渐减少。外瞻国际市场，日本因迅速恢复，已仍占第一，意大利亦急起赶占第二，我国业已退居第三。回顾国内，蚕农惨遭亏折，隐痛在心，视为畏途，丝厂亦家家折本而摇摇欲坠。目前蚕丝业，已面临绝域，朝难保夕，亟须乘此一息尚存之际，力谋振作，以救垂危。此艰巨之仔肩，自应由蚕丝界同人负荷，固属责无旁贷。

校友们！吾人母校，是蚕丝业之大本营，具五十余年光荣之历史，校友俱为蚕丝界中坚分子。吾人自宜为蚕丝之先锋，负起当前使命。吾人之精神必须团结一致，整齐步伐，统一阵线，遵循苦干、硬干、实干之方针，携手迈进，以复兴蚕业而发扬母校之光！

（原文刊于《浙江省立杭州蚕丝职业学校校刊》复刊第 1 期，1947 年）

---

[1] 蔡永龄，浙江黄岩人。本校高中第二期入学，民国二十一年（1932）七月毕业。后留学日本。曾任苏州农业学校蚕科技术暨实习指导。

浙江省立杭州蚕丝职业学校三十五年度第一学期秋季校友会第一次理监事联席会会议记录

地　　点：杭州黄龙洞本校

时　　间：三十五年十一月二十五日下午一时

出席者：朱文园　刘启周　朱新予　周天裕　徐淡人　周汝型　缪祖同　陈师颢　孙伯友

列席者：何鸿飞　花唯一

主　　席：缪祖同

一、行礼如仪

二、报告

报告大会选举情形，及应推举理事长及常务理事、常务监事名额

三、选举

（一）推举常务理事及常务监事及理事长：推举缪祖同、朱新予、周天裕三理事为常务理事，朱文园监事为常务监事，并由常务理事公推缪祖同理事为理事长。

（二）推举各部主任：推举孙伯友、周汝型先生为总务部主任，蒋师琦、陈师颢先生为研究部主任，徐淡人、包超先生为推广部主任。

四、讨论

（一）拟编印校友录，以资联络案

决议：通过；限本年年底印竣。

（二）拟定期编印校友会刊案

决议：通过；每半年刊印一期，赓续前校友会刊，于本学期复刊。

（三）校友服务较多地点，拟聘定地方干事，以扩展会务案

决议：通过；先聘定各地干事如下，以后视各地需要续聘之。

嘉兴：胡瑞芳；上海：章步青；无锡：叶青之；苏州：邵申培；安徽：吴廓民；台湾：陆椒孕；云南：李国宪；贵州：叶绥之；四川：杨松庭。

（四）本会经费应若何筹集案

决议：1. 依照大会议决，收取常年经费；

2. 依照同学录、校友会刊成本，向校友征收之。

（五）本会拟在城内设通讯处，以资联络案

决议：暂借蚕种业同业公会为本会通讯处，并请徐理事淡人向该会洽定之。

（六）拟由本会负责修理林太守墓，以表追念先哲案

决议：通过。

五、散会

主席：缪祖同

记录：何鸿飞

（原文刊于《浙江省立杭州蚕丝职业学校校刊》复刊第 1 期，1947 年）

办学影响

四十年学校之见闻

钟毓龙 [①]

杭州学校，创始自太守林公。公名启，字迪臣，福建侯官县人，以清光绪丙申年来守杭州，时当甲午败后，士子犹沉溺于试帖八股。公下车，即就东城讲舍 [②]，以策论课士，首题曰"兴亚策"，次题曰"诸葛公可谓名士论"。擢章太炎先生第一 [③]，与其下邵伯绸等七人延至署。谈宴竟日，爱才如此。其时庸翁年十七，掇取《校邠庐抗议》《盛世危言》等书，拉杂数千言以完卷，公以为能留心时事，亦予奖金 [④]，颇以自奋。

次年丁酉，遂创设蚕学馆，延日本人为教习。此后我国蚕丝业之改良，遍及各省，皆馆中历届毕业生之力也。馆地在西湖金沙港花神庙 [⑤]，即明魏忠贤生祠之故址。其后蒲场巷"普寺案"发 [⑥]，改其寺为求是书院。又以大方伯（今名新民路）圆通寺僧不守清规，斥逐之，而改其寺为养正书塾。杭人因联而及之，谓之普通学堂。此三者，曰馆，曰书院，曰书塾，虽无学校之名，而实为学校权舆之三鼎足。

后数年，公殁于任，杭人慕之，留其榇，葬于西湖孤山之阴；与宋之林和靖、清之林典史墓相近，谓之三林。并于其前辟屋祀之，名曰"林社"。以每年四月廿二（应为"四"）公殁之日设祭，杭之各校皆派代表往与祭，而以蚕

---

① 钟毓龙，字郁云，号庸翁，浙江杭州人。曾任宗文中学校长、浙江通志馆副总编等职。
② 杭城书院，敷文、崇文、紫阳之外，又有学海堂、诂经精舍及东城讲舍，皆聘有山长。每月朔望二课，望课由山长主之，朔课由官府主之，敷文等五院由抚、藩、臬轮值。东城讲舍则归杭府，讲舍在菜市桥河下，明高僧莲池大师沈氏故居也。
③ 中东败后，士子复仇心切，章太炎先生射策，独主中日提携，与今日之日支亲善合，颇不可解。然公之命题，不曰兴中，而曰兴亚，意殆亦如此耳。
④ 书院列前茅者，有膏火可得，皆有固定名额高下。惟奖金则由官府捐廉给予，名曰加奖。
⑤ 花神庙为清雍正时总督李卫所建。中一花神为男子，旁列十二月之花神为女子，盖以花神自况，而在旁之十二花神即其十二金钗之肖像也。
⑥ "普寺案"即《二十年目睹之怪现状》中之迂奶奶事。

校中人为主体。盖其他二校,一改再改,数典早忘其祖,蚕校独承其宗祧矣。祀费基金千元,蚕校不愿独任其责,经地方人士议决,由蚕校与安定、宗文二校共同保管,按年轮值祀事。

公之殁也,日本人某挽以联曰:"岩岩高山,偶相见,长相思,综生平只一面。堂堂上国,以实心,行实政,如大夫有几人!"钦佩之中,深含慨叹之意也。

社中石刻公之肖像,其旁悬楹联曰:"为我名山留片席,看人沧海渡云帆",为公与僚属泛湖时所作片云二字诗中句,遂成诗谶,故制以悬之。其左附祠长乐高啸桐先生肖像,盖当年幕府赞襄兴学最有力之人也。数十年来,社宇渐就倾圮,蚕校校长陈石民正谋鸠款重建,而军事起,今不知如何矣。

（原文刊于《说杭州》,1983 年。文章为节选）

今之学校——蚕学馆

钟毓龙

清光绪二十三年，侯官林启来守杭州。以蚕丝为浙江特产，请于巡抚廖寿丰，拨地筹款，就西湖金沙港清之怡贤亲王祠故址及关帝庙址，建筑寮舍，定名蚕学馆。馆设总办，林自兼之。聘请樊恭煦①为总董，邵章②为馆正。

又聘鄞人江生金为总教习，日本人家轰本（应为"木"）长为副教习。先招学生一班，计三十人，津贴学膳各费。按此时士子方醉心于科举，蚕学尤所鄙夷，或且嘲之为下蚕室。故不能不以此鼓励之。次年三月正式开课，又聘日本人前岛次郎、西原德太郎等来任教习。馆正邵章辞职，沈铭③继之。

二十八年春，巡抚任道镕惑于流言，拟令停办。樊恭煦、陈豪④等力争之。

因在清泰门内之长庆寺中设立试验场。招湖州农民之熟习蚕事者，以土法饲育，使与蚕学馆之新法比较。新法远胜，于是停办之事乃解，常年经费亦于此确定。自后，远道来学者益众，乃逐渐推广其学额。又以毕业生已均有相当学力，可以自力研求精进，以资教学，日籍教师以后遂渐不续聘。又以馆中所致力改良者，仅育蚕与制种两事，于制丝方面未有设备。乃派遣毕业生方志澄、朱显邦二人赴日本研究，并考察一切。

三十二年，巡抚冯汝骙又以经费支绌，欲改为初级农业学堂。地方绅士陆元鼎⑤、樊恭煦、陈豪等又力争之。会冯去职，继之者为满人增韫，顺从公议，

---

① 樊恭煦，字介轩，杭州人，曾以翰林任陕西、广东两省学政，以清廉著名。此时正以翰林院侍讲告终养在籍也。
② 邵章，杭州人，此时尚系附生，后亦入翰林。
③ 沈铭，字蔼如，杭州老名士，善于属对。民国十六年以前曾任浙江省印花税局局长。
④ 陈豪，字蓝洲，杭州人，曾令湖北，有政声。清史中有其附传。
⑤ 陆元鼎，字春江，杭州人，以知县起家，升至江苏巡抚。后内召为京卿，遂归。

力任保障。于是酌定新章，免除学生津贴，增广学额，添授科目，加长学习年限为三年。

三十四年，改名为浙江中等蚕桑学堂。是年八月，翰林院侍读吴士鉴[①]奏请改名为浙江高等蚕桑学堂。

奉旨依议，令巡抚筹办，而馆正改称监督。

宣统二年，因学额增加，校舍不敷，乃借跨虹桥畔崇文书院旧基作分校。三年六月，省咨议局议决，推广蚕桑教育，迁移校址，扩充设备，以光复而未实行。

民国元年，改名为公立蚕桑学校。监督沈铭辞职，旧毕业生朱显邦继任为校长。二年，改名为浙江省立甲种蚕桑学校，添设别科一班，授以简要之专门学识及技能，定一年毕业。三年，以别科不合部章，改名补习科。又招预科一班。一年毕业后，升入正科，再经三年毕业，合为四年。

民国十二年，改行新学制，招收高小毕业生，入预科第一年，定预科二年为初中，正科三年为高中。十四年，省长夏超自认筹款，于艮山门外、湖墅、塔儿头、上四（应为"泗"）乡及海宁之长安等处设立改良养蚕场，并派毕业生代乡人消毒、催青、养蚕，以示模范。此为本省以后推行蚕业指导之滥觞。

民国十五年春，奉部令改名浙江省立蚕桑科职业学校。乃增设推广部，并赴各县筹办改良养蚕场十五所，派正科生与毕业生赴各乡巡回指导。又拟添设临时冷藏库及原种蚕室于本校，建缫丝厂于分校。后孙传芳兵至，夏超失败，一切遂停顿。

十六年，朱校长辞职，陈石民继之，亦本校毕业生也。旋又辞职，倪绍雯继之。于是五年级生始分育蚕、制丝两系，实行男女同学制。

十七年，又改名浙江省立高级蚕桑科中学。倪辞职，农学院院长谭熙鸿来兼校长，以徐淡人为校务主任，驻校办理一切。改补习科为初级训练班，二年毕业。十八年，迁校于笕桥之新校舍。徐主任辞职，陈石民复来继之。二十一年，谭兼校长去职，陈石民遂为正式校长。加授农业学科以充实学生之

---

① 吴士鉴，字炯斋，杭州世家。父名庆坻，字子修，亦翰林。清光绪时，子修任湖南学政，炯斋亦任江西学政，一时传为盛事。革命后，父子皆归里，杜门不出。炯斋著《晋书斠注》一书，都八十本，巨制也。

智能。二十二年，训练班改称初级蚕桑职业科，仍限二年毕业。又改校名为浙江省高级蚕桑科职业学校。

二十三年，以校舍为航空学校所需，奉令迁让。乃暂借城内梅东高桥大营之一部分屋舍上课。另择古荡老和山麓之地一百三十余亩为校址，分三期建筑。又改校名为浙江省立高级蚕丝科职业学校，仍附设初级蚕丝职业科一班。二十五年，初级蚕丝职业科改为三年毕业，与高级班同，所谓三三制也。是年秋，古荡校舍一部落成，遂迁居之，又改校名为浙江省立杭州蚕丝职业学校。自创办至此，校名凡十易矣。

二十六年，校舍建筑正逐渐完成，而日寇至。陈校长乃迁校寿昌，复移龙游，又开学于嵊县之长乐镇。三十一年，日寇猝至，师生星散，损失甚重。胜利归来，古荡校舍已荡为平地，乃暂就黄龙洞开学焉[①]。

林太守手创之学校三。求是、养正两校均以一变再变而不存。独斯校屹然犹在，以其为专门实业故也[②]。

（原文刊于《说杭州（上）》，2016 年）

[①]　按：此校自前清光绪二十三年（1897）开创，后逐渐扩充，成效日著。学生来者，除本省各县外，江苏、安徽、江西、福建、四川、贵州、陕西、湖南、湖北、河南、广东之人无不闻风而至，而以川、陕、闽三省之人为尤多。学生毕业后，出而致用者，除本省各县外，河南、河北、福建、广东、广西、湖南、湖北、云南、贵州、四川、陕西、江苏、安徽、江西、山东、山西、吉林、辽宁达十八省。民国十九年、二十年之间，各省需要教师，一时毕业生纷纷派遣，竟无遗珠，可谓盛矣。

[②]　按：林太守以四月二十二（应为"四"）日殁于任。故即以是日为纪念日。各校学生皆于是日群来林社致祭。蚕桑、安定、宗文三校轮值其事，有基金也。社址初就墓前濒湖之旧屋为之，殊狭小。陈石民校长锐意改建，募有相当之数，以日寇来而罢。胜利后，陈校长再谋之，得绸厂毕业生之助，遂改建大屋。但祀事已不复举行。新中国成立后，墓迁，社屋亦废。

《农学报》记蚕学馆成绩

杭州蚕学馆开办以来，试养春蚕为江君生金主任，昨该馆将饲育成绩寄示，节录如下。

馆中所饲之种，为意大利、法兰西、日本，中国之新昌、奉化、余杭等处，各种皆佳，惟余杭种含微粒子毒最多。

自三月二十六日收蚁，日本种最先孵化，中国次之，意法最后。至闰月二十四日始上蔟，四月初三日采茧六百八十斤。馆中蚕事，较民间先十日。各处之茧，中国种以新昌、奉化为最，余杭次之；日本种以银白小石丸改良又昔为最，松白黄金生锦室次之，意法种茧大而厚，过于中日之种。

馆中选佳茧制种，计春蚕种千余纸，民间预来定购者，已五百余纸。

（原文刊于《农学报》第 40 册，1898 年）

杭州蚕学馆成绩记

罗振玉[①]

知杭州府事林公启，请于大府，设蚕学馆于西湖之金沙港，以改良中国蚕业，而挽回利权。聘日本蚕师轰木长君，及前岛次郎君为教习，聚生徒讲授，即三年于兹矣。

今年秋诸生学期满，授卒业证书。学成者十有八人，曰丁祖训，字仲夫，诸暨人；曰傅调梅，字和羹，钱塘人；曰宣布泽，字丁舫，诸暨人；曰祝鼎，字仲峙，海宁人；曰周式谷，字容实，诸暨人；曰陈拜庚，字慕臧，新昌人；曰陈之藩，字介臣，诸暨人；曰陈翰，字干材，诸暨人；曰骆缵郊，字亦庠，义乌人；曰居世昌，字季梅，海宁人；曰朱敏，字勉行，仁和人；曰沈鸿逵，字肇初，海宁人；曰吕汝本，字吉甫，新昌人；曰陆宝泰，字小亭，钱塘人；曰俞鸿荃，字湘宾，新昌人；曰郭廷辉，字星榆，福建人；曰黄燮，字杞南，杭州人；曰吴锡璋，字琢甫，钱塘人，皆贯通学理，潜心实习。就中祝君鼎尤精邃，有巧思，尝病中国习用之缫丝器太拙，而西人缫具不用气力者，值昂，不适于小蚕业家；于是改良旧制，别为新构，制造简便，而习学甚易，大利民用。又有嵇君侃，字幕陶，归安人，就学日本，初受学于西原讲习所，既卒业，更于农科大学为旁听生，专研蚕学，坚（应为"艰"）苦笃实，东邦人士推为中国留学生之冠。

太守之创此馆，其尤注意在考研蚕病，故精究制种之术。每年所制之种，以贱值售之民间，饲之辄得丰获，视民间普通所制种，或丰收至倍焉。今年浙省蚕事甚劣，收量视丰岁十之四五尔，而蚕馆所制种，则大率十得八九，是其征也。馆中所制种，除售之本省外，若江苏、安徽、江西、福建，亦争购求，

---

① 罗振玉，号雪堂，浙江上虞人。曾任清廷学部参事、京师大学堂农科监督，1896 年发起成立农学会，1897 年创办国内最早的农学报刊——《农学报》。

恒苦不给焉。

　　教习轰木君言，五大洲蚕业，以中国为最先，蚕种亦以中国为最优，而中国新昌之种，又其尤焉。新昌种中，有正圆形者，为无上上品，因尖圆形及束腰状之茧，丝之结构，疏密不均。盖束腰之茧，腰部丝密于腹部，尖圆之茧，则锐端部亦密于他部，缫时易截断；惟茧形正圆，则丝之缔造，通体均一，易缫而寡截。但制种之蛾，必用皆出于圆茧者。若以正圆茧与椭圆茧之蛾交，则茧形变长，不能保存正圆形矣。故轰木氏专选正圆茧制种，命其名曰新圆。从此中国广布此种，利益莫大，此亦蚕馆中一大发明也。

　　今年第一班诸生卒业，而太守亦卒，方伯恽公更命朱小笏司馆政，以绍公、朱公一本公之成规，更招新生肄业，现已盈额。吁！林公之兴蚕学，甫三年耳，其效已昭昭如此，异日传习日广，增长国益，皆公经始之功也。书其成绩，以告方来，并贻后之传循良者。

（原文刊于《农学报》第 120 册，1900 年）

郑辟疆在青州府蚕桑学堂

包天笑[1]

青州地方，气候可以养蚕，土壤可以种桑。因此在那里，开办了一所蚕桑学堂，那是一个省立学堂，而由益都县县令为之监督。里面所请的教员，大半是浙江省的杭州与嘉兴人（记得有位郑辟疆君，还有朱君，已忘其名，他们都是史量才的同学）。因为杭州先有一个蚕桑学堂，而他们都是在此中毕业的。山东本来出生一种野蚕，名曰柞蚕，织成了一种丝织物，光洁坚实，销行各省，称之曰府绸（因由济南府销行，故名），又号茧绸（我曾有此质料之一袍），现在既是考察下来，山东宜于桑蚕，气候与土壤都适合，于是就在青州开了一个学堂，这也是开风气的意思，而这笔经费，也是益都县所开支的呢。

这个学堂，在养蚕的时期，概不上课，完全实习，那时的学堂，便成为养蚕场了。过此以后，便依然上课，大约与普通学堂相同。照中国古时说法，养蚕以女子为宜，亦应招致女子的。但山东的女界，尚未开通，而且还都是缠了小脚的，所以这学堂全是男生。学堂中除了学生以外，教员中是清一色的南方人，所以我们也常去游玩。我曾询李擂臣："养蚕是妇女天职，何不设立一女子蚕业学堂？"他说："一个男学堂也维持不易，还设立什么女学堂。"至于男女同学，当时还未敢作此想。

青州府蚕桑学堂，也是我们常去游玩之地，因为那些教员，都是南方人。有一次，我们到那里去游玩，他们刚购置得两架显微镜，那也是蚕桑学堂的必需品，所以为检验蚕子之用。他们告诉我："可以看一切微生物，并可以看人类的精虫，你要试试吧？"我以为开玩笑，但他们说："不开玩笑，我们的朱先生已经试过，就是用佛家所谓'非法出精'的手术，在玻璃片上验过。"我说："到底精虫是什么样子的，可以赏鉴吗？"他们说："形似小蝌蚪，有条尾巴的，

---

[1] 包天笑，江苏吴县（今苏州市）人，著名报人、小说家。

很为活泼，我们不能制标本，看过只好放弃了。"

那个蚕桑学堂，我也曾去教过半年书，那是李擂臣一定要我去的，这学堂监督是专任的，不能兼职，我怎能担任别一个学堂的教课呢？可是后来李擂臣竟直接与曹耕翁说了，我只得去担任了。我便把严复的《赫胥黎天演论》，给他们讲解，学生倒也爱听。原来这个学堂里的学生，不仅是青州府一属，别一府县的学生也有。有了这个学堂，便开了青州府养蚕的风气，现在相隔了四十余年，久未通讯，不知怎样了。

（原文刊于《钏影楼回忆录》，1970 年。文章节选自"青州风物"部分，标题为作者自拟）

史量才办女子蚕业学校

包天笑

　　然而到底不能脱去这个藩篱，第一个破我戒的，便是史量才。量才在西门外高昌庙地方，开了一座女子蚕业学校，除了养蚕时期，女学生都要服务以外，其余时间，便同别的女学校一样，只不过加一点与蚕桑有关系的学科而已。他是常常到时报馆息楼里来的，时报馆的几位编辑先生，如陈景韩、雷继兴、林康侯等被他拖去教书了，我初到时报馆，他便以我为鹄的了。

　　我起初拒绝他，我说："我已教了十余年书了，旧的、新的，都已教过，对此渐少兴味，我现在要换换方向了。况且我现在也没有工夫教书，时报馆、小说林之外，偶有余闲，还得要写一些小说。"但量才百方劝驾，他说："你镇日埋头写作，也未免太闷损了，必须换换空气。况且我不是天天要你来，一星期来三天或两天，每星期担任五六个钟头的课，终可以抽出这工夫吧？时报是在夜间，小说林在上午，那末下午你有工夫了。"

　　他又说："山东青州府蚕桑学堂中教员，都是我的老同学，我知道你在青州办学堂，很为吃力，但是上海的学堂非青州之比，尤其是女学堂。你不曾到女学堂来教过书，何妨来试试呢？把山东的男学生，和上海的女学生，作一比较如何？并且我们学校里，到四月里就要养蚕了，蚕忙的时候，便不上课，现在到养蚕时节，至多只有两个月，那是很轻松的事，况且景韩、继兴，他们也来教过呢。"

　　我为他说动了，我的确不曾在上海教过书，尤其不曾在女学堂里教过书。我当时又动了好奇心，凡是没有经过的事，我总想去经历一番。又想到量才所说：他的学校，四月里就要养蚕，过后至多再读一个月书，接着便要放暑假了，那末总共也不过教三个月书吧！

　　而且我当时正想写社会小说，搜集各种资料，商务印书馆又来接洽，要我写教育小说。无论是社会小说也好，教育小说也好，各方面的情形都要晓得一点，这个女学生社会，也是应该晓得一点，作一个实地观察呢。

回想我十七岁开始做小先生的时候，曾教了一个女学生潘小姐，以后就没有教过女学生。但现在所要教的不是一个女学生，而是成群的女学生了。我问史量才："你是女学校的校长，何妨传授心法。"他说："也没有什么方略，但是你不可太嫩，太嫩了，压不住她们，便吱吱喳喳的吵起来。虽然不必板起面孔来，但至少也得装起老气横秋的样子，方可以吃得住。"量才这话，正说中了我的病，我就是太嫩，尤其对于女人。其实我那时也有三十岁出头了，人家看我，却不过二十三四光景。

我所教的这一班女学生很整齐，全班不过十余人，年纪都在十八岁以上，因为这是一班最高级，快要毕业了。女子蚕业学校里没有太年轻的学生，因为他们在招考的时候，就规定要十六岁以上，方能报考。这有两个原因：第一，她们在养蚕时期，有一个很辛苦的服务，时常要轮流守夜，而且很沉重的蚕匾，要掇上掇下，非幼稚女生所能胜任。第二，在育种的时候，须用显微镜，仔细观察，而且对于蚕蛾的交配，详细解释无遗，在交尾中，还要辅以人力，这也是那种幼稚女生所非宜。

大概从前女学堂里的女学生，顶会吵的是十四五岁，到了十六七岁，便渐次沉静了，一过了十八岁，便不会吵闹了。还有的在初进学校的女学生，最是会吵，在将毕业的女学生，便不大会吵的了。更有一说：在男先生的课堂里会吵，在女先生的课堂里，她们便不大敢吵了。在她们不大佩服的先生，自然吵得更加厉害，在她们佩服的先生，就不大吵了。这些都是当年在女学校教书的经验之谈。

（原文刊于《钏影楼回忆录》，1970年。文章节选自"女学校教书"部分，标题为作者自拟）

参观浙江省立甲种蚕业学校记

顾鸣冈 [①]

　　是校始名蚕学馆，创始于清光绪二十三年，由林君迪臣、邵君伯䌹创办，为我国蚕业教育之嚆矢。二十年来，在正科毕业者，凡十八期，都三百十八人；别科毕业者一期，都三十五人；补习科毕业者五期，都七十八人。今各省蚕业机关之办事人，由该校出身者，十居七八，与吾苏蚕业教育亦有莫大之关系焉。民国八年八月，乘本所第四期桂花蚕上蔟告竣之后，特偕同事俞、薛二人，同往参观，时间匆促，几如马上看花，未获详加研究。敬将一得之见，笔之如下：

　　校址。在杭州西湖金沙港，另设分校于岳坟旁，崇文书院内。

　　校舍。本校就旧时蚕学馆改设，现有楼房五幢，楼上为陈列室，楼下为教室，寄宿舍十六间，储藏室六间，杂用室三间。尚有缫丝室、自修室、事务室、应接室、工役室、门房、饭厅等。另有消毒灶一座，西原氏式单灶一具，储桑室即以普通平屋为之。

　　校训。以"诚慎勤俭"四字为校训。

　　经费。全校经常费由省款拨用，每年约计一万七千余元。

　　学费。本科、预科生每月各纳一元，补习科免纳。

　　学额。本科一百五十人，预科五十人，补习科六十人。

　　毕业年限。本科三年，预科、补习科均一年。

　　学科。预科均系普通科学（似为"学科"），计凡十一种。本科除普通学科外，有蚕学科目、实习科目两种。蚕学科目，分蚕业泛论、栽桑论、桑害论、养蚕论、蚕体解剖学、蚕体生理学、蚕体病理学、显微镜使用法、蚕种论、制丝论、杀蛹干茧论、屑物整理法、气象学、昆虫学、细菌学、土壤学、肥料

---

① 　顾鸣冈，曾任江苏省立育蚕试验所所长。

学、野蚕论、制丝业经营论、蚕业法规、农学大意、农业经济等二十二种。实习科目，分饲养春夏蚕、制造蚕种、栽培桑树、制造蚕具、浴洗蚕种、检查蚕种、检查丝茧、缫丝、蚕体解剖、研究蚕病、整理屑物、杀蛹干茧、整理生丝、驱除桑害等十四种。补习科分学理、实习二种。学理科目为修身、国文、算术、理科、农学、养蚕制种法、栽桑法、制丝法、蚕体卫生、蚕体解剖、蚕业经济等十一种。实习科目为饲育春夏蚕、制造蚕种、栽培桑树、消毒、烘茧、制丝、使用显微镜、检查蚕种、制造蚕具、整理屑物等十种。

职员。校长一人，学监一人，舍监一人，总主任兼教员一人，蚕科教员七人，桑园管理一人，普通科教员七人，课外运动教员一人，助手兼考种员五人，庶务、会计、书记、校医各一人。

种子。本年共制蚕种三千余张，均系框制式。

蚕具。该校关于蚕具之设备甚多，兹将其主要者列下：

（甲）蚕架。有梯形及三角形两种。

（乙）蚕匾。有方圆两种，方匾每只适十坪，圆匾每只十二坪。

蚕蔟。备有螺旋形、伞形等数种。据该校职员谭君称，以伞形最为适用，故应用上大都采用蔟云。

茧格。种茧于出蛾时，每有不待人工，而已自行配合，于时间上殊有关系。该校以厚纸制成小方格之茧格，每格可容一茧，使出蛾后不致纷聚一处，法殊善也。用毕，可将方格子自由折合，甚觉灵巧云。

表册。该校于蚕业应用上表册甚多，兹取数种附印于下。（略）

（原文刊于《江苏省立育蚕试验所汇刊》第 2 期，1920 年）

浙江职业教育之一斑 ①

杭州浙江省立甲种蚕业学校，预科一年、本科三年毕业，补习科偏重实习，当高小程度，一年毕业。桑田有四十三亩，并有储桑室、养蚕室、制丝实习室、再缫室、纺棉线实习室、堆肥室、蚕具室、烘茧室、蒸汽消毒灶等设备、养蚕器具，足供十两蚁量之用。九、十年分（应为"份"），各制蚕种七百张，每张售价三角九分二。成绩室中排列本校二十四年以来学生所制之丝茧，比较逐年进步，最有价值，从前巴拿马赛会时，曾得金牌奖证。毕业生服务本省者一百二十人，其余各省，一二人不等。

（原文刊于《申报》，1922年。本文为节选）

---

① 摘中华职业教育社委托章君伯寅调查之报告，详载本社《教育与职业》杂志。

浙江省立蚕桑科职业学校办理推广部经过报告

杨蕴藻 [①]

溯自清季林公迪臣，来守吾杭。知两浙人民生计，多仗蚕桑；而晚近蚕户墨守旧法，致病毒猖獗，收成年减。诚非顺应潮流，利用科学方法，改良蚕桑事业不可，故毅然创办本校。

当时林公预拟将毕业生分派各县，从事改良工作。后来，一则因为经费难于筹集，各县都抱观望；二则因为毕业生受外省聘请，人材仍愁缺乏；三则因为办理不久，林公逝世。原定计划，俱归泡影。间有一部分毕业同志，在民间做实际上的工作，然收效未宏，则无可讳言。

历年本校同人，接承林公遗志，感念自身使命，曾经几次三番向当局自告奋勇，要求办理推广事业。总缘"时局""经费"二大问题，徒成"画饼"。

迨民（国）十四年，夏定侯氏长浙，面嘱本校朱前校长，试办改良场五处。翌年——民（国）十五年——更加扩大范围，正式办理推广部。经费则在丝茧捐项下带征改良捐，为改良丝每担二元，干茧每担五角，计每岁五六万元。兹节录朱前校长民国十五年春撰本校推广部缘起于后：

"……去春省长夏公诏予曰：'浙江富源，以森林水产蚕丝为要，三者之中，尤以蚕丝为效速而利巨且普。此岁蚕不登，损失奚止数千万，今土丝又落千丈矣。就其旧而改善之，年可增进者必若干千万，渐而图推广，年可增进者又若干千万，诚巨观也！他难比伦，何不急图而改进之！'曰：'夙具此心，病于经费而未能。'曰：'试为之！当为之助！'于是即就杭县、海宁设养蚕改良场五处，场务以毕业生司之。成绩幸尚可观，乡人复乐仿效。

[①] 杨蕴藻，字仲馨，浙江余姚人。浙江中等蚕桑学校本科第十四期入学，民国三年七月毕业。曾任本校推广部编辑兼设计员、浙江蚕业改良场编辑员、本校教务员兼蚕科教员、江苏农矿厅蚕种取缔所技士、浙江蚕业改良场技士、浙江建设厅管理改良蚕桑事业委员会技士、蚕丝统制委员会技士等职。

今春复承省长诏予曰：'事既有效，急须扩充！'因复于浙东设场二处，浙西设场十五处，并于本校旧有之蚕种部，分试验蚕种、培养原种、普通制种三股，以为改良蚕种之基。复拟设新式制丝厂，培养制丝人材，以为改良土丝之准备。此均推广之事业也，均以学校之所造就者，推行于社会，试验夫适应与否也。而社会庶几得所咨询商榷，以共底于成。业务既繁，乃设专部，以综其事。

考吾浙蚕校，创始于太守林公，于兹有年，全国向风；而本省之功效未著，郁纡久矣。今省长夏公，具卓识，宏远谋，毅然决然，执的以赴，沛然若决江河，而蚕业教育，乃得与社会沟通，而社会亦庶几得教育之利。于本部成立之日，复亲临赐训，劝勉备至，非惟同人等感激奋发，亦吾浙蚕业之大幸也！……"

如此上下一心，奋勉将事，可谓极一时之盛矣！讵是年九月，夏氏既为应响国民革命军而失败，本校推广部经费即无人负责，只有于十月间赶办结束，暂告停顿。

民（国）十六年三月，国民政府成立，将本校推广部经费来源——丝茧改良附捐——划归建设厅，而由建设厅另行设立浙江省立蚕业改良场。因之本校就绝续办大规模推广事业之希望，回首当年，能无故宫禾黍之感？

今年四月，本校倪校长暨在校同人，急思续办推广部。但一方既限于经费，而他方则往年设场地点，多由浙江省立蚕业改良场续办。爰决议在鄞县鄞江桥设立蚕业示范所暨蚕业指导所各一，其经费则由本校各项撙节开支。兹节录该部主任萧震撰定缘起于后：

"……夫学校培植人才，原为提倡之预备，改进之基础也。为农民增利益，为国家增税收，推广指导，为当今之急图。苏省各蚕业机关，特设推广部，择蚕业繁盛之区，设所指导，迎合社会要需，注重下层工作，创设有年，成绩昭然。趋利避危，人心咸同，故今之蚕户，钦仰新法，改良蚕种，行销渐广。就去年调查，苏锡一带，需种约计一百二十万张，而苏省各机关所出蚕种，合计不过二分之一，已属供不应求。此非提倡之功欤？

本校于民国十五年春，在杭嘉湖绍旧属各地，筹设改良场十七处，从事提倡，颇著微效。而宁属方面，犹未设所改良。且鄞县西区，蚕桑亦称繁盛，数十里方圆，偏（应为"遍"）地是桑，数千户农家，无人不蚕。茧丝产额，为宁属冠。惜育法不善，每致失败。本校爰是决议设蚕业示范所、蚕业指导所于此，俾示范指导两方，同时并进，期收改良之效。……"

本校办理推广部经过情形，有如上述。而办理事绩，想亦为一般人所乐闻者，兹姑不惮烦琐，分纪如下。虽无丰功伟绩，可以夸视。然大辂必先推轮，行路起于足下，则异日而考两浙蚕业之改良史者，自当以此为第一叶（应为"页"）也。

一、民国十五年度浙江蚕业改进大纲设施表

（民国十四年冬由朱前校长编呈夏前省长）

政策　教育　提倡　奖励　保护　监督　取缔

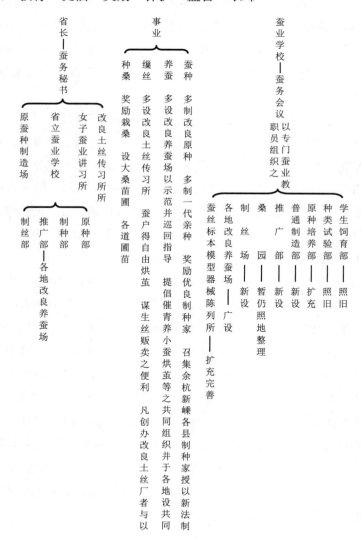

省长—蚕务秘书

事业

蚕业学校—蚕务会议　职员组织之　以专门蚕业教

种桑：奖励栽桑　设大桑苗圃　各道圃苗

缫丝：多设改良土丝传习所　蚕户得自由烘茧　谋生丝贩卖之便利　凡创办改良土丝厂者　与以

养蚕：多设改良养蚕场以示范并巡回指导　提倡催青养小蚕烘茧等之共同组织　并于各地设共同

蚕种：多制改良原种　多制一代亲种　奖励优良制种家　召集余杭新嵊各县制种家授以新法制

原蚕种制造场
省立蚕业学校
女子蚕业讲习所
改良土丝传习所

学生饲育部—照旧
种类试验部—照旧
原种培养部—扩充
普通制造部—新设
推广部—新设
桑园—暂仍照地整理
制丝场—新设
各地改良养蚕场—广设
蚕丝标本模型器械陈列所—扩充完善

制丝部
推广部—各地改良养蚕场
制种部
原种部
制丝部

二、民国十五年度浙江蚕业改进办法大纲 [①]

（民国十四年冬由朱前校长拟呈夏前省长）

一、省署设蚕务秘书一人、助理一人，承省长之命，计划设施全省蚕丝事业。凡蚕业政策上应行之教育、提倡、奖励、保护、监督、取缔诸大端，均由其商承省长设法施行。

二、省立蚕业学校为培养人才之机关，且创办最早，开全国蚕业教育之先河，其毕业生遍二十行省，其程度多有能担任专门学校之蚕科教员者，以困于经费，规制未宏，设备尚简，办理殊多困难。拟请予以特别补助，俾有充分之发展，培植专精完善之人才，以应本业之需。且全浙不可无设备完善之蚕业机关，以为各地模范。兹就蚕校目前所急应筹设，且为现在提倡改进中万不可少者，略举如下：

（甲）拟于蚕校设推广部，专司推广蚕桑事业于社会，其职务如下……

（乙）拟于蚕校附设蚕种场一所……专制一代杂种，第一年一万（张），第二年二万张，以此项强健佳良蚕种，分送各处，必见效更速……

（丙）拟于蚕校设制丝场一所，以便学生实习而利人民效仿。因蚕校系实业性质，与工校之工场、农校之农场、医校之病院，同为学生练习之设备，万不可少者。况自省长提倡改良土丝以来，商民闻风仿办，需要人才甚多，故急应筹办制丝场一所……此项制丝场带营业性质，只要开办费由公家开支，以后予以相当之流动基金即可，维持自立并有余利可以扩充地步。

（丁）各地改良场宜择要广设，以期速效。此项养蚕场今春办理，五处业有成效。明年拟于杭县等处，共十七处派指导员二人任之，其职责如下……

（戊）改良养蚕场既散布各县，应设视察员三人，巡回视察，以资监督而便协助，其职责如下……

三、奖励优良制种家俾多制良种，以补官办之不足……谨拟办法如下……

四、改良土丝法，今年自海宁设立改良土丝传习所以来，成效昭著，商民纷纷仿办，应予以通融奖励成立。惟其中不免舞弊，亦须覆行取缔，以免纠纷。谨拟如下……

[①] 按：十五年份浙江蚕政设施，固如朱前校长所拟，不仅本校添设推广部而已。兹所载纪，虽闻轶出本编范围，然即此以窥一时之盛，想亦为阅者所谅。

三、民国十五年度推广部内部职员录

职　别	姓　名
主　任	朱学锄
编辑兼设计	杨蕴藻
文牍兼调查	蓝　台
庶务兼会计	施文元
技术员	章绕江　范协富　陈吉祥　傅　良　陶清宇　张之煌 洪延祺　王宝仁　徐达夫　卢纯青　潘凤升　朱凤鸣

四、民国十五年度推广部各场地点职员表

场　名	地　址	职员姓名
第一蚕业改良场①	杭县西镇丁家木桥	高　骞　詹翱翔
第二蚕业改良场	杭县临平	陈志光　吴　会
第三蚕业改良场	海宁长安	陆小亭　史庭见
第四蚕业改良场	崇德北门外	黄维贤　张鼎新
第五蚕业改良场	嘉兴上睦港	卢锡彤　丁祖望
第六蚕业改良场	吴兴菱湖	叶秉忠　黄登瀛
第七蚕业改良场	长兴学宫内	邵奎一　朱寿东
第八蚕业改良场	海盐南门内	陈国恩　袁楚三
第九蚕业改良场	桐乡城隍庙	余采青　沈兆奎
第十蚕业改良场	德清吉祥寺边	王　怀　沈克勤
第十一蚕业改良场	临安城内关岳庙	谭逢源　沈鸿源
第十二蚕业改良场	萧山冤山茧业公所	胡澹如　刘　湘
第十三蚕业改良场	诸暨城内	徐穆清　徐锡才
第一改良养蚕场	海宁诸桥	嘱托祝仲峙
第二改良养蚕场	海宁硖石	嘱托杜翌云
第三改良养蚕场	杭县三墩	施静澜　张国贞
第一蚕种改良场	余杭南湖石门桥地藏殿	章桂林　龚济临　叶锦标

---

① 按：长期者，名蚕业改良场；短期者——起饲育春蚕迄制种完了——名改良养蚕场；而余杭为产种区域，该处设场，尤注意于改良蚕种，故特名之为蚕种改良场。

五、民国十五年度推广部建筑物纪略

甲、冷藏库。一月间落成。计库房三楹，靠本校办公室后背，可贮种五万张。需费一千八百余金。

乙、蚕室。二月间动工，四月间落成。计三层楼蚕室五幢，含本校新二层楼蚕室之西。需费近四千金。

丙、缫丝室。八月间动工，十一月间落成。计二层楼缫丝室八幢，在分校景行堂及敬修堂前碑亭旧址。需费三千余金。

丁、其余。储桑室十楹，沿本校南首围墙。烘茧室四楹，靠老二层楼蚕室——是年六月已毁——后背贮藏室十楹，靠老二层楼蚕室西首。推广部办公室三楹，在荷池西首。都是三四月间建筑——改造成工，需费约千余金[①]。

六、民国十五年度推广部蚕种部成绩一览（略）

七、民十五年度推广部各场业务一览（略）

八、民国十七年度本校推广部春蚕收蚁一览（略）

九、民国十七年度本校推广部蚕业指导所受指导蚕户一览（略）

今夫改良事业，示范不如指导，此则人人知之。其在民（国）十五年度所办各场，多侧重示范，实缘乡人迷信根深，蚕期中亲友且禁往来，遑论指导员之得登堂入室，而畅所欲言者哉。且蚕户对于新法养蚕，亦缺乏相当认识。故非先示之以模范，使信仰新法之可恃，远胜旧法。利之所在，人争趋之，循序而进，乡人必能打破迷信，而受吾指导矣。至于鄞县，比下三府稍微开通，故今年一经着手，即能于示范指导两方，并进不悖也。

吾愿全（通"同"）人继续努力，期完成改良推广之目的；则兹编所载，直其嚆矢焉耳！

（原文刊于《浙江省立蚕桑科职业学校三十周年纪念特刊》，1928年。本文为节选）

[①] 按：缫丝用全部机械，向上海蔡运发订造。业由蔡运发将锅炉、水缸等笨重机械，搬运到校。后因经费不济，事遂搁浅。

杭州蚕学馆追记

石民、武烈、师颢 [1]

唐代以来，杭州所产的纱、绫已负盛名。宋室南迁后，浙江蚕丝业更趋兴盛，劳动人民在养蚕、缫丝、织绸等方面，也积累了不少生产技术经验。但是，历代统治阶级只不过借"振兴蚕桑"为幌子，强征绸缎，供宫廷贵族使用。"遍身罗绮者，不是养蚕人"，因此，蚕农生产情绪低落，技术墨守成规，甚至信神佞佛，以致蚕病猖獗，产量锐减。

清光绪二十三年（1897），杭州太守林迪臣认为，在浙振兴实业，应以蚕业为主，又目睹民间养蚕连年歉收，遂呈准浙抚廖寿丰拨地筹款，就杭州西湖金沙港关帝庙旧址，建筑校舍，定名"蚕学馆"。林氏自兼总办，聘请由法国学习蚕业归国之江生金为教习，招收学生 30 人，于 1898 年 3 月正式开始授课。蚕学馆成立后，曾派稽侃（慕陶）等赴日本学习养蚕制种新法，嗣后又派毕业生方志澄、朱显邦赴日本研究制丝等技术。1902 年，浙抚任道镕惑于流言，认为蚕学馆无甚作用，拟下令停办，当时有浙绅樊恭煦、陈豪等力争之；并在杭城长庆寺设立试验场，招湖州熟悉蚕事的农民，以土法饲育，与蚕学馆新法饲养相比，结果新法遥优，蚕学馆始得保全。1906 年，浙抚冯汝骙又以经费支绌为借口，拟将蚕学馆改组为"初等农业学堂"，后因冯去职而作罢。

---

[1] 石民、武烈、师颢，即陈石民、王武烈、陈师颢。陈石民，字锡昭，浙江新昌人。著名蚕丝教育家、实业家。毕业于浙江省立甲种农业学校、日本东京帝国大学。1927 年、1932—1939 年间，任本校校长。

王武烈，字志勋，浙江富阳人。本校本科第十六期入学，民国六年七月毕业。历任国立北平大学图书馆职员、晋北推运局科长、山西实业厅第一科科员、山西农商局主任、安徽省立第四农校蚕科主任、富阳、临安、上虞等县建设科科长。

陈师颢，字继程，浙江上虞人。本校本科第二十三期入学，民国十三年七月毕业。他毕生从事桑业教育工作，在本校任教达 32 年。曾任杭城虎林公司缫丝厂职员、省立原蚕种制造场助理、浙江第二改良养蚕所指导员、南浔恒裕改良七里丝传习所主任、浙江蚕业改良场技术员、浙江省建设厅蚕丝统制委员会技士。

1908 年蚕学馆改名为"浙江中等蚕桑学堂"，1910 年因学额增加，原有校舍不敷分配，借跨虹桥下的"崇文书院"充作分部。辛亥革命后，又改名为"公立蚕桑学校"。

1913 年，改名为"浙江省立甲种蚕桑学校"。1925 年，又在长安、艮山门等处设立改良养蚕场，并派毕业生帮助蚕农消毒、催青、养蚕，为本省推行蚕业技术指导之始。1929 年又改名为"浙江蚕（桑）科职业学校"，增设推广部，并筹办改良养蚕所十五所，派毕业生赴各县巡回指导。1928 年改名为"浙江省立高级蚕桑科中学"。1929 年校舍迁移笕桥。1933 年改名为"浙江省立高级蚕桑科职业学校"。1934 年校址又迁梅东高桥。1936 年迁居古荡新校舍，改名为"浙江省立杭州蚕丝职业学校"。1937 年抗战全面爆发后，杭州沦陷，迁校至寿昌、龙游、嵊县、缙云等处，继续授课。抗战胜利后，校址设在杭州黄龙洞，继迁古荡，后制丝分部迁坎山设立丝厂，于 1952 年并入浙江纺织专科学校。杭州蚕校又于 1955 年并加入绍兴农业学校蚕桑科，1956 年蚕桑科仍自农校划出在诸暨新建校舍，即今"浙江诸暨蚕桑学校"。总计，自蚕学馆成立至今的六十五年历时中，其间共迁移校址十五处，易改校名十二次。

"杭州蚕学馆"创办以来，不但对浙江的蚕丝事业起了一定的推动作用，而且从全国来说影响也很大。主要有如下几个方面：

（一）培养了大批蚕丝技术人才："杭州蚕学馆"从 1900 年第一期毕业起至辛亥革命前夕，已毕业 11 期，计毕业生 164 人。学生来自各省，毕业以后，除在省内各县从事蚕丝事业以外，川、粤、桂、苏、皖、闽、豫、湘、鄂、鲁等省，均争聘而去，颇有建树。在六十五年中，先后毕业者，不下数千人。目前全国蚕丝教育、生产、科研岗位上，都有该校的毕业生。近年来福建等省，仍有保送学生来校学习的。而且自蚕学馆成立以后，在当时的川、粤、桂、苏、鲁等省，均闻风纷纷筹设蚕丝社、校，对中国蚕丝事业，亦有一定的影响。

（二）创制优良蚕种：蚕学馆在开办初年，就着手制造改良蚕种，分送农民试养，并供应外省。由于改良种收成良好，因此颇受欢迎，纷纷争购，苏、皖、闽、赣等邻省，亦不远千里而来购取。

（三）推广养蚕技术：从 1901 年起，蚕学馆嘉兴分馆等，就为农民检查土蚕种病毒，消灭蚕病，借以补充改良蚕种之不足。1925 年又在杭州艮山门外、石塔儿头、小河、上泗以及海宁等处，设改良养蚕场，派毕业生代为蚕农消毒、催青、并指导养蚕技术；次年，校内又增设推广部，筹办各县改良养蚕场十五所，为以后本省办理蚕业指导工作，打好了基础。以后蚕业推广工作，虽转由专业机关办理，但指导人员却大部分仍为该校毕业生。

（四）编译、介绍蚕书，灌输科学技术知识：蚕学馆从开办初年，就译印《微粒子病肉眼鉴定法》及《蚕外纪》等书籍，后来又编著《蚕桑述要》等，对介绍科学知识，起了一定的作用。

现在的浙江诸暨蚕桑学校和浙江纺织专科学校，在党和上级的正确领导下，认真贯彻党的教育方针，教学质量一天天提高。当然，这又是红旗翻飞，换了人间，远非蚕学馆时代可以相比的了。

（原文刊于《浙江丝绸》第 2 期，1962 年）

戊戌前后浙江兴学纪要与林启对教育的贡献

郑晓沧 [1]

一、导　言

中国自清季甲午战役（1894）失败，国势危如累卵。朝野人士欲挽此危局，以为非变法不足以图存；而启发民智，培养人才，实为根本要图。《马关条约》甫订，即引起康有为等联合十八省举人一千三百余人"公车上书"的抗议；一二年后，梁启超、谭嗣同等在长沙，经湖南主要官吏如巡抚陈宝箴、学政徐仁铸、按察黄遵宪等的合作，设立南学会，创办时务学堂，讲求与传播新知识。在北京，则有康有为所主持的强学会，上海则有强学分会，浙江自亦受其影响。例如当时以新闻事业著名之杭人汪康年（穰卿），对于本省兴学，亦曾寄以甚大的兴趣；据闻曾专程回浙，对高级官吏表示，愿早见学校之建立。其他如陈汉第及致仕京官朱智，对浙省建立学校，均有推进与维护之功。而其时与浙江兴学建校关系最密切的，实为杭州知府林启。他兴办了三个教育机构，即是：

第一，求是书院，是浙江大学的远源；第二，养正书塾，是浙江省立杭州一中，也即浙省普通中等教育的先河；第三，蚕学馆，后来为蚕桑学校。这三个学校，于二十世纪前半，在浙江文教与经济上各起了一种酵素作用，其影响也不限于一省。

蚕学馆的设立，完全出于林启自动积极的主张。养正也在他的直接管辖权限之内。求是书院规程体制较大，当时是禀承了浙江巡抚廖寿丰建立起来的；但实际上，林是最重要的筹办人，成立以后，他还是一直寄以精神上的支持

① 郑晓沧，浙江海宁人，著名教育家、教育史专家。曾任中央大学教育学院院长，浙江大学教育系主任、师范学院院长、代理校长，浙江师范学院院长，浙江省教育学会名誉会长等职。

的[①]。

……

二、林启的一生

林启字迪臣，福建侯官人。生于清道光十九年己亥八月廿二日（1839年9月29日），卒于光绪二十六年庚子四月廿四日（1900年5月22日），享寿六十二岁。家世寒素，先代少闻达。父庆墀（讯吾），廪贡生，候选训导，以教读为生[②]。

启为同治甲子科举人（1864），光绪丙子科进士，翰林院庶吉士（1876）。散馆后，授编修，放陕西学政。历己卯科顺天乡试同考官（1879），己丑科翻译内监试，浙江道监察御史（1889）。旋以直言触忤，外放浙江衢州府知府；丙申二月调补杭州府知府（1896—1900），叠保两浙循良第一。宦浙五年，卒于杭州任所，《福建通志》列入《循吏传》[③]。

他的福建先辈中，如林则徐（1785—1850），曾焚烧烟土，和英帝国主义作不屈的斗争；林则徐之子婿沈葆桢（1820—1870），发扬蹈厉，与贪污玩愒作斗争，亲手创设马尾船政局，附设船政学堂（原称求是堂艺局），严复曾肄业于此。林启之治杭，杭州士民称为"守正不阿，精明笃实"[④]。按诸事实，至为的当。窃以为他治事的精神与方策，似有得于其闽中先辈之启发。

林是清朝官吏，其政治主张，自不过做到"变法"为止。吾师张阆声（宗祥）先生为诸生时，曾为林所契拔。某次林于无意中笑问张师："你不属于保皇党的吗？我们都是的。"师则以"群而不党"答之，其时尚有他的幕僚高凤岐在座。林高二人确是同情于光绪帝而深恶痛疾西太后那拉氏的。

名金石家陈伯衡先生（锡钧）曾对我说，他在江苏应童子试时，草率乱填圣谕广训，为学政某所发觉，要予严惩，几遭不测，幸赖淮安知府沈瑜庆（霭苍，沈葆桢之子）为之缓颊，方得保全。他曾听沈说"也不久了"的话，意谓不久清朝也快完了！可见那时知识分子对清廷的腐败无能，深恶痛疾的一

---

① 《经世报》十六期，章炳麟等执笔，刊于上海（丁酉年，1897），曾登载蚕校创始情况，并有求是书院招生启事。

② 生卒年期与家世，系承福州郑贞文（心南）先生向林公亲族调查所得见告，郑先生并代查名阴阳历月日。意至可感。

③ 见民国廿七年（1938）陈衍纂辑之《福建通志》，谓系根据杭州陈豪（蓝州）等士民所述。

④ 见《林社二十五周年纪念册》。

斑。林启也是这样，他要求改革政治——包括培养人才在内——的思想是很殷切的。

以下述林在从政期间的举措或主张。

林任陕西学政时，很注重"学风"，有两件事他曾悬为厉禁，并一直坚持，即：（一）勿染烟癖（鸦片），（二）勿包揽词讼。

他在京（任御史时）曾应诏建言四端：（一）简文法以核实政；（二）汰冗员以清仕途，具体主张停捐保；（三）崇风尚以挽士风；（四）开利源以培民命——特别着重水利与植棉。于第三项尤不可不予以讲述。他要求废止以制义词赋小楷取士，主张乡试考五经，会试考诸史，廷试考时务。揭晓后仍须查其平日品行。倘劣迹昭著，仍须除名。这些都可见他一贯注重实学，不尚虚文。并于经济学问之外还须察其行谊。不过林对童子试，以为不妨仍用时文（即八股），但命题须博大昌明，凡一切搭题之类务从摒绝。这里他的主张好像不够彻底。为什么在小试还保留时文？是否以为积重难返，暂仍其旧？抑以为这些文章格式，有某项思想训练的价值？不过我们看他主张试经义与策论，距离后来实行还早十余年，可见他的主张，在当时还是进步的。

他任御史时，曾抗疏谏请西太后停止颐和园之役以苏民困，因此左迁入浙①。

守衢不到两年，他的政治措施有六端可纪：（一）整顿谷仓，年荒时因多全活；（二）劝种桑植棉，自己捐廉一千元助购桑苗，使夫人儿妇养蚕以为倡导，前县官欧姓者曾有《蚕桑辑要》一书，他命蔡向荣广为传布；（三）为毛凤英被姑烫死事雪冤；（四）孔某干法，执法治之，或以圣人后为言者，则曰"此吾所以报孔氏也"；（五）整顿正谊书院，内课生必须在院读书，加给伙食，加厚膏火，充实图书；（六）立义塾十二处，"既以裨寒士，又以益童子"。这六端内（一）（二）所以兴民利，（三）（四）所以除民害，（五）（六）是兴教育。可以见到他的仁爱刚直与其重视生产、教育的大要。

他调任杭州知府后，杜绝一切官场"陋规"，勒石以俾民共晓。上面说到他"守正不阿，精明笃实"，前者见于其对胥吏，对邪匿，对弄刀笔之士，对外国侨民之不正当要求的刚正廉明，勤于治理，勇于赴事，他的精神是为人

---

① 据林纾所述行谊，见《林社二十五周年纪念册》。

所畏惮的；后者见于其提倡农桑，兴立学校，提倡笃实之士风。"先生治杭得其政，养士得其教，为匹夫匹妇得其利……守杭三年，政平人和而萧然恒若无与……"[1] 林纾这些话，我想还是适当的评价。

以下专就他在兴学方面事迹分三点叙述，首蚕学馆，次求是书院，而以养正书塾为殿。

于此亦欲一叙其贤僚佐高凤岐之一生，因高对林任内新政之施行多所协赞，浙人之感高公，和感林公是一样的。

高字啸桐（1858—1909），号愧室，福建长乐人，徙居省会。幼读书，颇迟钝，但甚勤，十岁后忽若有悟，大异群儿。乙亥（1875）入郡庠，壬午（1882）领乡荐，以课徒自给，诲人重信义。丙申起佐林启于杭州知府任（1896—1900）。林用其言，政绩有声。林卒后，又佐方县令家澍于桐乡及秀水。壬寅（1902）任浙江大学堂讲席。癸卯（1903）岑春煊督两广，聘入幕。翌年（1904）甲辰以知县需次于浙。又翌年乙巳（1905）任两广学务提调，擢知府，权梧州。居梧八月，清义仓，立工厂，兴蚕学，办农林，整学规。怠甚，谢病去。旋应考御史戊申补试，得第一，因素有直言之名，抑不见用，蹭蹬于海上。己酉（1909）病卒沪寓，年仅五十二。

高小于林十九岁。但两人合作无间，如鱼得水。林之设施，高实左右之。

三、创办蚕学馆经过及其影响

林启任御史时，曾奏请提倡植棉；及任衢州知府，尤竭力提倡蚕桑。光绪二十二年二月，既调杭州知府，鉴于蚕丝生产的衰退，浙省农民养蚕连年歉收，曾条陈整顿[2]。先是十余年，浙海关税务司康发达曾上蚕丝条陈于总署。内言法国验中国蚕子重八两者收丝茧二十五斤，自择种后，可收七十斤，最多者竟达一百斤。日本改进育蚕，收效甚著，中国丝价昂，出口日减，日本丝价廉，出口日增。以前八年计算，中国每年出口丝比前减少二百万斤，民间每年应短银五百八十万两，海关每年因此也短少二十万两，八年合计两共短少五千万两。倘使设局以资改进，只需三年，可睹成效，每年经费以银三万余两计，只需十万两，已可挽回大利等语。康并派宁波江生金赴法国巴斯铎学院肄

---

① 《畏庐文集：迪臣太守孤山补杂记》。
② 《农学报》第十期，光绪二十三年（1897）八月。

习选种，并参观意大利、日本蚕丝事业。林采其意，于二十三年禀立蚕学馆，"为各省开风气之先，为国家裕无穷之帑"，大旨在除微粒子病，制造佳种，精求饲育，兼讲植桑，传授学生，推广民间。先请试办三年，经费由布政司拨银三万六千两，并以金沙港一带地三十余亩为馆址。七月得抚署批准，九月动工建筑，用银连监工薪等凡一万零三百两，购器用银三千两。即于翌年（1898）戊戌三月十一日开办①。

课程设理化、动植、蚕体生理、病理、解剖、气候、土壤、显微镜、饲养、植桑、缫丝、采种等科，均连实习。二年毕业。

总办由林自兼。"馆正"初聘邵章；邵辞，改沈铭；"馆副"聘林贻珊，总教习初聘江生金（康发达派留法学蚕工头），旋聘日本轰木长，其后为前岛次郎。教习西原德太郎等。

所取学生以秀才为多②，学额定三十名，实到二十五名，不限省份，供给伙食，又零用费三元。另有额外生八名，则自贴伙食③。实际毕业者第一届只十二名，二届十四名，三届八名④，籍贯遍布十八行省。⑤自蚕学馆成立，直到一九四三年止（以后未详），在这一系统的历届毕业生共为一千一百六十四人。

继此以后，闽设蚕桑局，粤设蚕业学堂，四川（涪州）、南京等地，均设蚕桑学堂，湖北农务学堂添设蚕桑科，师资大都取给于此⑥。惜此等学堂均未长久，其绵延勿替者实只浙江之蚕学机构。

林又用罗振玉、孙淦之议，派嵇伟等赴日习蚕业。数年后又派毕业生朱显邦、方志澄赴日研究制丝等科技⑦。

蚕学馆尝总结经验广为介绍，传布佳种于民间，全国各地均来争购；又曾编译《微粒子病肉眼检验法》等书，介绍泰西饲蚕新法。

后拟在诸暨与嘉兴乌镇设分馆，似未实行。又设试验场二处，一在杭州城内，二在湖州。民国十四年（1925）后，又在四乡（应为"上泗乡"）及长

---

① 《农学报》四十一期，光绪二十四年（1897）七月。

② 丰村喜藏：《清国蚕丝大观》。

③ 《农学报》四十一期，光绪二十四年（1897）七月。

④ 丰村喜藏：《清国蚕丝大观》。以上资料均承蚕学馆早期毕业生王武烈先生惠予供给。

⑤ 钟毓龙先生著《说杭州》一书。此书长逾八十万言，内有"教育志"，未印行。

⑥ 钱天鹤、万国鼎：《发展蚕业刍议》（金大丝业丛刊 1920）。

⑦ 钟毓龙先生著《说杭州》一书。此书长逾八十万言，内有"教育志"，未印行。

安镇设改良养蚕场。翌年复增设推广部。

世界养蚕植桑源于我国。《禹贡》兖州"桑土既蚕"。《孟子》"五亩之宅树之以桑，五十者可以衣帛矣"，《豳风》中有"蚕月条桑"等句。降及唐代，李白诗尚有"秦地罗敷女，采桑绿水边"之句。林启请设立蚕学馆一文中述及此端。并谓今吴越以外蚕事久废，本巴斯铎蚕瘟受菌性遗传之说，盖因蚕瘟而蚕种渐渐消替，黄河以北之蚕竟已绝种。浙江蚕丝之利，几百年来为全国冠。林启关怀国利民福，创设蚕学馆，期于起衰救废，此事遂为各方所注目 [1]。而我国当时各地蚕业确亦受其激扬 [2]，绵泽直至于今。解放后，四川、广东、安徽、山东、新疆等省区，在人民政府策励下，年来奋起经营蚕丝，至为可观。江浙两省，虽在抗日战争期间，桑树砍伐损失不可胜计；但解放后，党对蚕桑事业，加强领导，积极发展，我省蚕茧生产，仍为全国第一，此后自必更益光大。林启当日重视蚕学，设馆树人之功，是不可泯灭的（蚕校沿革表略）。

四、求是书院（略）

五、养正书塾（略）

六、追　思

林启任杭州太守自丙申二月（1896）至庚子四月（1900）计凡四年。兴利除弊，唯恐不及，尤以兴办三个重要教育机关为其最大政绩。林在世时，曾为孤山补植梅树百株。庚子春与某人作诗曾有"为我名山留一席，看人宦海渡云帆"之句，知林启之对孤山，生前固曾欣赏。卒后，其家属本拟运柩归福州，杭人为纪念其功绩，商于诸孤留葬杭州。此事经年不决，后卒获谅解，留葬孤山。

杭人士为永其（似为"志"）思念，陈汉第与邵章曾建议组织林社 [3]。立社公牍，由诸以观、樊嘉璋等领衔，项藻馨、蒋方震等亦列名，内称"社基四分六厘，后面尚有空地六分七厘，并非民产，堪作佳城，因商诸林氏诸孤，共欲卜宅前山以妥先魄"……其留葬之牍则由樊嘉璋领衔，邵章、陈汉第、

---

[1]　浙江蚕学馆成立时，东西洋杂志亦载此消息。

[2]　例如江苏蚕桑教育之堡垒，浒墅关蚕业学校，校长郑辟疆，主持校务殆四十年，今年八十余，亦为浙江蚕学馆之早期毕业生。郑先生并从日文译示蚕校课程等资料给本文作者参考。

[3]　见《林社二十五周年纪念册》。

陈敬第、何燏时、许寿裳、马叙伦等均列名。社中列林神像并刻其贤僚佐长乐高啸桐先生像附祀。

民（国）十四年（1925）印有《林社二十五周年纪念册》。内除刊有各种纪念文字三百篇外，并有林公遗像与不少大幅摄影。

每年四月二十（四）日（农历）即林公忌辰，为社祭日。向由各校轮值，杭州高中、杭州初中、杭女中、蚕校、安定、宗文、树范等校均参加。其盛时到者或四五百人（连学生）。高等学校停办后，这一系统中久久无人参加。一九三六年本文编者曾应邀前往，稍申景慕，曾赋五律三首以纪。当时蚕校陈石民校长曾向丝绸业方面募款，将以重建林社。会日寇犯境，停顿十年。复员后因通货膨胀，庀材施工，两均不易，至一九四八年，重建工程方渐次观成。

解放后张阆声（宗祥）先生任浙江图书馆馆长，张先生曾受知于林公，林社因请其作记。预备刻碑，但尚未果。

（原文刊于《浙江文史资料选辑》第 1 辑，1962 年。本文为节选）

浙江蚕学馆的影响

陈师颢

　　由于浙江蚕学馆办有成效，各县闻风兴起普及蚕业教育，如杭州女子蚕业学堂、温州蚕桑学堂、处属农业学校、丽水乙种农校、永嘉乙种蚕业学校、衢州初等农业学校、温岭乙种蚕业学校、绍兴同仁农业学堂、余姚汝湖农业学堂、上虞乙种农蚕科、嘉善乙种农校、湖州农业学堂、绍兴第五师范、锦堂师范、平湖蚕业讲习所等都设蚕科（师范里设农桑科）。杭州有恒农桑公司、种桑公司、上虞春泽公司在藕浦种桑设茧行。此外又有蚕桑公社、蚕桑公益社、竞进蚕业社、蚕桑学社等招生传授蚕业知识和实习。青镇蚕种有限公司专制蚕种，茧行有通利、长兴、元顺等，丝厂有诸暨纶华等。以上各机构概由毕业生主持或任教。其他个别经营栽桑养蚕制种者不一而足，为我国蚕业革新做了先锋。

　　国内受蚕学馆的影响东至辽吉，西迄川陕，南达滇粤，北抵甘宁，先后兴办蚕业。

　　（一）福建。1899 年，由郑守箴与魏季子办蚕桑公学，托蚕学馆代办湖桑及广秋 87323 株，供应农民。1901 年，毕业生蔡观回省建议无结果。同年 10月，派吕汝本、石如壁去支援。1903 年，改农桑局附设蚕务学堂。1907 年，改中等实业学堂及速成科后，又改甲种蚕业学校。

　　（二）四川。1901 年，合川人张森楷来聘丁祖训、陈翰、朱敏三人去任教，并购去改良种 50 纸，湖桑一万株，于 1902 年春在大河坝设蚕桑公社。1904年，丁、陈离川，又聘祝丁（应为"鼎"）补充，成效渐著，后在成都设农业学堂，朱、祝转任该处教职。此后陆续兴办蚕桑传习所、农学堂蚕科、蚕桑学堂等，均聘蚕学馆毕业生任教。1908 年起，陆续来杭求学及东渡。

　　（三）江苏。1905 年，史量才（家修）在上海斜桥办私立女子蚕桑学堂，第一期毕业 40 余人，后皆就业，月俸高者八十元，最低五六十元。1911 年，改官办，在浒墅关建校舍，校长教师概系蚕学馆毕业。后有江苏二农蚕科、江南蚕桑学堂、无锡私立蚕业讲习所亦由蚕学馆供应蚕种及师资。通州阜成公司及南通师范添设蚕科，狼山闸桥设蚕业讲习所，及稍先开办的盐城蚕桑学堂，大都得蚕学馆之助。

（四）山东。1903年，青州办桑蚕学堂，在益都旌贤书院旧址，开办费五千两，规模参照蚕学馆，由毕业生陈拜庚、章孔昭、郑辟疆三人任教。1904年春，兖州就滋阳县的仓廒基地建蚕桑学堂，第二学期改为初等农学堂而以蚕桑为主，后设农业专门学堂，陈、章、郑三人转任该校，又添聘林在南、石如壁、张培等任教。

（五）广东。1903年12月，向蚕学馆购改良种交蚕业研究社试养，结果远超本省土种，继又兴办蚕桑学堂及农校蚕科，由毕业生陈之藩应聘任教。

（六）广西。协办蚕学馆的高凤岐于1905年在梧州办蚕桑学堂，后又有龙州蚕桑学堂，平南有南河蚕桑学堂，桂州农业学堂有蚕科；南宁、宣化、隆安、新宁、横州、左州、宁明等各有蚕业传习所，以宁明的规模较大，藤县有模范蚕业社，梧州又有女子缫丝传习所，毕业生蔡观、宣布泽、陆宝泰等前往任事。

（七）湖北。1890年办农桑局，1898年以成绩不佳停办。1899年，在湖北农务学堂内添设蚕科，聘日人峰村喜藏任教习，但蚕种大部由蚕学馆供给，因学生就来自蚕区，流生严重。1904年，远安县高小附设蚕科，1907年襄阳农业学堂有蚕科，1908年天门县设农业蚕桑学堂，1909年均州设初等农业学堂，1910年沔阳、蕲水初等农业学堂内均有蚕科，其中，襄阳农业学堂曾向蚕学馆聘徐祖勉、何逢时去任教。

（八）河南。1904年春，在怀庆府清化镇设河朔蚕桑实业学堂，招生160名，由毕业生梁有立、嵇冠群、郑銮任教。后许长（应为"昌"）（长葛县城内）、赵村（荥阳县）、邓州、禹州各设中等蚕桑学堂，其中许长蚕桑学堂最大，以一万三千余元建造校舍，招生200名。后嵇转任许长，并集股在陈窑村设蚕桑公社，植桑万株。嗣后，毕业生去河南的有范强、沈迪生、朱华、汪企虞、陆宝泰、傅调梅等。

（九）安徽。1906年，阜阳办蚕桑学堂，陈哲去主持六年，后来太和、霍邱也办了蚕校。蚕学馆毕业生潘世璜在本乡桐城的乙种农校创设蚕科。1909年，在安庆东门外设蚕业讲习所，向浙购改良种，聘陈哲等任教。芜湖省立第二农校成立后，设立蚕科，邬赓祥等多人前往任教。省蚕业模范场亦聘蚕学馆毕业生任职。从 1901 年起该省陆续派人来馆求学。

（十）吉林。1906 年设农事试验场，向蚕学馆聘陈国恩任技术员。

（十一）奉天。省农事试验场聘毕业生张培去任技师。

（十二）北京。北京蚕业讲习所聘余养浩、黄毓骥任教。农事试验场聘吴绍伯、袁励威、吴锡璋任职。

（十三）陕西。1908 年，凤翔县设蚕桑学堂，聘史兆农、章翌赴关中任教。其后又有杨丁烈、吴葆昌、杜以芬、徐翻等四人，应该省农校之聘。1910 年，西北大学聘顾晓旭、陆宝泰任蚕科教师。1909 年起，派学生赵丕翌、雷发声等来馆学习。

（十四）山西。太原蚕桑局派周和甫来浙购桑苗，向蚕学馆购改良蚕种。山西省立农专设蚕科，聘郑恺任教。

（十五）甘肃。凉州府知府王仙渊办了蚕桑公司，用蚕学馆蚕种饲养，以资提倡。

（十六）新疆。1909 年皮山县设蚕桑局，和田设蚕桑实业学堂，也是受浙江革新蚕业的影响。

（十七）云南。昆明于 1903 年办蚕桑学堂，次年骆缵郊、陈之藩就聘去任教。1907 年，改为农校，设农、林、蚕三科，邱仲刚、宣布泽相继去任教。该省学政当局要求初级农校先办蚕科，师范及高小增设蚕桑课程，女学堂课程以蚕桑为主，普遍推行蚕业教育。

（十八）贵州。1905 年贵州创办蚕校，聘徐翻、陈翰任教。

（十九）湖南。1905 年农业学堂设蚕科，聘杜以芬为教师。后芷江县有私立务实蚕校，衡阳有务训农校蚕科。先于此者有王先谦发起的长沙蚕桑公社，租赁三营马厂余地植湖桑 15 万株，并延湖州精蚕事的男女工各二人辅导之。

（二十）江西。"大兴蚕桑"因急于图成，"无暇讨论养蚕新法"。

以上各省市的蚕桑事业都或多或少的受蚕学馆的影响，故蚕学馆确是"为各省开风气之先声"。毕业生不远千里而去传授理论技术，也都有着一定的贡献。

（原文刊于《林社九十周年纪念册》，1991 年）

校 史 人 物

林太守事略

林　纾 ①

公讳启，姓林氏，字迪臣，侯官县人也。光绪丙子进士，以编修转御史。少有清问，以雅量闻于乡党，平居和悌无忤，一临大节则侃然不可夺。崇公绮甚赏其直，考试差时第上上，遂视学陕西。枢臣惮崇公直，不得已与以瘠区；时非贿不行，公之得此，盖略存公道也。既入关，励士必以名节，虽高才生而嗜芙蓉膏者，恒黜落不与选。差竣，补浙江道监察御史，上疏请开经筵，及养老乞言事，不报。既而有查仓之役，花户及各仓之监督，饷御史以陋规，岁可四五千金，公谢绝之。计一举发其弊，大狱且兴，株连至伙。但亲临监视，绝其近敝而已。续为他御史论列，严旨切责，主者连坐者众，公以廉见原，但罚俸一年。旋巡视南城，疏请罢颐和之役，以苏民困；又以闽提督孙开华纵兵虐民极论之，于是枢近大臣皆严惮其直，出为衢州知府。既至，以振刷士习为先，士之执经请业者如觐师保。衢多水患，公令多筑塘堰，以资蓄泄；又日课蚕织，戒民勿惰窳以自困。旋调守杭州，去衢之日，民空郡送之。

杭为浙之名郡，乾嘉间多名宿，公至创求是书院、养正书塾，集郡士而自课之。又东城讲舍者，课士以经史，废久矣，公合仁、钱两邑侯捐资，经史外课以策论，予之奖金，然必圭臬程朱，纳士于轨范。浙西尚蚕业，顾不审蚕病，蚕窳而丝劣，公患之，为立蚕学馆于湖墅，延东人之知蚕者验治之，西洋蚕业诸家咸振骇其事，以为能葆其利源。于是江苏、安徽、江西、福建争购蚕种以去，丝业得以弗坠，公之功也。方养正塾之设，朝议方录党人，以新学为惑众，公不为所动。适圆通寺僧以秽行闻于郡中，公立置之法，撤去佛象（应为"像"），而屋宇仍华好。某西人将夺而有之，事达总署；公曰："夺彼教而授彼族，吾无以面杭之父老，官可罢，此寺不可授西人。"已而养正书塾校

<hr />

① 林纾，字琴南，号畏庐，福建闽县人。著名文学家、翻译家。

舍即因僧舍之旧，杭之大绅咸匙之。有杨乃武者，以葛毕氏之狱叩阍得直，日作横苦其乡里，公收之；人曰："乃武猾竖不可测，公勿亟是狱。"公笑曰："必待不败而后行吾法，有官无百姓矣。"卒囚拘之不听出，乃武讼之大吏，逾年卒不直。公平居恂恂如书生，及接西人，词锋英发，凡不利于百姓者，抗不为屈，西人亦稔公之直，议匪不就。故杭人戴公如父母，每有善政为他邑侯所兴办者，必曰吾林公所命也。

公卒年六十有二，夫人刘继逝。浙之父老子弟咸曰，必葬孤山。孤山之麓，处士及典史均林氏，公又林氏，留葬便。公子楷青重违杭人之请，果营阡于放鹤亭之后。四月二十四日公之忌日，墓祭者达四五百人，湖上之舟蚁集也。林纾为公契友，公子楷青、志恂、松坚、桐实，合词请纾为述，将上之史馆。纾不文，顾以亡友生前忠孝直谅，略为道其梗概，至其阴德，为纾所未稔者，不载焉。

后死友林纾谨述

（原文刊于《林社二十五周年纪念册》，1925 年）

蚕丝事业的教育家和革新家——郑辟疆

费达生① 曹 鄂

郑辟疆先生是我国近代蚕丝业的教育家和革新家。他以毕生精力为振兴中国蚕丝业培养了几代高、中级科学技术人才，素以勤奋、严谨、朴实著称。他提倡知行合一、学以致用，长期从事蚕丝科学技术的研究和推广。尤其对改良蚕种，组织蚕丝业合作社，推广养蚕、制丝新技术，有卓著成绩。对我国蚕丝事业的革新和发展，作出了重要贡献。

郑辟疆，字紫卿，江苏省吴江县盛泽镇人。祖父开设绸庄，中道衰落。父亲名雍，字希郭，儒生兼行医②，家境清贫。母亲张仪贞，织绸能手，以卖绸收入贴补家用，郑辟疆幼年受母亲影响较深。

吴江县盛泽镇，位于江浙交界处，素称"丝绸之乡"。当年几乎家家养蚕户户织绸，又是江浙一带丝绸的集散地，经济十分繁盛，有"风送万机声""日出万匹，衣被天下"的美誉。但到19世纪中叶，因帝国主义侵略和国内政治腐败，科学技术落后，我国蚕丝业在国际竞争中屡遭失败，盛泽镇也因之渐渐由盛变衰。

郑辟疆少年时代，目睹蚕丝业日益萎缩，社会和家庭日处困境。他16岁在家乡当塾师，18岁去杭州应科举考试落第。在往返途中，他所见所闻，对蚕丝业的盛衰变迁，国家、民族的危机，感慨尤深。从此振兴我国蚕丝业的宏愿，开始在他的心里萌芽、滋长。

---

① 费达生，女，江苏吴江人。系蚕丝教育家郑辟疆之妻，著名社会学家费孝通之姊。毕业于江苏省立女子蚕业学校、东京高等蚕丝学校，是我国著名的蚕丝专家。
② 郑辟疆自传："我的父亲是士农工商的'士'，即所谓读书人，教书是当然职业。他在少年时曾行医，生活总不能自给，必须我祖父等贴补。"

1898 年"康梁变法"，有识之士在各地兴办新学。杭州成立了"蚕学馆"①，是我国第一所蚕业学校，培养蚕丝业科技人才。1900 年郑辟疆考入该馆，他辞别故乡，勤奋学习，立志要以新的科学技术来振兴我国历史悠久的蚕丝业。

1902 年郑于蚕学馆毕业，先留馆工作。次年东渡日本游学，考察了爱知、群马、长野、静冈等主要蚕区，访问了当时的日本蚕学专家。了解到日本蚕丝业从明治维新后，应用先进科学技术获得迅速发展。1900 年日本生丝年出口额达 8 万公担，我国年出口额 5 万公担，成为与我国竞争的强手。郑深感必须急起直追，改变我国蚕丝业的落后状态。

在赴日考察前后，郑与我国知识界进步人士黄炎培②、史量才③、王尧钦、费迈枢、费璞安等交往甚密，受到"实业救国""职业教育"等思想影响，郑辟疆认为必须振兴实业，才能富国强民，而蚕丝业在国民经济中占重要地位，是与列强竞争的重要阵地；还认为振兴蚕丝业必先提倡蚕丝教育，培养能实干的人才。从此他决心重振我国蚕丝业，以挽回权利与荣誉为己任，孜孜不倦地为培养人才和推广科学技术，奋斗了大半个世纪。

发展蚕丝教育　培养科技人才

1905 年至 1917 年，郑辟疆先后在山东青州蚕业学堂、山东省立农业专门学校任教。他到山东不久，曾拟就《提倡蚕桑十二条陈》送呈山东巡抚。《条陈》送出后，由于当局的昏庸，如石沉大海，杳无音讯。但他献身振兴蚕丝业的决心已定，遂以全部精力投身于蚕丝教育事业。

他在教学过程中，不断吸收日本蚕丝科学技术的新成就，结合我国实际情况，编纂了《桑树栽培》《蚕体生理》《养蚕法》《蚕体解剖》《蚕体病理》《制丝学》《蚕丝概论》和《土壤肥料论》等 8 种教科书。因立意新颖，内容精湛，图文并茂，这些教科书深得各蚕校、农校的欢迎，至 1928 年重版达十余次之多，是我国蚕丝教育最早的系统教材。

---

① 1897 年杭州知府林启在杭州西湖创办蚕学馆，改进栽桑、养蚕、缫丝技术，为我国第一所培养蚕丝业科技人才的学校。

② 黄炎培，字任之，中国职业教育社创办人。

③ 史量才，又名史家修，1903 年毕业于杭州蚕学馆，任《申报》社总经理。

　　1918 年郑辟疆应史量才邀请，接任江苏省立女子蚕业学校 [①]（校址江苏省吴县浒墅关，简称女蚕）校长。他到任时该校已有两届毕业学生，但当时妇女就业者极少，该校毕业生大多未能踏入蚕丝界。而我国蚕丝业向以农村妇女为主力，从事栽桑、养蚕、缫丝、织绸。为便于接近广大蚕农，指导推广先进技术，必须培养一批女性科技人才。当年创办女蚕，其原因就在于此。为此黄炎培、史量才曾寄语郑辟疆："希望女蚕毕业生能为蚕丝界服务。"

　　郑辟疆有鉴于此，认为"只有自动打开封建局面，方能实现教育之初衷"。他明确提出："女蚕的宗旨是培养蚕丝界之技术人才，以改进我国之蚕丝业。"他亲自制订了女蚕四条教育方针："1. 启发学生的事业思想；2. 树立技术革新的风尚；3. 以自力更生和节约办法充实实习设备，提高教育质量；4. 坚决向蚕丝业改进途径进军，使学生有用武之地。"他要求女蚕同人依此四项进行，"使学生自动投入蚕丝战线，蚕丝业由此可得到改进。学生投入蚕丝业者愈众，蚕丝业的改进则愈速" [②]。

　　为了培育为蚕丝界服务的科学技术人才，郑辟疆在女蚕时期（1918—1937年）的教育实践，有丰富的内容和鲜明的特色。

　　一、灌输爱国主义思想。他到任第一次向全校师生讲话，就大讲嫘祖教民育蚕的故事。他说："我们炎黄子孙，要把祖先开创的事业发扬光大。现在列强称霸，蚕食中国，河山破碎，百业凋敝。我们学蚕业的，要不惜一切为祖国振兴蚕丝业而献身。"经他亲自修订的校歌歌词有："……经纶天下，衣被苍生，古文明，功业创西陵。意法日本，继起竞争，挽回权利谁之任？……"他的讲话和校歌时常激励着全校师生的爱国精神。1919 年发生五四运动，他带领师生到苏州游行示威，发表演说，反对巴黎和约，要求取消"二十一条"。不少女学生当场折断日制发夹，以抵制日货，表示对日本帝国主义的愤慨。

　　二、提倡理论联系实际的学风。他教育学生"知行合一，学以致用"。他说："知是手段，行是目的。" [③] 学习的目的在于应用，只有在应用中才能掌握到

---

①　1903 年史量才在上海创办私立女子蚕业学堂，1911 年改为公立，1912 年迁至沪宁铁路沿线的浒关镇（今属苏州市），改名为江苏省立女子蚕业学校。第一任校长章孔昭，1917 年辞职；第二任校长侯鸿鉴，任职半年；1918 年由郑辟疆接任校长。

②　引自《江苏省女子蚕业学校对蚕丝业改进事迹的纪要》（郑辟疆手稿）。下称《纪要》。

③　郑辟疆侄郑声镛回忆。

真正的知识，他鼓励学生"愈研而精，愈证而明"。①他重视教育中的实践环节，培养学生手脑并用，提高动手能力。他在女蚕先后创办了蚕桑试验场、原蚕种部、蚕丝推广部、制丝实习厂；还在校外农村、工厂建立了众多的实习基地，校内、校外的实验、实习活动使学生不仅获得书本知识，且得到实际锻炼，并对蚕丝业的改进起到了推动作用。

三、提倡实事求是的科学态度。他规定"诚、谨、勤、朴"四个字为女蚕校训，并指出，"诚则能谨，勤则能朴"。他自己身体力行，为师生之表率。1921年春学校试验新蚕种，开始蚕体生长良好，但几天后发生蚕病，蚕连续死亡。有人说是新蚕种不灵，有人说是饲育上有问题。为弄清原因，他决定把试验部和原种部分开，一面对新蚕种作检验，一面精心再度试养，最终证明新蚕种品质是好的，是饲育中防病消毒不好。次年在纪念迁校十周年会议上，他亲自写了"检讨书"张贴在会场："此次失败，余身为校长，应引咎自责，望同人引以为鉴戒。"大家对他实事求是、认真负责、严以律己的态度深为感动。

四、鼓励妇女自尊、自强、自立。为引导女蚕学生奋发学习，向蚕丝界进军，他教育学生要冲破封建束缚，走独立自主的道路，以跻身社会，与男子共享平等权利。他赞扬女子心细、手巧，是蚕丝事业的主力军。鉴于旧社会女子的体质柔弱，他一到女蚕，就聘请了体育教师，把体育课列为必修课；开辟了运动场，设置秋千、浪木等运动器具，鼓励女生加强锻炼。又修建了医务室、浴室等，关心女学生的健康成长。

五、重视教师队伍的建设。他聘请德高望重、造诣深厚、事业性强的教师来校任教。为适合女校特点，特从北京女子师范等校聘来多名教师。每位教师到校时，他都亲自迎接，并为他（她）们发挥才能，创造必要的条件。他同各方来的教师，推心置腹，合作共事，不以领导者自居，使女蚕教职员成为一个团结战斗的集体。后人称郑辟疆办学的特点是："精选教师，苦练学生。"在他的教育熏陶下，女蚕学生诚、谨、勤、朴，蔚然成风；走向社会后，忠于职守，精心服务，与男子并肩前进，不仅促进了蚕丝事业的革新和发展，而且为社会开创了新的风尚。

---

① 引自女蚕校歌。

推广科学技术　革新蚕丝事业

郑辟疆在女蚕时期教育实践的另一显著特色是：学校教育和社会实践密切结合，组织师生深入农村、工厂，推广新的科学技术，革新我国的蚕丝事业。

一、进行"土种革命"

我国传统的养蚕采用自繁土种。土种未经科学方法配制，多近亲繁殖，品种混杂，且未严格消毒，故蚕种退化，蚕病多，蚕茧烘折、缫折大，出丝率低，影响丝的品质。自 1898 年（应为 1897 年）杭州蚕学馆成立时起，就有人提倡改良蚕种。但或因改良仅停留在口头上，或只有少数专家在小范围内实验，未与广大蚕农结合，虽有成果，但未能推广、普及。郑辟疆认为改革蚕丝业，首先要从改革蚕种入手，而蚕种的改革，必须与千家万户蚕农结合，因此他称这是一场"土种革命"。[①]

郑辟疆鼓励女蚕毕业生经营新蚕种业，最早成立的有虎疁、莳溪等蚕种场；他的弟妹们也创办了壬戌馆蚕种场。1921 年女蚕设立原蚕种部，生产原种、原原母种，供新蚕种业的需要。郑还派他胞妹郑蓉镜去日本，学习蚕业，回国后在女蚕从事蚕种改良的教学和实践。

1925 年郑辟疆聘请日籍教师白泽干[②]来华，协助蚕种改良工作。先建立了冷藏冰库，实行蚕种冷藏和人工孵化。接着进行一代交杂春种和秋蚕种的试验，并在农村试养、推广，成绩优异。至 1927 年正式制成交杂春种 3547 张，秋蚕种 5023 张，受到广大蚕农和丝厂的欢迎。当时由土种改为中、中交杂种（诸桂 × 新元），出丝率从 5.5% 提高到 8.3%，增加 2.8 个百分点；后又用中、日交杂种（诸桂 × 赤热），缫一公担丝可节约鲜茧 500 ～ 600 公斤，经济效果十分显著。从纯种到交杂种，从只养春蚕到兼养秋蚕，是我国蚕业生产的一大改革。

此后各地种场如雨后春笋，尤以浒关大有蚕种场和镇江蚕种场发展最快，至 1930 年江苏全省生产春、秋蚕种达 140 万张。

为保护新蚕种业的兴起，确保蚕丝业的健康发展，郑辟疆认为应由政府

---

① 引自《纪要》。

② 白泽干，日本龟山市人，1918 年上田蚕丝专门学校毕业，1925 年来女蚕任教，1928 年回日本。

制定法令。特于 1930 年初商诸江苏省政府农矿厅，经厅方同意，组织技术人员起草，颁布了《江苏省蚕业取缔法规》。从此依法进行视察和蚕种检查，使蚕种生产置于法规指导之下。至 1936 年，江苏春、秋蚕种产量达 286 万张，土种基本上被淘汰。

二、开展蚕业推广指导工作

长期以来，我国的蚕业经营都是小农经济的方式，技术落后，思想保守。郑辟疆倡导蚕业推广指导工作，引导蚕农组织起来，走合作社道路，推广应用新的科学技术。

1923 年女蚕成立蚕业推广部，由女蚕早期毕业生胡泳絮、费达生任正、副主任，许多女蚕师生参加了这一工作。因为这是一项前人未做过的工作，郑辟疆告诫指导人员"唯有虚心、踏实，才能稳步前进"。他还拟订了《指导人员五项注意》："1. 指导以达到蚕农自动为目的；2. 不涉及地方纠纷，不增加蚕农负担；3. 注意蚕农经济能力及地方风习；4. 改革先要有实际证明，不能强求接受；5. 尊重蚕农原有技术上的优点。"①

推广指导工作开始之前，郑辟疆带领指导人员在蚕丝业繁盛的吴江县农村展开了一场宣传运动。他们雇用两只大船，满载蚕桑、丝茧、蚕种、蚕室、蚕具、丝车等实物、模型、标本、图表和浅说等，每到一处在庙宇或学校里展出，郑亲自宣讲科学养茧的知识，指导人员介绍展品，蚕农仔细倾听；又将改良丝车置于船上，实际操作，两岸观众鼓掌叫好，都说应该学习新技术。宣传运动历时两周，扩大了影响。

以后先在吴江县开弦弓村建立蚕业指导所，指导周围群众组织蚕业合作社和推广养蚕新技术。蚕业指导所逐渐扩大到吴江、吴县、无锡的大部地区，和武进、江阴、宜兴等部分地区，推动了这些地区蚕丝业的革新和发展，使这些地方成为我国蚕丝业的先进地区。

各地的蚕业指导所，由若干指导员组成，她们在郑辟疆领导下不辞劳苦，深入农村，和蚕农打成一片，通过蚕业合作社，指导社员选用良种，实行共同消毒、共同催青、稚蚕共育，从事新法养蚕，取得显著的效果，深得蚕农的信赖。指导员大部是女蚕毕业学生，每年春、秋两季自养蚕开始到新茧上市，逐

---

① 引自《纪要》。

日到各户巡回指导，风雨无阻，历尽艰辛，每到采茧之期，她们欣然喜色，与蚕农共享丰收之欢乐。她们全心全意为蚕农服务的精神，蚕农和社会人士都衷心钦佩。

蚕业合作社成立后，蚕茧的产量、质量都提高，但售茧仍是分散的，没有组织起来。蚕农仍苦于茧行的中间剥削；而且零星售茧，使茧质混杂，增加缫丝加工的困难。郑辟疆因此又提倡共同售茧，先是鲜茧共售，以后部分地区发展到干茧共售。1930年吴县光福蚕业合作社，由女蚕推广部介绍与无锡永泰、乾生等丝厂订立鲜茧买卖合同，最早实行鲜茧共售。后光福又成立干茧运销合作社，协助蚕农建造烘茧灶，指导干茧技术，干茧直接售与无锡、上海等地的丝厂。共同售茧，减少了中间剥削，实行优质优价，蚕农得益更多，促进了蚕茧质量的提高，对提高生丝的品质，也大有裨益，因此也得到丝厂的欢迎。

农民养蚕最大的困难是资金不足，只得借高利贷，忍受重利盘剥，不少农户（被）弄得家破人亡。郑辟疆急蚕农之所急，时常各处奔走，为蚕农筹措蚕本。他以女蚕和他自己的技术信用担保，为蚕农向银行争得低利贷款，售茧后蚕农如数偿还银行本利，从未发生拖欠之事，蚕农和银行都很满意。1930年国际市场不景气，我国蚕丝业也受到很大影响。郑辟疆会同金融界张公权、实业界吴申伯、薛寿萱等发起发行丝茧公债，缓解了丝厂收茧资金不足的困难，使蚕农售茧少受影响，得到蚕农和丝厂界的好评。[①]

为提高蚕农的文化、技术素质，郑辟疆要求女蚕推广部于农闲时举办妇女工读班和养蚕技术训练班。曾编印四种教本：《识字课本》《养蚕大要》《上蔟须知》和《消毒法》，是深受蚕农欢迎的科普读物，得到广泛传播。

郑辟疆倡导的蚕业推广指导工作，是我国早期在农村开展合作社运动和介绍科普知识，以科技兴农的先声。

三、改进制丝技术

在蚕业推广指导工作的基础上，郑辟疆又致力于制丝技术的改进。早在1921年他就派费达生去日本留学，学习新的制丝技术。1925年起，郑开始把注意力转到制丝事业上来，把女蚕蚕业推广部改名为蚕丝推广部，由费达生任

---

① 据吴申伯1989年3月20日自香港致费达生的信。

主任。

吴江县震泽一带的蚕农，习惯自制土丝，选质优者翻成"辑里乾经"[1] 行销国外。郑指示推广部，要重视土丝的制造技术，保留其优点，促进其改良，提高其品质。1925 年先在震泽和开弦弓试行土丝改良，1927 年在震泽镇塔寺设立土丝改良传习所，改良丝车达 92 台，改良后的土丝品质有所提高。

1929 年，开弦弓村成立生丝精制运销合作社，这是中国农民在农村自办机械缫丝的创举。该社的设备原系孙中山先生赠与粤商欧谭为然女士的，她未曾使用又转赠女蚕。所需经费除社员自筹外，由推广部商诸江苏农民银行行长过探先、王志莘予以贷款。由于该社采用的是日本式小筬复摇式机器，比当时一般丝厂用的欧洲式机器好；同时该社还采取煮、缫分业，改进了煮茧技术，所以该社生产的蜜蜂牌生丝品质比较优良。1930 年虽丝价暴跌，而该社所产的生丝成本低、质量好，生产依旧蒸蒸日上。

1930 年，女蚕校增设制丝科和制丝实习厂。郑辟疆指出："女蚕制丝科是改进制丝业的秧田，实习厂是制丝改进实验的示范田。"这时在国际竞争中，我国制丝业的弱点已完全暴露。主要是设备陈旧，管理落后，因此国产生丝市场日益萎缩，不少丝厂倒闭。郑辟疆根据这种情况，即组织技术人员，悉心钻研，改进设备。当时日本缫丝技术，已由坐缫改为立缫，但对外实行封锁，禁止立缫车出口。郑即委托张复升[2]、费达生按日式立缫车仿制（张、费都从日本留学归国，看到过日式立缫车），经无锡合众铁工厂与上海寰球铁工厂共同施工，试制成功"女蚕"式立缫车。先在女蚕制丝实习厂和开弦弓制丝合作社试用，效果良好。以后在其他丝厂也推广应用。与此同时，又研制和改进了烘茧机、剥茧机、煮茧机、复摇车和生丝检验设备等，对制丝机械和工艺作了系列的改革。每项改革都先在校内实习厂试验，然后向各丝厂推广。使我国生丝的品质提高，销路扩大，价格上升；因此茧价也逐步回升，蚕业生产得以稳定，渡过了国际市场上丝价猛跌的难关，这是在制丝教育的推动下获得的胜利。

---

[1] "辑里乾经"：浙江吴兴南浔及江苏吴江震泽一带出产的优质丝，名辑里丝，再经整理加工成乾丝，打绞成包转售洋行出口，称"辑里乾经"。
[2] 张复升（1904—1980），江苏宜兴人。1928 年赴日留学，毕业于上田蚕丝学校。原苏州丝绸工学院副院长。

郑辟疆对制丝业的改进，除实行生产技术的革新外，还推动丝厂业主，联合工人，进行管理上的改革。当时各工厂都是封建式的管理，厂主只知赚钱、剥削工人，管理人员都是大小霸头（俗称"拿摩温"）。1932 年，郑受无锡瑞纶丝厂厂主吴申伯的委托，派费达生去该厂进行全面改革。费去后将瑞纶丝厂改为玉祁制丝所，从厂房建筑、工艺设备、生产技术、管理机构到管理方法都进行了革新。虽遇到重重阻力，终于收到良好效果，使工人积极性提高，经济效益上升，劳资双方都得利益。以后浙江方面也聘请女蚕毕业生前往从事革新，江浙两省制丝技术得以互相促进。

吴江县继开弦弓生丝精制合作社后，又在女蚕推广部的指导、帮助下，对震丰丝厂进行了改革，于 1935 年成立了平望制丝所和震泽制丝所，这两个制丝所经营蚕业合作社委托的代烘、代缫业务。郑辟疆当时就指出："这种经营方式，是以农村劳动力为基础，不仅有利于农业经济，且于国家经济、地方经济大有裨益，是振兴蚕丝业的道路之一。"[①] 这实际上就是现在乡镇工业的雏形，至今吴江县的制丝厂仍多建立在乡镇。

随着制丝工业的改革和发展，急需高级技术人才，1935 年郑辟疆在女蚕基础上，创办了制丝专科学校，招收男、女生，这是我国制丝高等教育的开端。1937 年又增设养蚕专科，改称蚕丝专科学校。

从 1918 年至 1937 年 19 年间，郑辟疆对蚕丝教育和蚕丝业的革新作出了卓著的贡献，也是他的教育思想和实践得到全面发展的阶段。

教育思想、教育事业的进一步发扬

1937 年抗日战争全面爆发，女蚕、蚕丝专科校舍和玉祁、震泽、平望制丝所、开弦弓制丝社悉遭日本侵略者焚毁，设备被洗劫一空。郑辟疆等在苏南苦心经营的事业毁于一旦，令人痛心疾首。开始，郑率同人在上海租界继续招生复课；汪伪政权建立后，他辗转去四川，在乐山复课，并协助乐山蚕丝实验区[②]，开展蚕丝改良工作，推广在苏南行之有效的经验，使川南蚕丝业面貌为之一新。

---

① 　引自《纪要》。
② 　乐山蚕业实验区：1939 年由妇女指导委员会和四川省政府洽定，以乐山、青神、眉山、犍为、井研、峨眉、夹江七县为乐山蚕业指导区，推广蚕丝新技术，聘请费达生为实验区主任，郑辟疆为顾问。

1945 年日本投降，郑辟疆等回到浒墅关，艰苦复校。1946 年秋开始招生，11 月实习工厂复工，开展代缫，以所得加工费作复校费用。

1949 年 4 月苏南解放，学校得到新生。郑辟疆终生为之奋斗的蚕丝改进事业，纳入了国家建设规划，他由衷感到高兴。他热爱新中国，热爱新的蚕丝事业，以更高昂的热情，投入蚕丝教育的革新事业。在共产党领导下，蚕丝教育事业获得了更大的成就。

1954 年 9 月，郑辟疆出席了第一届全国人民代表大会。会议期间，由黄炎培引见，毛泽东主席、周恩来总理同他亲切地谈了话，鼓励他"把我国的蚕丝业发扬光大"，给了他巨大的鼓舞。

新中国成立以后，江苏省立女子蚕校和蚕丝专科学校，得到了迅速发展。1950 年两校合并为苏南蚕丝专科学校；1956 年蚕、丝分校，建立江苏蚕桑学校和江苏丝绸工业学校；1958 年升格为苏州蚕桑专科学校和苏州丝绸工业专科学校；1960 年苏州丝绸工业专科学校升格为苏州丝绸工学院。1969 年以前各个时期，郑辟疆一直担任校长、院长。他先后当选为第一届全国人民代表大会代表，第三、四届全国政协委员，江苏省人民委员会委员，第三届江苏省政协常务委员，中国蚕学会名誉理事长、江苏省蚕学会理事长。

郑辟疆努力学习马列主义、毛泽东思想，他全心全意为人民服务的精神，理论联系实际、学校教育与社会生产相结合的教育思想，得到了进一步的发扬。他与蚕桑、丝绸校、院的同人共同努力，培育了更多的中、高级蚕丝技术人才，他们既有科学知识，又有崇高的爱国思想和实践经验，成为我国蚕丝业的骨干力量。直到现在，他的教育思想仍是我国蚕丝界、教育界的宝贵财富。

随着我国蚕丝事业的迅速发展，学校的规模和专业设置等都相应扩展。苏州丝绸工学院发展成为具有制丝、丝织、印染整理、丝绸美术设计等专业比较配套的丝绸高等学府。郑一贯十分重视缫丝技术的革新和推广，1952 年，学校首先引进日本多摩定粒式自动缫丝机，培养了一批技术工人，总结了一套操作规程，保证了产量、质量的提高，在全国处于领先地位。1962 年，又自行设计和试制 400 绪定纤式自动缫丝机，经过长期中间试验，通过国家鉴定，定型为 D101 型定纤式自动缫丝机，成为新的一代缫丝机在全国推广。

郑辟疆在晚年还从事蚕丝古籍的校释，已出版的有《蚕桑辑要》《豳风广义》《广蚕桑说辑补》《野蚕录》等书。

"文化大革命"中，郑辟疆遭到错误批判，身心受到摧残，1969 年 11 月 29 日因病逝世，享年 90 岁。党的十一届三中全会后，1979 年 6 月 2 日召开了隆重的追悼会，推倒了对他的诬蔑不实之词，重现了他固有的光彩。

道义为师表　风范照后人

郑辟疆为振兴我国蚕丝事业奋斗一生，不仅他的光辉业绩为人们所传颂，他高尚的人格和无私的品德，更为人师表，光照后人。

他待人热忱，对事负责。学生不仅在校时受到他的亲切教诲，毕业后仍得到他无微不至的关怀。毕业学生在工作中遇到困难，他竭尽全力予以帮助，学生同学校之间的感情极为深厚。校友返校，交流经验，沟通情况，他十分重视，把反馈的信息，作为改进学校工作的重要依据。

他一心为公，不谋私利。在旧社会办学是十分艰难的，政府的支持与资助极少。20 年代初女蚕建立原蚕种部，由于政府不拨款，他以自己私寓"潜庐"作抵押，向银行贷款。1932 年女蚕试制立缫车，向政府申请经费无着，他又毅然解囊，捐款购置器材，经日夜奋战，终于攻破难关，将"女蚕"式立缫车试制成功。

他乐于助人，公而忘私。苏南解放不久，正值春茧上市季节，因战事影响，茧站未做好收茧准备，缺乏资金。在此紧急关头，他不顾敌机轰炸，交通阻隔，亲自去无锡苏南行署呼吁，将收茧用人民币押运到苏州，解决了燃眉之急。但是他对自己的私事，从来置之脑后。他一生以事业为重，直到解放后，七十高龄时，才在亲友、学生敦促下，与费达生结为终身伴侣。

1969 年，郑辟疆像一条春蚕，为人民吐尽了丝，悄悄地离开了人世。他留下的手稿中写道："生存无止境，好比灯油尽，油尽灯自灭，永别无需惜……一生无贡献，未尽人民责，徒餐三百石，无以报农人。"从中可以看到郑辟疆虚怀若谷，甘为孺子牛的高尚品德。

（原文刊于《郑辟疆先生诞生一百一十周年纪念文辑》，1990 年）

史量才先生之生平

黄炎培[①]

史量才先生，名家修，中年后以字行，祖籍江宁。父春帆，遭洪杨之乱，经商上海西泗泾镇，遂家焉。

先生幼颖悟，师事耆儒戴葵人先生，读书过目不忘。泗泾清时属松江府娄县，光绪二十五年春，考入娄县学为附生。时当戊戌政变后，先生慨清政不纲，弃举子业，与松城雷继兴、龚镜清辈研求日本文及理化等应用科学。光绪二十七年秋，考入杭州蚕学馆。年假归，倡议兴学，促地方父老筹经费，而泗泾米业养正小学以成，至今称盛。

先生既毕蚕学馆业，遂应上海王氏育才学堂聘，为理化学教员；旋膺兵工学堂、务本女学、南洋中学各校教习，时科举犹未废也。先生故善词令，尝就养正小学演讲，开发民智。听者坌涌，咸佩先觉。光绪三十年，创女子蚕业学堂于上海高昌庙桂墅里，实为吾国女子蚕业教育之嚆矢。三十年来环太湖诸郡蚕桑业之兴，先生与有力焉。此校旋迁苏州浒墅关，即今之江苏省立蚕桑学校也。

光绪三十一年，偕诸同志发起江苏学务总会，未几而苏浙借英款筑路之议起，以汤蛰仙、张季直、王丹揆诸公之提倡，群主集资自筑。先生盖为奔走最力之一人。公司成立，被选为董事，时先生兼任《时报》主笔，已于新闻业深感兴趣矣。复以暇发起全国农务联合会于南京，被推总干事。时南京开南洋劝业会，先生则集农学家，参与其事，审查研究。

无何，武汉革命军起，各省响应，主江苏者实为程雪楼、张季直、应季中诸公，先生盖无事不参与商洽也。惟时人才云集，而思虑之锐敏，治理之精严，独推先生。以故江海关款产棼如乱丝，设沪关清理处，而以先生主之；松

---

① 黄炎培，字任之，江苏川沙（今属上海市）人。中国近现代爱国主义者和民主主义教育家。曾任中华人民共和国政务院副总理兼轻工业部部长、全国人大常委会副委员长、全国政协副主席等职。

江盐政亟需整理，设松盐局，而以先生长之。

先生独着眼社会事业，以为一国之兴，文化实其基础；而促进文化，尤以新闻为前驱，遂以民国二年接办《申报》，惨淡经营，二十余年，未尝少懈，实为一生心血之所凝结。当袁氏盗国，以重金啗（通"啖"），令无反帝制，先生直却之。嗣是军阀当国者十年，贞介自洁，婉约自全，盖煞费苦心焉。

而先生尤以企业造产为富国福民之本，民国十年，偕南洋侨商黄弈住创办中南银行；同年发起民生纱厂；又尝协助项松茂扩大五洲药房营业，协助陆费伯鸿复兴中华书局；凡所擘画，莫不云蒸霞蔚。人以是多先生之才略与魄力，而先生一志持稳，更扩大新闻事业。公余之暇，出入道释两家，参览典藏，习静坐，积十余年之精修，颇得静定功夫；习拳术、技击，身手矫捷，几为青年所不及。

"九一八"事变，先生大感愤，日夕集同志，谋所以协助政府，挽救国难。迨一·二八沪战既开，乃有上海市民地方维持会之组织，被推会长。协定成立，改为上海市地方协会，仍被推会长。而政府尤器重先生，农村复兴委员会聘为委员；招商局改国营聘为理事；实业部规设温溪造纸厂，聘为筹备副主任；上海市政府设临时市参议会，聘为参议员，被推为议长。先生深感朝野之交相推重，则益激励奋发，凡经济、文化、慈善各公团职务，苟被推选，绝不言辞，如新中国建设学会被推理事，中山文化教育馆被推常务理事。而其惓惓之怀，尤一日不能忘东北，则偕同志创设东北难民救济协会，冀稍拯流离之惨。其他公益事业之参加，匪可殚述。先生既早岁研习理化，苟于科学有所发明，尤乐以重金扶助。

而于独力经营之《申报》，自举行六十周年纪念后，锐意扩张。附属事业，如补习学校、流通图书馆、年鉴、月刊，并延聘专家，精制全国地图，皆于启迪人文，大有贡献。昕夕不遑，心力交瘁，时发胃疾，乃抽暇赴杭州西湖，暂息养疴。不意自杭返沪，车经海宁附近翁家埠大闸口地方，遇匪徒多人，狙击殒命。时为民国二十三年十一月十三日下午三时。年仅五十有六。其友邓祖询、司机黄锦才同殉焉。独先生之子咏赓，肄业之江大学，同车归，且奔且拒，卒免于难。

上稿所载皆就笔者平时闻见及就访亲知所得，如有舛遗，候示补正。

（原文刊于《申报月刊》第 3 卷，1934 年）

我国蚕桑教育事业先辈朱文园先生

张福全

朱文园先生，名显邦，乳名光显，字文渊，号文园。中年以后，以字行，人称文园先生。浙江省缙云县人。生于公元 1879 年 11 月。八岁入村塾，十七岁就读缙云县著名的独峰书院。先生在此接触到自然科学知识，很感兴趣。中日甲午战争中国战败，清政府签订丧权辱国的《马关条约》，激起了中国人民的极大愤慨。先生萌发了"科学救国""实业救国"思想，以"安邦定国"为己任，遂改名显邦。

1898 年，先生二十岁，参加童子试，以优异成绩高中秀才，担任塾师三年。1902 年，以第一名考进处州府学读书。

1903 年 8 月，与同乡陈凤修同时考入位于杭州西湖金沙港的蚕学馆。蚕学馆创办于公元 1897 年，即今日浙江丝绸工学院前身，是中国最早的蚕桑学校。1905 年 7 月，先生以优秀的成绩毕业。经馆正沈霭如老师举荐，先生任蚕学馆"考种员"。同年 12 月，又以品学兼优被蚕学馆选派留日。

1906 年春，进入日本成城中学预科学习。1908 年 4 月，先生三十岁，考取日本东京蚕业讲习所制丝科。在此期间，先生结识了孙中山、黄兴等人，加入中国同盟会。先生学习成绩优异，技术高超。他曾说："我主攻的专业为制丝，好丝来自好茧。要把好茧缫成好丝需要很好的技术，同学中有人能够缫出三四个好茧的丝，已经很不错，但我能够一次缫出七八个好茧的丝……"应清政府京试，先生得"农科举人"功名。1910 年 7 月，先生毕业归国。同年冬，蚕桑学堂（原蚕学馆）监督沈霭如老师电催回母校任教习。1911 年 4 月，应清政府殿试，名列二甲，赐进士出身，叙七品京官，签发学部候用。先生致力振兴蚕桑事业，6 月即返蚕桑学堂。

1911 年 10 月，辛亥革命胜利。同年 11 月，浙江光复。1912 年 3 月 21 日，时先生已三十四岁，由沈霭如老筛和陈紫卿老师举荐，被浙江省教育长沈钧儒委任为浙江中等蚕桑学校校长（蚕桑学堂改名）。先生接任以后，拟订振兴学校规划，建立新的规章制度，聘请留日同学倪绍雯为教务主任，刘启周为专业教师，充实丝科设备，添置脚踏缫丝车。为了迅速推广养蚕新法，学校还增设一年制别科，短期培养技术人才。1913 年冬天，学校奉命改称浙江省立甲种蚕桑学校。同年，先生派蚕学馆毕业生去吴兴、海宁、崇德、德清、嵊县创立模范丝厂五所，起示范作用。在其影响下，南浔、菱湖、长安、新昌等县相继仿效，开展土丝改良工作。 1914 年，先生在西湖诂经精舍开办女子缫丝传习所，聘请本校留日学生曾毅为教师，推广新法缫丝。先生任职三年，成绩斐然，声名大振。1915 年，先生被委任为浙江省缫丝传习所所长，兼充巴拿马赛会评议员。后又被公推为浙江省教育会评议员。

1914 年，蚕桑学校展品，获巴拿马国际博览会金质奖；1920 年，获全省展览会甲等奖。先生为了发展蚕桑事业，曾拟订发展计划，多次呈报上级，要求拨款添人，都未得结果。先生决心自力更生，于 1923 年春自筹款项，在发展中心点设立指导所两处。三四月间蚕种被病毒污染，损失颇重。经教师刘启周、宋志刚和学生陈师颢、苏州蚕校教师郑辟疆的支援，和日籍教师的配合，用纯系分离和杂交分离固定技术，培养成十余个新品种。其中"洽桂""诸桂""翰桂""新桂"四种新品种，曾广泛推广，受到蚕农极大欢迎。

1924 年 8 月，夏超出任代理省长。1925 年 2 月，夏超邀先生商讨发展浙江蚕桑事业事宜，负责制订《浙江蚕业改进办法大纲》。大纲对经费、人事和机构都做了规划。这一年，学校在艮山门、湖墅、塔儿头、上泗和长安等地设立养蚕改良场五所，派学生在那里做消毒、催青、养蚕示范；在海宁、诸暨设土丝传习所。1926 年，学校设推广部，由朱新予任主任。在杭嘉湖、宁绍地区重点养蚕县开办蚕业改良场共十八处，派毕业生和三年级学生代蚕户消毒、催青、饲养。学校建造贮藏蚕种五万张的冷藏库一幢，三层楼蚕室五幢，二层楼缫丝工场一座，并向上海订制缫丝机。教学科学理论与生产实践结合。同年，学校奉命改名浙江省蚕桑科职业学校。先生主长浙江省立蚕桑学校的这一段时期，是蚕校的鼎盛时期。

1926 年 7 月，国民革命军北伐。9 月，夏超兵败被杀。浙江蚕桑事业受到极大影响。1927 年 3 月，先生辞职。先生主蚕校十六年，移交时，因历年学校经费短绌、清寒学生的接济等，竟亏了四千五百余元巨款。幸得教师们以薪水慷慨相助，乡族侄朱俊夫借现款一千三百元，才得结清。先生卸任以后，债台高筑，生计困难。

1928年春，应海盐县长赵守礼之邀，出任海盐县建设科科长。任职期间，先生为海盐县筹建了蚕桑示范苗圃和蚕业改良场各一所，并在海滩开辟大片桑园。8月，辞职回杭，接任杭州女子蚕业讲习所教务。为了清偿欠债，于1929年秋，创办普利蚕种场，辞去杭州女子蚕桑讲习所教务之职。1930年12月，先生辞去普利蚕种场经理，于1931年春办第二普利蚕种场于清泰门外华大塘边。1932年春，营建蚕室十四间，就在此处种桑、养蚕、制种、推广良种，并移家来此居住。不到两年，由于去萧山向正华茧行销售蚕种不幸被骗四千五百余元，普利蚕种场由此破产。1933年2月，先生到山东烟台蚕校任教务主任一年。后又去芜湖蚕校任蚕科主任。1934年返杭州。同年3月，同事和学生筹集资金八百五十元，协助先生整理蚕种场旧业，至1937年10月，先生经营得法，培养了大批良种，得到了顺利的推广。

1937年7月，日军全面侵华，先生携眷回缙云河阳村故里。1940年下半年，先生被聘为仙都中学教师。1942年4月间，日军派遣军事密使到云和，向浙江省主席黄绍竑诱降，途经缙云东渡村，被县自卫队俘获。因无人通晓日语，无法审讯，县长何宏基请先生做翻译。审讯将毕时日俘低声询问先生姓名、住址，何时留学日本，先生如实回答。日军密使举大拇指答谢。后来，日军流窜浙东，各县人民深受其害，而日军进入缙云境内时，人民受害较浅，日军没有闯入先生故里河阳村。故里人民认为河阳村没有受日军蹂躏，与先生有关。

1943年2月，先生被委任为缙云简易师范学校校长。在职期间，先生特别重视师生的身体健康，保证大家吃饱、吃好。除每月发给教师150斤大米作工资外，还发15斤"敬师豆"。当年缙云简易师范所在地普化寺，毗邻老革命根据地。先生了解校内有不少进步师生，都加以保护。那几年中，学校里没有一个进步师生被迫害。先生常常对学生说："国家的强盛，要依靠国民素质的提高，而国民素质的提高，要依靠高素质的教师来完成，高素质的教师要依靠各级师范学校来培养。"

1945年抗战胜利，1946年先生辞去简易师范职务。同年5月11日，经学生朱新予安排到中国蚕丝公司浙江收茧管理处担任总督导工作，后又兼任浙江蚕种业务协会冷藏库主任，直到 1949 年 10 月。

1949 年 5 月 3 日，杭州解放，先生七十一岁，仍然壮心不已，与学生合作，恢复普利蚕种场。先生亲自参加种桑、养蚕、制种、推广良种，日以继夜，不遗余力。由于过度劳累，于 1955 年 7 月 16 日不幸病逝，终年七十七岁。

（原文刊于《杭州文史资料》第 12 辑，1989 年）

蚕丝教育实业界的一代先驱

——浙江高级蚕丝学校先校长陈石民

李　明

1928—1938 年，陈石民任浙江省立杭州高级蚕丝学校校务主任至校长。十年间，从金沙港、笕桥、梅东高桥至古荡建设新校，艰苦创业，历尽艰辛。当时的古荡蚕丝学校在师资、教学、设施各方面均居国内外一流水平。历年为国家培育出众多的科技、管理精萃人才，以及为振兴浙江丝绸实业和经贸工作贡献了毕生精力。

发愤东渡　立志创业

陈石民，字锡昭，又名基陶。1895 年出生于浙江嘉兴日晖桥，原籍新昌县西坑村。少年丧父，家道艰辛，发愤苦读，以第一名考入杭州甲种农校，又年年获得第一名官费奖学金。毕业留校，1919 年（25 岁）考取官费留日，毕业于日本东京帝国大学，1923 年（29 岁）在日本长野县上岗蚕种试验场、松本蚕种公司工作一年半后回国。在蚕丝教育界历任苏州农校蚕科教员、主任，嘉兴昆虫局技师，杭州虎林公司缫丝科科长，浙江省立高级蚕桑科职业学校（金沙港、笕桥）校务主任、校长，浙江省立杭州高级蚕丝学校校长。在丝绸经贸界曾历任富华公司丝茧专员兼宁波办事处主任、浙江分公司襄理，复兴公司浙江分公司襄理，浙江省油茶棉丝管理处副主任，嵊县开源丝厂与锦源丝厂驻杭办事处主任，纶昌绸厂、信昌丝茧号、云旦丝茧号经理。新中国成立后历任浙江省春茧代收服务社负责人、杭州市工商联筹委常委、杭州市民革宣传处长等职。1968 年 8 月 17 日逝于杭州。

古荡建校　蚕丝宏愿

　　陈石民从 1928 年至 1938 年在浙江省立杭州高级蚕丝学校，正是年富力壮的十一年（34—44 岁）。从金沙港、笕桥、梅东高桥，又迁到古荡，为蚕丝学校的发展，也为浙江蚕丝业的振兴费尽了心血。

　　特别是在任校务主任到校长的十年中，先在笕桥艰苦创业，建有教学楼、办公楼、日本式推门蚕室、宿舍、厨房、膳厅等当时的新式校舍，还将苏堤原有桑树大部分移到笕桥新桑园。校舍刚具规模，就被航空学校征用。陈石民又为选择新校舍到处奔走，最后选定古荡老和山脚（现浙江大学校址），购地 130 亩（8.7 公顷），分三期开建。从 1934 年 1 月选址到 1936 年 8 月初步建成搬进新校舍，他都是不辞辛劳，事必躬亲，废寝忘食，到处求援，要钱要人，精心设计，严格要求，才使学校在短短时间内就具有相当规模。

　　古荡新校舍按照教学、科研、生产、实习、生活、健身等一体化的构想，既有新颖完美的建筑，又有长远发展的规划。除了办公楼、教学楼、显微镜实验室、蚕室、贮桑室以外，还有礼堂、膳厅、宿舍、浴室、工房和各种球场，更具有普通种场、原种场，以及原原种场和规模很大的实习缫丝厂。缫丝厂设有当时日本最先进的 80 部立缫机的缫丝工场，以及与之配套的扬返场（复摇车间）、清丝间（整理车间）、炉子间及煮茧室、滤水池（水处理设备）、贮茧库、制丝机械陈列室、锅炉间等一应俱全。

　　在当时，设备这样齐全，实习基地这样先进，环境这样优美，布局这样合理的蚕丝学校，在国内外都是罕见的。可惜在日本侵占杭州时期，将它作为军马场肆意破坏，至 1945 年投降前夕，还要付之一炬摧毁殆尽。古荡历经沧桑，解放后文化院校林立，陈校长生前曾深为感慨地回忆说："我当时选定在古荡建造蚕丝学校，还是有眼光的。"

　　缪祖同（当时制丝系主任，后任校长）在《抗战胜利蚕校纪念册》中写道：古荡原校舍自丝厂，蚕室、桑园、农场、运动场、庭园，乃至一花一木、一水沟、一石墩之布置，无不经前陈校长之苦心设计与惨淡经营。1936 年落成典礼上，各界来宾无不为蚕丝学校新校舍的规模宏大、窗明几净、园林式建筑而叹为观止。

当时蚕丝学校师资力量雄厚，四十三名教职员中，留日和赴日进修回来的有十六人，占 37.2%。每届毕业生前三名还可保送留学和进修，人才济济，聚集了当时的蚕丝精英。每当新生入校和新教员到校之际，校长和同仁都要一一介绍依山傍溪（护校河）的优美校舍，畅谈蚕丝学校的远景，倾诉振兴蚕丝业的遐想。

时过五十年，留日老教员孙虞卿、周仙美（现浙江诸暨农校退休），以及现浙江丝绸工学院顾问陈钟教授十分深情地回忆说：陈校长当时对古荡的遐想，影响了我们一生为蚕丝及教育事业努力工作，当时 30 年代的宏图，有的已不亚于当今 80 年代的规划，例如在杭州玉皇山即将建成的中国丝绸博物馆，当时陈校长就已有设想筹划，要尽快在老和山麓建造的。

当时以古荡为基地，陈石民还积极参与了浙江蚕丝业的蓬勃开展。例如：俞丹屏创办的西湖蚕种场及其蚕业讲习所（在拱宸桥西），在武林门外筹建西泠蚕种冷藏库等等。特别是从 1932 年起，为了推广栽桑、统一蚕种、指导养蚕、统制收茧，浙江省先后在萧山县、余杭县、杭州市成立 3 个改良蚕桑模范区，又扩充到 29 个县成立蚕桑改良区。1934 年 1 月，经济委员会成立全国蚕丝委员会，会址就设在杭州。其中，陈石民以校长兼任杭州市蚕桑改良委员会总指导所的指导主任，下设 4 个改良区，区下分设指导所，每所委派 1～2 名指导员。当时由于科学技术与生产相结合，科技人员直接在农村进行技术指导，成效十分显著。到 1936 年全省蚕业指导员有 484 人（大都为蚕丝学校毕业学生或培训生），育蚕户 14214 户，共育蚕种 93263 张，可谓一时之盛，在浙江蚕丝业史上是空前的；其科技人员队伍之庞大，以及他们改良蚕丝事业坚强决心，在当时工农各界中也是有口皆碑的。

浙江丝绸工学院名誉院长朱新予生前一再提到："30 年代浙江蚕丝业的兴旺，是当时一代同仁辛勤奋斗的结果，作为校长，陈石民是当时的带头人，誉为'蚕头'也不为过。"由陈校长亲自设计的蚕丝学校的校徽上就有解剖的"蚕头标志"（见图 1），表示前身"蚕学馆"是全国首办的蚕校。又例如"蚕宝宝"（柴焕锦）、"蚕铁娘"（马骧）等

图 1　浙江丝绸工学院校徽

体育健儿也曾在当时浙江体育界传为美谈。陈校长培养学生不仅强调德育智育，同时也十分重视身体素质的提高，他坚持要求把体育作为升级毕业的重点考核科目，专诚聘请体育专家周汝型等老师加强指导训练，在历届省市体育运动会中人才辈出，不少男女运动员名列前茅，有的还多次参加全国运动会。柴焕锦曾两次参加全国运动会，在运动场上、越野赛跑、登高比赛中多次获得冠军，并保持了全省万米长跑纪录，直至 1949 年前一直未被打破，一生获奖累累，声誉卓著，故被誉称为"蚕宝宝"。柴老现已高龄七十有八，缅怀石民师时体会特别深刻："我在丝绸事业中能健康服务至今，而且有所成绩和一些贡献，主要是学校特别是石民先生等的悉心培养和谆谆教导，使我终生难忘。"充分说明当时蚕丝学校在浙江人民心目中影响之深远。若无日寇入侵，古荡蚕丝学校的发展必极为可观，我省蚕丝业也将会大大推前若干年。关于陈石民在当时的作用以及古荡远景设想，到现在都还有一定的指导意义。可惜资料几乎散失殆尽，需要积极组织力量搜集发掘整理，对策励后人，图强奋进，有不可低估的作用。

当时杭州文教界著名省属单位杭高、杭初、杭女中、杭师、蚕丝学校、图书馆、博物馆等的校长、馆长计 11 人，每月有一聚会，轮流做东。原浙江图书馆馆长陈训慈回忆道："陈石民谈笑风生，热情待友，乐于助人，关心公益，给大家留下深刻的印象"

陈石民精力充沛，在当年杭州纬成丝厂、虎林公司、西泠印社、国货商场，以及三友实业社等的成立兴建中，都曾多次出力与献策。

育人建业　造福乡里

日寇全面侵华，古荡校舍刚建一年，即在铁蹄下被糟蹋摧毁。

为保存蚕丝教育力量，陈石民弃全家不顾，率 130 余名师生，带着设备、图书、资料，历尽颠沛流离，坚持在临安徐家坞友谊蚕种场、寿昌紫竹庵先后开课。到龙游溪口后，迫于战事暂时停办，又到处奔走筹划，在新昌鼓山蚕种场和嵊县甘霖镇显净寺先后复校开课。当时生活十分艰苦，学校师生一致公认，只要陈石民在校，师生就生龙活虎，学校便欣欣向荣。他即使在调离后，仍十分关心学校，积极催要经费，推荐优秀教员。日寇侵扰甘霖镇后，他还专门接待学校师生到自己家乡西坑陈家祠堂避难。另外，他集民间人、财、物力在兴善寺主持创办"新昌县私立蚕桑职业学校"（现澄潭中学），亲自兼任校长，招收学生3届，毕业百余人，大都奋战在蚕桑生产、教育第一线，解放后政府充分肯定该校成绩，承认学历。

凡此种种，在发展蚕丝教育事业以及培养浙江蚕丝人才方面，陈石民业绩卓著，在国内外均有较大影响。

抗战期间，陈石民先后出任过当时财政部贸易委员会丝茧专员兼宁波办事处主任，复兴公司与富华公司浙江分公司襄理，浙江省蚕丝管理委员会主任等职，都是在艰苦抗战的条件下竭力恢复蚕丝生产和发展出口贸易。为了增强抗战经济实力，他提出过许多独到的见解。例如：浙东丘陵可大事发展蚕业，其要素均优于浙西平原；蚕丝事业与农、工、商、外贸、金融、教育等社会各业均有联系，必须善为运用，方能计策万全；发展蚕丝事业的利益分配，务求遍及农工大众，给予相当优厚的利润，绝对取缔中间商和买办的居奇剥削（详见"本省蚕业管理计划私议"，原文载1940年《浙江农业》第20、21期合刊）。在此期间，他经手款额千万之巨，全部账目一清二楚，廉洁自守，两袖清风。

日寇进入新昌西坑村时，陈石民与村民均藏匿山中。日寇得知他是东京帝大毕业生，指名要他出任新昌县维持会会长，否则扬言要烧毁全村。消息传到山中，人心惶惶，不知所措。陈石民深思之后，首要保全民族气节，决不当汉奸，又要保全西坑不遭日寇火焚，定出调虎离山之计。（他）建议村自卫队先到西坑前山放几枪，再绕过山头到远山放几枪。日寇乍闻枪声，即仓促集队出村，向远山循声而去，就这样保全了西坑村。村民称道："石民先生见多识广，妙计退寇保全西坑。"后为防止日寇再来寻事，陈石民携家迁往仙居、临海等地。

在此期间，除了在新昌创办鼓山蚕种场和"留芳"蚕种场，还在仙居创办了"仙居丝厂"，以及利用临海当地棉花资源，在白水洋创办"立生纱厂"等实业，以发展战时经济建设。

老共产党员竹明山的回忆录（原文保存在嵊县党史办）记载：1943年，我党的一位好朋友——张仲愚因救助四明山游击队，被国民党浙江省保安队押送天台，"坐牢三个月，后经张的好友陈石民保释。""抗战胜利后，……浙保第二次逮捕了张仲愚，并妄图在押解杭州途中进行暗杀。又是陈石民出面与竺鸣涛（浙保司令）打交道，才保证了途中的安全。张在浙江第一监狱被关了十一个月后由陈石民保释，但不准离开杭州。"张就留在陈石民家中。杭州解放后，张仲愚（已病故）由杭州军管会任命为杭州绸厂厂长。

一代宗师　春蚕丝尽

抗战胜利，陈石民返回杭州，旧居与资料已荡然无存，转而从事丝绸实业。

其间，1947年开始重建"林社"。林迪臣是光绪维新分子，与康有为、谭嗣同相善，在杭州知府任内，首创"三学"：求是书院、蚕学馆、养正书塾。后演变为浙江大学、蚕丝学校以及杭高、杭初、安定中学等校，实为浙江现代教育的开山之祖。20世纪初，浙江各界知名人士在西湖孤山东北麓建有"林社"以志纪念。抗战全面爆发后失修倾塌，陈石民与同仁朱新予、徐淡人等发起重建，由蚕丝界筹款捐物、迭经挫折，终于在1949年初完工。占地约200平方米，为一座两层砖混结构的民族形式建筑物，也是杭州西湖一个人文景点。1951年浙江图书馆馆长张宗祥作有《重建林社记》。

杭州解放后，陈石民以满腔热情积极参加蚕丝业界各项社会活动。曾先后出任浙江省春茧代收服务社负责人、浙江省土特产交流会部门负责人、杭州市工商联筹委常委、市第一届政协常委、市人民救济会常委，筹建市民主建国会任财务处长。1956年任杭州市民革宣传处处长。他认真宣传党的统战政策，积极开展对台工作，在团结和联系社会人士方面，发挥过一定作用。

1962年，在蚕丝业同仁推荐下，受《浙江丝绸》杂志社聘请编著《中国蚕桑史》。正遂他多年夙愿，积极寻找资料，采访素有研究的老朋友、老同事，进行多次专题研讨，以他颤抖之手艰难地写下了开头几章，并为以后各章积累了大量书稿与资料。可惜此《中国蚕桑史》书稿，在"文革"浩劫中全被烧毁，事业未竟，终生为憾。

陈石民一生刚正不阿，嫉恶如仇。故遭到"文革"极左路线的迫害，于1968年8月17日抑郁病逝，享年七十四岁。

党的十一届三中全会拨乱反正后，1979年12月6日补开了追悼会，对陈石民的一致评价是：为人正直刻苦，忠于职守，热爱祖国，坚持民族气节，勤俭节约，乐于助人，谈笑风生，心口如一，磊落一生，立志发展蚕丝教育和实业，在蚕丝界有较大贡献和影响。

（原文刊于《丝绸》第 9 期，1990 年）

蚕桑志士邵申培

唐信宏 [1]

邵申培（1892—1952），江苏宜兴人，杭州西湖蚕学馆（浙江丝绸工学院的前身）毕业，穷其一生创办实业，集科研、教育、实践一体推广改良蚕种，使浒墅关成为全球瞩目的蚕种基地，他创办的大有蚕种制造场也成为当时全球第一，邵申培先生为我国的蚕桑丝绸业做出了极大贡献。沧海桑田，人们没有忘记他。邵申培先生是我的外祖父，我自幼是由外祖母抚养长大，有幸感受到外祖父的人格魅力和对祖国、对事业的满腔热情。谨以此文，深表怀念崇敬之情，并与蚕桑丝绸同业共勉。

创办实业　造福乡里

我国的植桑养蚕、缫丝织绸，源远流长，西汉马王堆等历代出土文物中的丝绸制品，精美绝伦，古时乃将故乡称为"桑梓"。但传统养蚕沿用土法土种，致使蚕病多，产茧量低，品质也差，及至清末和民国初年，我国的养蚕制丝业，反而落后东南邻国。

邵申培认识到蚕种品质的改良提高，对蚕丝事业的发展有关键作用，1926年与郑辟疆等志同道合者集资创建大有蚕种制造场。岁次丙寅（虎年），即名虎牌。当年制春种一万二千张，经各蚕区饲养，成绩甚佳，深受蚕农欢迎，所产蚕茧经无锡乾生丝厂等缫丝发现，蚕种改良后的丝质既优，产量也高，便主动提出向大有蚕种场投资入股，扩大生产，同时也加大对蚕种优选、蚕种保育技术的开发研究。邵申培对养蚕科技水平的规范提高极为重视，他抽调技术人

---

[1] 唐信宏，江苏宜兴人。本校本科第十五期入学，民国五年六月毕业。曾任江苏省立蚕桑模范场技术主任、江苏第二农校蚕科主任、江苏省立女子蚕校教员兼场务主任、大有蚕种场经理。

员深入农村，直接指导科学养蚕，确保养蚕作业产量增加，苏浙皖的广大蚕农如虎添翼，所产蚕茧，成本降低，丝质优良，收益大增。大有蚕种制造场自创建到抗日战争全面爆发前的十年内，邵申培艰苦创业，致力革新，经营有方，到 1937 年已建成总场和十一个分场（抗战胜利后在台湾新竹建立一个家蚕饲育所）。虎牌蚕种年产量高达六十四万二千余张，直接造福蚕农数十万户，蚕丝事业得以迅速发展，蚕民喜称虎牌蚕种为"铁种"。优良的蚕丝为苏浙两省"日出万绸、衣被天下"创造了客观条件。

研发为本　人才为纲

为保证蚕种始终具有优秀的品质，防止品种的逐步退化和变异，必须不断研究、改进，培育新的品种。要解决这个问题，关键在于科学研发投入和技术人员的培养，于是便有"大有四君子"之说。为培养专业技术人才，邵申培先生曾先后选派宋君宜、金起鹏、殷秋松、邵兆华四人，东渡日本攻读蚕桑，学成回国后从事科技研究工作。在当时有如此高瞻远瞩的举措，奠定了浒墅关蚕桑事业高地的基础。

大有总场还开办蚕业讲习所，培养技术人员，毕业后留场任用，"除微粒之病，改良蚕种，精求饲育，兼讲植桑，传授学生，推广民间"。为了帮助有志蚕桑而又家境贫寒的青年，邵申培先生曾私人资助周敬群、姚藻生、窦焕龙等人就读杭州西湖蚕校，他们毕业后都为祖国的蚕丝业振兴做出了贡献。

邵申培先生曾说："蚕种的改良是蚕丝行业改良的基础"，他不顾工作繁忙，始终兼任女蚕校实习场主任，并且每周讲两天课，把蚕种改良中出现的问题，在理论教育中探讨研究、改进提高。这就是教育与生产实践相结合的好方法，女蚕校与大有蚕种场，教育与生产，相互促进，相得益彰，对不断改进蚕种品质起了很大的作用。

在邵申培先生的倡导下，我国从每年一季的春蚕养殖发展成春秋两季饲养，极大提高了蚕丝产量，为之后的丝绸业发展奠定了基础。他最早提出了柞蚕养殖设想，鼓励技术人员探索柞蚕养殖技术，虽然这项技术至 20 世纪 60 年代末才成熟，可见早在 30 年前就提出设想的邵申培先生之敏锐和前瞻。

同行相助 "大家都有"

浒墅关的蚕种业,由于大家的共同努力而不断发展。大有蚕种场是蚕种业的支柱,无论在规模、设备、技术、资金和科研都首屈一指。邵申培先生深知单靠大有一家是不够的,必须蚕种业团结一致、共同努力,才能保证我国蚕种业的复兴崛起。他常爱讲"大有,大有,就是大家都有嘛!"在他看来,相助即互补,团结一致,力量更大,发展更快。在他的主持下,"同行相助"得以顺利推行。大有蚕种场利用它先进的设备和技术,向同行提供宝贵的原种,帮助进行冷藏、浸酸、浴种、催青、镜检等服务,使中小型蚕种场得以克服困难,稳步发展。大有的这种"同行相助"企业风范,曾在民间传诵一时:"大有只要有,没有也可有。"在同行相助的良好氛围中,浒墅关的蚕种业迅速发展,除大有蚕种场发展到有十一个分场外,其他蚕种场在抗日战争爆发前也有壬戌馆、永新、国华、三元、天远、于园、济农等二十余家之多,使浒墅关成为我国蚕种场最为密集的一个重要基地,同时也使我国的蚕桑业再次跃居世界领先水平。

桑梓之情 爱国之心

1937年抗日战争全面爆发,垂涎于跃居领先水平的浒关蚕桑业,日寇多次出动飞机,轰炸浒墅关女子蚕校及蚕种场,企图摧毁中国的蚕桑基地。邵申培先生经营的大有蚕种场饱受战争创痛,损毁惨重,昆山大有二场、望亭大有四场、宜兴大有六场、苏州大有七场、无锡大有八场、南浔大有九场和德清大有十一场先后遭日军空袭停产。邵申培先生带领大有蚕种场职工克服重重困难,将蚕种原种和重要仪器设备转移到太湖马迹山,使我国蚕桑原种免遭日寇毁坏。

此时,日商华中蚕丝公司苏州分公司成立,企图掠夺浒墅关大有蚕种场。日商苏州分公司负责人上田利诱威逼邵申培先生,要用日方商标代制蚕种,遭严词拒绝,又生一计的上田提出与大有蚕种场合资经营,再遭婉拒。恼羞成怒的上田命人在大有蚕种场埋炸弹和在邵申培先生家客厅纵火等方式进行恐吓。为保护大有蚕种场、避免上田的不停纠缠,邵申培先生辞去总经理职务,避居上海法租界，直至抗日战争胜利方回浒墅关。浒墅关蚕种业和宝贵的蚕桑原种终未落入敌手。邵申培先生不畏日寇淫威，显示了爱国实业家的民族气概。

抗战胜利后，邵申培先生获悉台湾新竹蚕桑业发达，但原来依赖于日本的蚕种业，随着日军溃退而断供的消息后，便亲赴台湾，在台湾新竹成立大有台湾家蚕试育所，开发出适合台湾饲养的家蚕品种供应当地蚕农，解决了台湾蚕农无蚕种之忧，也使大有蚕种场蚕种植根于海峡两岸。

家风清和　垂范育人

我的外祖母、邵申培先生夫人周毓，生于晚清，一个纯朴善良的农村妇女，虽然没有念过书，但深明事理，尊老爱幼，勤俭持家，他们的婚姻虽是父母包办，但邵申培先生作风正派，对夫人不离不弃，相敬如宾，白首偕老。

邵申培夫妇对待子女教育重在自身垂范，常对孩子们说："你们不仅要学好科学文化知识，更重要的是首先学好做人。"语重心长，教育孩子们成为有知识有益于社会的人，期待四个子女按兵、农、学、工专攻所长，报效祖国。

大儿子在浙江大学航空工程系就读，1950年朝鲜战争爆发，邵申培先生鼓励儿子投笔从戎，响应国家号召，参加空军建设，保家卫国。

我的母亲是邵申培的大女儿，继承父业攻读蚕桑，在女蚕校蚕科毕业后按外祖父要求到最艰苦的地方工作：到太湖蚕区做养蚕指导工作。她不畏艰苦，深入蚕农家中，精心指导，交了很多蚕家朋友，亲如家人。我母亲积劳成疾又不愿耽误蚕期，终致因病瘫痪，多年以后，仍常有从农村带着土特产和丝绸刺绣等物品的朋友前来探望。在我幼年的记忆中，留下深刻印象。母亲曾告诉我，她初工作时许多人称呼她"大小姐"，外祖父坚持要改称"邵同志"，细微之处可见邵申培先生的育人之道。

小女儿毕业于南京大学化学系，留校任教。

小儿子毕业于南京工学院无线电系，在华东纺织工学院任教，先后任自动化系系主任，东华大学信息科学与技术学院院长等职，在遥感技术领域颇有建树。

邵申培先生的儿女，不负父母的期望，在各自的人生道路上，贡献了自己的力量，并且也实现了兵、农、学、工各有所长的愿望。

不幸的是邵申培先生因常年奔走操劳，夙兴夜寐，积劳成疾。1952 年春被诊断为直肠癌，虽经积极救治，无奈为时已晚。邵申培先生自感病势日重，回天乏术，病榻上他艰难地给远在东北从军的长子写信："人生的希望，不一定在个人生命之延续，如汝等均能认真学习，为人民服务，则为最大安慰。汝不必回来看我，迢迢数千里，跋涉往返，于我病无益，于学习有碍……"。临终留言，仍嘱咐儿女为人民服务，无私奉献之情，感人肺腑。

一心利民　鞠躬尽瘁

邵申培先生对我国蚕桑事业的振兴发展做出了卓越的贡献，解放后，苏南人民政府有关部门也给予很高评价，鼓励他继续为蚕种生产做出更大贡献。他被选为吴县第一届人民代表、苏南区人民代表。

不久，中央提出从新民主主义提前过渡到社会主义，民族工商业要进行社会主义改造，私营企业先改成公私合营，再进而由国家经营。邵申培认为，国家经营必将优于私人经营。蚕种场好，生产的蚕种就好，最终得益的是广大农民群众。因此，一心爱国的邵申培衷心拥护，全力配合。大有蚕种场是一个私有的股份有限公司，改为公私合营以至国家经营，股东将失去对企业的所有权，这不是股东能轻易接受的，要有一个说服教育的过程。这时，邵申培虽已每感身体不适，但仍积极主动，奔走于上海、无锡、杭州等地，亲赴各股东家中，耐心细致，说服动员，最终取得了大多数股东同意，使大有蚕种场提前于全行业四年，在 1952 年春，率先完成了公私合营。

就在此事完成之后，邵申培先生日见病重，卧床不起，以至生命垂危，1952 年 7 月 4 日不幸去世，英年早逝，享年六十岁。

春蚕到死丝方尽，留得衣被暖人间。邵申培先生同业好友郑辟疆先生泣泪行书：有子参军无上光荣，以学利农尤为称颂。

行业的兴盛登顶，必定有许多志士仁人倾注毕生心血，他们的价值不会被岁月淹没。半个多世纪后的今天，有关我外祖父邵申培先生的文章频见于报纸杂志，在苏州、无锡等地方志中也颇费笔墨，更让我感动的是数年前访问台湾新竹，在与新竹纺织商会人士接洽时，对方在毫不知情中竟意外谈到我外祖父，我脱口而出"邵申培是我外祖父"，客人正色而言："我们不敢妄称邵先生大名，他是新竹许多人所敬重的。"

我未见过外祖父，但他对我恩泽匪浅，从小生活在对他的崇敬氛围中，使我感受到名利之外的追求，对事业的执着追求才会魅力无限。愿我们的蚕桑丝绸业续写辉煌。

（原文刊于《江苏丝绸》第 3 期，2014 年）

蚕桑专家徐淡人、冯道卿

徐锡勤 ①

　　徐淡人生于 1896 年，浙江诸暨化泉乡刀鞘坞人。其父徐穆清为早期浙江省蚕学馆职员，家境清贫。徐淡人旧制小学毕业后就辍学在家。通过刻苦自学，以优异成绩考入蚕学馆，获公费求学。毕业后，任教于安徽省甲种农业学校。当时军阀混战，国难当头，民生凋敝，徐淡人发愤以"科学救国"。1926 年，他已而立之年，获悉浙江省将选拔一名公费留学生赴日学习蚕丝，他毅然赴杭州应试，名列榜首，被选公费留学日本。他为了在最短时间内学会日语，不住学校而住在一名农夫家中，生活非常艰苦。经过三个月的生活实践，他学会了日语对话，就进入上田蚕丝学校学习；同时他还向有名的蚕桑专家求教，经过五年刻苦学习，学到了当时比较先进的蚕业知识。回国后，他和浙江蚕业界同仁共办西湖蚕种场，想以此为起点来振兴浙江蚕业。可是当时战乱频仍，搞实业困难重重，他"实业救国"的幻想破灭之后，决心献身于教育界，被浙江蚕丝职业学校聘为教师，把自己的蚕桑专业知识传授给青年一代，他在蚕校兢兢业业，诲人不倦，二十余年如一日，深得蚕业界同仁的推重。

　　他的夫人冯道卿女士也是学蚕桑的，曾与他一起东渡日本留学。回国后向亲友借款筹办蚕种场，希望改良蚕种以振兴浙江蚕桑事业，她的努力得到丈夫的大力支持，经过数年努力，在家乡开办了诸暨璜山蚕种场，有季节工三十余人。正当她热心于大的蚕种场的时候，发生了"七七"卢沟桥事变，日本帝国主义侵略中国，祖国半壁江山沦陷，杭州、诸暨相继被日军侵占。徐淡人作为一名爱国知识分子，不甘于当亡国奴，跟随浙江蚕校，内迁嵊县，他千方百计、在极为困难的条件下，指导学生如何使老桑树更新，如何利用山洞培育秋蚕种，如何在缺药消毒情况下利用熏烟养好蚕。他创造性地运用许多办法，克

① 徐锡勤，徐淡人长子。曾任职于衢县农业局。

服重重困难，深受师生们赞扬。

1945 年日本投降，蚕校迁回杭城，家乡蚕种场也重新恢复，夫妇俩满怀胜利的喜悦迎接抗战胜利。当时徐淡人是浙江蚕桑协会理事长，打算重振浙江蚕业，可是连年内战，民族工商业又遭苦难。

浙江解放，蚕桑事业得到人民政府的扶植，虽然徐淡人、冯道卿都已年近花甲，但他们焕发青春，决心把自己的知识毫无保留地贡献给祖国，将自己一手创办的蚕种场带头参加公私合营，冯道卿女士被选为浙江省（人大）第一届人民代表，徐淡人先生也被特邀为浙江省政协委员。

徐淡人晚年除参加社会活动外，还千方百计托人向日本购进蚕业书籍，翻译有《蚕的发育》《蚕桑和气象》《桑树实验》等书，以供有关科研和生产单位参考。他还编著出版了《论养秋蚕》《养蚕法汇编》等书和多种蚕业资料，翻译了多篇日本科学论文，对全省蚕桑生产起到促进作用。

在 20 世纪 20 年代，养蚕织绸乃是女子的事，徐淡人、徐穆清从事蚕业，在乡间经常遇到封建势力的讽刺挖苦，可是他们从不计较。不但自己终生为蚕桑事业奋斗，同时还培养下一代也热爱蚕桑事业，徐淡人、冯道卿有子女五人，除二人早年参加革命外，其余三人和配偶都从事蚕桑事业，堪称为"蚕桑世家"了。他们代代相承，学习上代的"春蚕"精神，把自己的一生献给祖国的蚕桑事业。

（原文刊于《诸暨史志》，1988 年）

蚕丝专家、丝绸教育家朱新予

郑修兴 [1]

朱新予，蚕丝专家、丝绸教育家。毕生从事丝绸教育，一贯提倡教育、科研和生产实践相结合，亲自编写教材，抓科学研究，积极推广科学育蚕、贮茧、机械缫丝等新技术；中华人民共和国建立后，致力于恢复和发展丝绸生产；扩大丝绸教育领域，培养多种人才；晚年还倡导丝绸史研究，筹建丝绸博物馆，积极发展我国丝绸工业和丝绸文化事业。

朱新予，字学锄，1902年6月出生于浙江省萧山县一个教育世家。青年时代，朱新予受辛亥革命和孙中山先生的《建国大纲》的影响，目睹我国丝绸业落后的现状，立下了以科技振兴祖国丝绸业的宏愿。1914年7月，他考进浙江甲种蚕桑学校学习。该校的前身是杭州太守林启在1897年创办的蚕学馆，他是蚕校第18期学生。1919年五四运动期间，他充满爱国热情，参加了反帝反封建活动，并被推选为该校6名演讲队员之一，上街进行宣传。同年9月，毕业后留校任教。他在任教期间，一面教书，一面到蚕区实地进行调查与指导，探索我国丝绸业发展的道路，曾发表《中国的丝绸业怎样才能发展》等论文。他认为，发展中国的丝绸事业，必须从教育和科学技术着手。为此，他想到当时四大丝国之一的法国去勤工俭学。他在任教之余，发奋攻读法语，后因路费无着，法国留学未能去成。1920年暑假，到南京金陵大学暑期学校进修蚕丝与农业教育，获得第一名优等奖。

1922年11月，朱新予考取留日公费生，于次年2月赴日本留学。他在日本东京高等蚕丝学校和日本国立蚕丝试验场，对缫丝、育蚕、贮茧等进行专题

---

① 郑修兴，1971年底到杭州工业学校工作。曾任学校办公室秘书、副主任、主任，服装与艺术设计学院书记。

研究，为今后从事丝绸教育和科研、生产工作奠定了基础。

1925 年 7 月，朱新予从日本学成归国。当时，他曾上书北洋政府实业部，建议发展蚕丝事业未果，报国无门，难以施展才干。20 年代末长达四年之久的世界经济危机，使我国丝绸业遭到沉重打击，生丝外销呆滞，丝价惨跌，蚕农生活困苦，农村挖桑树之风盛行。他忧心忡忡，思考着中国蚕丝业如何才能得救。他认为必须依靠科学技术，提高蚕丝质量，占领国际市场。为此，他全力投入蚕丝主要产区，从事丝绸教育和技术推广工作。1926—1928 年，他先后担任浙江甲种蚕桑学校教员和推广部主任、苏州第二农校制丝教员。1928 年 3 月，朱新予任中国合众蚕桑改良会推广部主任，兼任女子蚕业讲习所所长。次年，该所改名为镇江女子蚕业学校，后又改名为合众高级蚕桑科职业学校，他仍兼任校长。他在办学中坚持"学以致用"，走教育、科研与生产实践相结合的道路。1932—1933 年，在江苏省金坛县和浙江省萧山县主建两个蚕桑模范区，以传播和推广养蚕、缫丝新技术。

抗日战争全面爆发后，条件更加艰苦。镇江女子蚕业学校颠沛流离，内迁至云南楚雄。在那里，朱新予以楚雄为中心办起训练班，从养蚕到缫丝进行技术指导，并与丝绸界人士一起组织开荒、种桑、养蚕，推进了云南的蚕丝生产。同时，他还先后受聘担任中山大学蚕桑系和云南大学蚕桑系教授。

抗日战争胜利后，朱新予回到浙江，任中国蚕丝公司专门委员，并兼任经济部蚕丝协导会浙江办事处主任，从事蚕丝技术革新和推广工作。

1949 年 5 月杭州解放，朱新予受浙江省军管会委托，主持当年春茧收购工作，顺利完成了任务。后又应马寅初校长之聘，到浙江大学农学院任教授。

中华人民共和国建立后，朱新予先后担任杭州市工商局、工业局副局长，浙江省轻工业厅副厅长兼丝绸局局长，为恢复和发展浙江的丝绸工业，作出了一定贡献。

1960 年 3 月，朱新予调任杭州工学院副院长兼纺织系主任。次年 9 月，纺织系改为浙江纺织专科学校（后又改为浙江丝绸专科学校，1964 年改为浙江丝绸工学院），朱新予任校长。他不断拓宽丝绸教育的领域，筹办染整、机械专业，增设电子自动化、丝绸美术与品种设计、服装设计等专业。

1980 年，朱新予在浙江丝绸工学院创办丝绸史研究室，亲自兼任研究室主任，带硕士研究生，致力于丝绸史研究，主编了《浙江丝绸史》和《中国丝绸史》。

1984 年 1 月，朱新予退居二线，改任名誉院长。他尽管身体有病，视力很差，但仍一心扑在丝绸事业上，多次向浙江省人民政府、纺织工业部、中国丝绸总公司提出发展丝绸工业的措施和建议。

1987 年 6 月病逝，享年 85 岁。

朱新予生前曾任第五、第六届全国政协委员，九三学社中央委员，中国纺织工程学会理事，中国丝绸协会丝绸历史研究委员会主任委员，浙江省九三学社副主委、科学技术协会副主席、科学技术委员会副主任、纺织工程学会理事长、经济史研究会名誉会长等。

走教育、科研和生产实践相结合的道路

朱新予认为，中国丝绸工业的发展必须依赖于教育和科学技术，他一贯强调教育、科研和生产实践相结合。早在日本留学期间，他在日本东京高等蚕丝学校、日本国立蚕丝试验场等单位，就对半沉煮缫丝法、缫丝机械设计、缫丝工艺、屋外条桑育蚕法、酸性白土干茧贮茧法、人造丝与蚕丝发展的关系等课题做了专门研究。这些研究成果的专题报告和学术论文，有的在国内刊物上，有的在日本的刊物上发表。他还翻译了《蚕卵稀盐酸人工孵化法》一书，由新学会社出版。该书当时对发展我国秋蚕饲养起到一定的作用。

1925 年 7 月回国后，他先后担任浙江甲种蚕桑学校教员和苏州第二农校制丝教员。那时，学校实验条件很差，他自己设计制作催青、稚蚕共育、烘茧三用箱，作为试验工具，并且研究了各种煮茧方法，在《中华农学报》上发表论文。同时，还在《国货评论》刊物上发表了《人造丝新技术的发展与生丝的关系》，介绍人造丝新技术和阐述蚕丝事业的发展前途。朱新予重视到农村实地指导蚕丝生产。他在担任浙江甲种蚕桑学校推广部主任时，组织人员在杭嘉湖、萧绍地区重点养蚕县开办蚕业改良场共 17 处，派毕业生和三年级学生代蚕户消毒、共同催青、饲养小蚕、巡回指导。

在担任中国合众蚕桑改良会推广部主任、女子蚕业讲习所所长、镇江女子蚕业学校（后又改名为合众高级蚕桑科职业学校）校长期间，朱新予坚持"学以致用"的办学原则，把教育、科研与技术推广三者紧密结合起来，学校

和蚕区、丝厂建立联系，及时推广新技术、新品种。在江苏省金坛县和浙江省萧山县主建蚕桑模范区时，办起了蚕种场，生产优良蚕种免费供应蚕农，并派专业技术人员到各蚕区推广养蚕、缫丝新技术，使这两个模范区的蚕丝生产得到较快的发展，这一时期，他为山东省临朐县规划了具有先进立缫机的缫丝厂；并且，接办濒临倒闭的嘉兴丝厂，在这个厂进行技术改造，增添立缫机，引进新型煮茧机，推进了缫丝技术的改进。

恢复和发展浙江丝绸生产

中华人民共和国的建立，为发展丝绸生产创造了有利的条件。1950 年 8 月，朱新予愉快地接受聘请，担任杭州市工商局副局长。一上任，他就一家一家地动员丝绸厂恢复生产，还针对丝绸行业工厂小、设备差的状况，组织生产联营，提高生产力。特别是丝绸印染作坊，原来大多是"一只缸、两根棒"，土法染色，既费工时，质量又差，只能小批量生产。实行联营后，经济实力增强，增添设备，改进工艺，提高技术水平，减轻了劳动强度，提高了产量和质量。1951 年 11 月，朱新予调任杭州市工业局副局长。他为了改进小机户生产的丝绸质量，建立统一规格，实行检验、议价制度，以适应出口丝绸的要求。

1955 年 3 月，朱新予被任命为浙江省工业厅副厅长兼丝绸局局长。他上任后的第一件事，便是抓丝绸教育和科学研究。在他的积极努力下，把前一年院系调整中迁并到苏州蚕丝专科学校的丝绸师资重新迁回杭州，并在杭州工业学校中恢复丝绸科，使杭州的丝绸教育得到继续；又在杭州缫丝厂内办起了纺织科学研究所，并兼任所长，亲自指导所内研究工作。该所是现在浙江省丝绸科学研究院的前身，也是我国最早的一个丝绸研究所。1956 年 10 月，经他亲自筹划，创办了《浙江丝绸工业通讯》，以后，还经常关心指导，使这个通讯逐渐发展，成为目前全国丝绸界流行最广的、最受欢迎的兼科技和情报于一身的《丝绸》杂志。

重视教育和科学研究，强调教育、科研和生产实践相结合，这是朱新予抓丝绸工业的指导思想。在生产管理上，朱新予认真贯彻纺织工业部关于提高质量、增加品种的要求，组织各厂试织新品种。1956 年 1—3 季度浙江省丝绸行业已试织成新品种 82 只、新花样 598 只，其中 19 只新品种被外商接受采用，提前超额完成了上级下达的任务。朱新予还积极支持杭州丝绸印染联合厂筹建处（当时属中央国营企业）在杭州庆成丝厂进行自动缫丝机缫丝的试验。为了保证 1958 年丝绸工业生产大跃进的正常发展，朱新予于当年 3 月及时提出了 14 条意见，要求加强茧处理工作、选茧精选分档、改进煮茧技术、提高缫丝操作水平、大力注意机械改进、加强机械保养、加强经常性试验研究、交流推广先进经验、巩固和修订技术检查制和责任制等。他还亲自主持召开专业会议，总结推广缫丝操作和煮茧技术经验。在他的领导下，浙江省丝绸工业持续稳定健康发展，产量与质量均有很大提高。与 1949 年相比，1959 年白厂丝总产量增长 4.75 倍，绢丝增长 2 倍，绸缎增长 4.2 倍；生丝平均品位提高 4.46 级，绸缎正品率比 1952 年提高 21%。

发展和扩大丝绸教育的领域

1960 年 3 月，浙江纺织专科学校与其他几所大专学校合并成立杭州工学院。朱新予调任杭州工学院副院长兼纺织系主任，专门从事丝绸教育的工作。次年 9 月，因院校调整，杭州工学院除纺织系外都并入浙江大学，纺织系单独复办浙江纺织专科学校，朱新予任该校校长。当时，他提出的办学指导思想是：第一，为丝绸工业服务，形成自己的特色；第二，加强基础课，拓宽学生知识面。为此，他一面抓教育质量，使基础课质量不断提高；一面积极筹办染整、机械专业，以适应丝绸工业发展的需要。

朱新予重视教育、科研，加强基础理论的指导思想，在"文化大革命"期间，被作为"修正主义"批判。但这并没有动摇他对党、对社会主义的信念和强烈的事业心。

粉碎"四人帮"后，恢复了浙江丝绸工学院，并由他担任院长。他决心夺回失去的时光，为我国丝绸事业做出更大贡献。1977 年 1 月，他提出了《关于丝绸业务方面的几点想法》，对丝绸工业的发展前景、学校的专业设置、多种形式办学、教材建设与科研工作等，提出了许多建设性的建议。他还负责筹建电子与自动化新专业，使这个专业于 1978 年正式招生。

朱新予在办学中十分重视根据经济建设需要培养人才。他认为，要使中国丝绸在国际上占优势，必须重视培养丝绸品种设计和服装设计人才。他亲自抓丝绸美术与品种设计、服装设计两个专业的筹建，于 1979 年和 1982 年先后建成。他紧紧把握这两个专业的方向，强调以美术为基础，以品种和服装设计为中心，艺术与工科相结合，办出了自己的特色。目前，该院已发展成为拥有 15 个本科专业、16 个专科专业，招收硕士研究生、本科生和专科生，在校学生达 3000 人的培养丝绸科学技术人才的高等学府。

朱新予在办学中很重视教学与科研相结合。他认为，"参加科研是教师提高业务水平的重要途径，教师仅仅上好课是不够的，还要出科研成果，提高学术水平。"1978 年，他参加了全国科学大会，受到很大的启发和教育。回来后，他不仅积极支持教师搞科研，而且还亲自动手，拟订科研项目，搞科学研究。1983 年，他提出了关于改造茧丝纤维性能的设想，发表在《丝绸》杂志上。同时，他与杭州大学、浙江医科大学、浙江农业大学的一些专家、教授商讨，打算从桑的品种，蚕的饲育，遗传工程，蚕的生理与生化，桑、蚕、丝、绸整个生产过程的综合利用，以及新工艺、新技术在丝绸工业上的应用等方面，进行联合攻关。他的设想和方案得到了一些农学、医学、生物学专家的热情支持和浙江制丝一厂的配合。1984 年，他又向全国政协建议，建立蚕丝综合利用研究小组，将蚕丝的应用拓展到吃、用、医等各个方面。

朱新予晚年仍非常关心学院的发展，特别是对他亲自筹建起来的纺织品设计、服装、工业企业管理等专业，经常听取有关同志的汇报，对专业方向问题提出自己的意见。服装专业在中国内地起步迟，资料很缺，他就亲自发信，通过多种关系，得到旅美国、香港的一些爱国人士的帮助，收到他们赠送的教科书、参考资料数百册，充实服装资料室。同时，还得到美国、中国香港一些高等学校的服装专业教学计划。1986 年上半年，浙江丝绸工学院在处以上干部中进行办学特色、发展重点的讨论，朱新予已是 84 岁高龄，而且病重住院，还十分关注这件事，并写了《我也来参加讨论》的文章，阐述学院发展的重点和办学特色，使大家深受启发。

积极为弘扬丝绸文化作贡献

丝绸生产在我国有着悠久的历史，亟待我们去发掘、整理，作为一种文化事业予以弘扬。朱新予正是怀着这个理想，从事丝绸史的研究工作。早在

60 年代初期，他在任浙江省轻工业厅副厅长兼丝绸局局长期间，就曾组织班子进行浙江丝绸史料的搜集和整理工作。"文化大革命"期间，编史工作中断，资料也大部分散佚。直到粉碎"四人帮"后，朱新予重新主持浙江丝绸工学院工作，又继续进行《浙江丝绸史》的编写工作。他亲自组织编写组，任主编，从宏观全局着眼，对浙江丝绸历史作出全面的、客观的评价；从细处着手，逐字逐句地斟酌，特别是对于浙江近现代的丝绸业，以他的亲身经历并结合许多活的史料，使这一段历史再现得尤其翔实、生动。该书于 1986 年由浙江人民出版社出版，获 1987 年浙江省高等学校自然科学文科学研究成果奖。

朱新予对中国的蚕桑丝绸教育的历史特别重视，1983 年与他人合作写出了《中国蚕丝教育史》的初稿。

朱新予担任《中国纺织科学技术史（古代部分）》和《中国大百科全书·纺织》卷两书的编委会委员，负责丝绸内容的编审工作。当时，他就考虑编写《中国丝绸史》一书，并确定一个既能系统体现中国丝绸历史发展概貌，又能深入研究各项专题并汇集全国学术精华的体例，即分通论和专论两编，他亲自组织该书的编写工作，并任主编。《中国丝绸史（通论）》已于 1992 年出版，其特点是出土文物和史料相结合，既重视出土考古结果的实证作用，又重视浩瀚的古文献的精华，内容充实，观点清楚，评价恰当，图文并茂，具有较高的学术水平，1995 年获中国纺织总会全国优秀纺织图书二等奖。

为了奠定丝绸史学的基础，朱新予进行了一系列的工作。1980 年，他在浙江丝绸工学院创办了丝绸史研究室，并兼任研究室主任，带硕士研究生。在他主持下，于 1983 年和 1986 年先后召开了两次中国丝绸史学术讨论会；并且成立了中国丝绸历史研究委员会（归属于中国丝绸协会），他任主任委员。还创办了丝绸史研究的专业学术刊物，最初在 1982 年，丝绸史研究室开始印发内部资料，供研究参考用，1984 年改版以《丝绸史研究》刊名在全国发行，他亲自主编，并为刊物题写了刊名。为了把中国丝绸史介绍到社会上去，他与丝绸界其他知名人士一起建议成立中国丝绸博物馆，以全面系统地展示中国丝绸发展的过程，让世界了解中国丝绸。他担任博物馆筹委会副主任，积极向各方呼吁，得到纺织工业部、中国丝绸公司和中国社会科学院的支持。此后，他亲自与有关人员拟订筹建计划，选择馆址，研究陈列项目。在病重住院期间，还经常关心筹建情况。中国丝绸博物馆已于 1992 年正式建成对外开放，实现了他的遗愿。

朱新予知识渊博，事业心强，善于团结同志。他在工作中不论遇到多大困难，总是百折不挠地去克服它。他常以"事患不为，尤患不精，善于为而求其精，则事无不成，业无不立"这句话来要求自己和教育学生。他严于律己，不谋私利，生活俭朴，平易近人。在病危期间，同志们去看望他，他还总是谈论工作。他的乐观情绪和忘我的工作精神，使人们无不为之感动。

简　历

1902 年 6 月　　出生于浙江省萧山县

1914—1919 年　　于浙江甲种蚕桑学校学习

1919—1922 年　　在浙江甲种蚕桑学校任教

1922—1925 年　　在日本国立蚕丝试验场研究科、东京高等蚕丝学校学习

1925—1946 年　　在浙江、上海、镇江、云南等地，先后任浙江蚕校蚕桑改良推广部主任、镇江女子蚕校校长、中山大学和云南大学教授

1946—1949 年　　任中国蚕丝公司专门委员，兼任经济部委丝协导会浙江办事处主任

1949—1950 年　　任浙江大学农学院教授

1950—1955 年　　任杭州市工商局、工业局副局长

1955—1960 年　　任浙江省轻工业厅副厅长兼丝绸局局长

1960—1966 年　　任杭州工学院副院长、浙江纺织专科学校校长、浙江丝绸工学院院长

1966—1978 年　　浙江丝绸工学院教授、顾问

1979—1984 年　　任浙江丝绸工学院院长

1984—1987 年　　任浙江丝绸工学院名誉院长

1987 年 6 月 20 日　病逝于浙江杭州

主要论著

朱新予. 发动群众领导生产的三条经验 [J]. 中国纺织，1958（22）：15-17.

朱新予. 浙江省 1959 年丝绸工业技术革命的方向与任务 [J]. 浙江丝绸，1959（2）：10–11.

朱新予. 把茧子烘得更好 [J]. 浙江丝绸，1959（5）：5–6.

朱新予. 浙江丝绸工业飞跃发展的十年 [J]. 1959（9）：10–13.

朱新予. 一定要把丝绸服装设计搞上去 [J]. 丝绸，1982（5）：2–3.

朱新予. 改造茧丝性能研究的初步设想 [J]. 丝绸，1983（3）：2.

朱新予. 浙江丝绸史 [M]. 杭州：浙江人民出版社，1985.

朱新予. 中国丝绸史（通论）[M]. 北京：纺织工业出版社，1992.

（原文刊于《中国科学技术专家传略：工程技术编：纺织卷（一）》，1996 年。文章原标题为"朱新予"，现标题为作者自拟）

丝绸科技专家、教育家陈钟

郑修兴　葛建纲 [1]

陈钟，丝绸科技专家、教育家。长期从事丝绸生产基础理论与应用技术的研究、教学和管理。在教育上坚持产学研结合的办学思想，潜心研究丝绸人才的培养模式，提升办学层次；积极探索适合丝绸业发展的贸工农一体化管理体制，为发展我国丝绸业做出了贡献。

陈钟，1919 年 9 月生于号称"丝绸之乡"的浙江省余杭县。青少年时代，目睹我国丝绸业日益衰落，立志以科技振兴丝绸业。1935 年 7 月，考进浙江省立高级蚕丝职业学校，1939 年 7 月毕业后，先在四川丝业公司第五丝厂任技术员，后去国立中央技艺专科学校蚕丝科读书，1944 年毕业后先后担任四川第六蚕业督导区督导员、四川丝业公司第一丝厂技术员。1946 年 5 月返回浙江，在杭州蚕丝职业学校任专业教师。

1949 年 5 月杭州解放，陈钟作为校务委员会成员、教导主任，参与领导新生的蚕丝职业学校。1950 年兼任设在萧山坎山镇的制丝分部主任。1952 年，历任杭州纺织工业学校副校长、杭州虎林丝厂副厂长。1956 年 1 月，赴北京参加制定当时亚洲规模最大的丝绸企业——杭州丝绸印染联合厂的筹建规划。此后，参与筹建杭州丝绸印染联合厂并任总工程师。1961 年 10 月，调任浙江丝绸专科学校副校长。1978 年 4 月，任浙江丝绸工学院副院长、硕士生导师、顾问。在教学中积极倡导产学研结合，重视实验室、实习工厂的建设，促进学校的科学研究，也为教学提供了新的内容、方法和手段。

20 世纪 70 年代前、中期，陈钟先后参加浙江省自动缫丝机研究小组和烘

---

① 葛建纲，1981 年考入浙江丝绸工学院制丝专业，1985 年留校工作。曾任浙江理工大学文化传播学院党总支书记、信息学院党委书记兼副院长等，现任浙江理工大学丝绸博物馆馆长。

茧技术研究小组，研制适合中国蚕茧特点的 ZD72—1 型自动缫丝机和 76—1 型循环翻网热风干茧机，获得成功。

20 世纪 90 年代初，面对茧丝绸产供销经营管理体制不顺等问题，陈钟建议浙江省实施农工贸一体化的茧丝绸经营管理体制，推动了丝绸业的恢复和发展。

陈钟还曾担任中国纺织学会理事，浙江省纺织工程学会理事、副理事长、理事长、名誉理事长，全国桑蚕品种审定委员会委员，国家发明奖评委会纺织组成员，浙江省第二、第三、第五、第六届人大代表，第五、第六届人大常委会委员，浙江省科协委员，浙江省人民政府经济建设咨询委员会委员，浙江省人民政府参事室参事等。

潜心丝绸业的生产建设

陈钟从青年时代起，就怀着对祖国传统民族工业的热爱和赤诚报国之心，为祖国丝绸业的振兴奋斗不息。

中华人民共和国成立初期，陈钟在任杭州蚕丝职业学校教导主任时，为加强学生生产实习，他多方奔走，取得杭州市企业局的支持，向华光公司承租了萧山县坎山镇的坎山丝厂为学校的附属工厂。同时，把学校的制丝部分也搬迁到了坎山，开办以制丝科为主的学校分部。陈钟兼任分部主任和附属工厂厂长。这是学校教学、科研、生产相结合的新起点。他管理附属工厂，不仅保证教学实习，提高学生的动手能力，而且强调缫丝的规范管理和生丝质量，因而获得了一定利润，并将这些利润投入再生产，进行设备改造和扩充。

1953 年 10 月，陈钟担任杭州虎林丝厂副厂长，主管生产和技术。该厂当时担负着全省各庄口蚕茧的缫丝试样任务。陈钟深感责任重大。他狠抓工人的技术培训，严格工艺管理和质量标准，要求每个庄口蚕茧的解舒率、丝长、缫折等指标都要十分准确，赢得了企业界的信任。

1956 年 1 月，陈钟调任杭州丝绸印染联合厂总工程师。他从拟订筹建计划到机器设备选择、安装，从工人培训到投入生产，都抓得很认真，白天黑夜都扑在杭丝联厂的筹建工作上。该厂的机器设备都是选用当时世界一流的。缫丝主机采用日本产自动缫丝机，丝织机采用日本产自动换梭织机，印染设备采用德国和瑞士的先进设备。由于大家一起日以继夜地工作，厂的建设进度很快，仅两年时间第一期工程就建成投产。为了提高产量和质量，陈钟对首批工人进行技术培训，亲自讲课。同时，在《丝绸》杂志上发表文章，介绍自动缫丝机，让更多的人了解和懂得使用自动缫丝机。

积极开展丝绸业的科学研究

杭州丝绸印染联合厂投产不到半年，就遇上了"大跃进"。原先定下的经过严格培训才能上岗的用工制度被冲掉了。1958 年下半年，从其他厂抽调了大批工人到杭丝联厂，未经培训就上岗。当时有的领导认为这批工人会操作立缫机，对自动缫丝机自然也会操作。在出现质量问题后，有些人又认为自动缫丝机是资本主义的东西，还不如立缫机好。陈钟认为，引进国外先进设备，不是资本主义倾向，而是为了发展生产。自动缫丝是个方向，在保证质量的前提下，可以提高产量，用工仅为立缫机的 1/3。眼前的不适应主要有两个原因：一是我国的蚕茧解舒丝长短与日本的蚕茧有较大的差别；二是工人的操作技术跟不上。因此，陈钟潜心编写了《自动缫丝机》一书，并提出要研究、制造适合中国蚕茧特点的自动缫丝机。

1970 年，浙江省自动缫丝机研究小组成立，陈钟作为主要研究人员参与研究。尽管"文化大革命"中陈钟受到了不公正的批判，但他对发展我国丝绸事业的雄心不减，仍然全力投入自动缫丝机的研究。当时研究和试验的地点在位于余杭县塘栖镇的杭州新华丝厂。陈钟每星期一早晨五点钟就出门坐船去塘栖，与那里的工人、科技人员同吃同住同干，直到星期六晚上才回家休息，他的精神使广大工人和科技人员深受感动。由于大家共同努力，ZD72—1 型自动缫丝机研究、设计进度很快，于 1972 年通过鉴定，并由杭州纺织机械厂投入生产。该型号自动缫丝机适合中国蚕茧的特点，缫丝质量稳定，机械结构设计合理，自动化程度进一步提高，深受缫丝企业的欢迎。

1973 年，陈钟担任浙江省轻工科研所和浙江丝绸工学院合作的烘茧技术研究小组组长，进行蚕茧干燥理论、工艺和设备的研究。烘茧是关系蚕丝质量的重要环节，烘茧质量的好坏影响到蚕茧的解舒率、丝长和丝质。陈钟下蚕区，去茧站，从基础调查研究开始，进行烘茧基础理论模式试验，研究出烘茧温度、热空气流速与茧质关系的干燥曲线，这使得我国第一次有了根据中国蚕茧特点制成的干燥曲线图。在解决基础理论问题的同时，烘茧小组又进行烘茧工艺和设备的研究，先后完成烟道气推进式热风烘茧机、76—1 型循环翻网热风干茧机的研制。该科研小组获得全国纺织工业科研技术先进集体奖，76—1 型循环翻网热风干茧机被列入全国纺织工业科技重要成果表扬册。

陈钟在国内率先将微波技术应用到蚕茧干燥的研究。陈钟认为，用微波加热能使蚕茧从蛹体到茧层的水分快速蒸发，不仅干燥时间短效率高，而且能保护丝胶，提高丝的质量，解舒率高，生丝色泽好。经过反复试验，确定了最佳蚕茧微波干燥工艺。这一课题获浙江省科委三等奖。接着，他又进行丝素细微结构形态研究，这是一个国家自然科学基金项目，为纺织材料研究和蚕丝的综合利用打下了理论基础。

陈钟还重视技术推广。早在 20 世纪 70 年代，他就到蚕区推广从日本引进的技术——方格蔟，以提高茧丝的质量。嘉兴、湖州、桐乡、德清、海宁等地的蚕区，都留下了他的足迹。为了提高蚕农使用方格蔟等养蚕新技术的积极性，还配合推行"组合售茧、缫丝计价"收茧方法的试点。后来，这一方法得到国家和浙江省有关部门的肯定，决定在主要蚕区推广。试点经验证明，采用这一方法，不仅能提高蚕丝质量，还可使出丝率提高 2% ～ 3%。

辛勤耕耘于丝绸教育事业

陈钟从事丝绸教育事业 50 多年，桃李满天下，是一位忠诚于教育事业的良师。

1946 年 5 月，陈钟从四川回到杭州蚕丝职业技术学校任教，从此开始了他的教学生涯。当时正值抗日战争胜利不久，杭州蚕丝职业技术学校的校舍被日军炸成了一片废墟，教学楼、实验室、图书馆和学生宿舍都需要重建。陈钟从教学的需要出发，参与规划和兴建，于 1948 年 1 月建成并投入使用。他为抗战胜利后迅速恢复正常的教学做出了努力。解放前夕，陈钟任教务主任，积极支持广大师生员工投入护校斗争，使学校得以完整地保存下来。

1949 年 5 月，杭州解放后，杭州蚕丝职业技术学校成立校务委员会，陈钟任校务委员、教导主任。他按照国家对教育的要求，深入进行教学整顿和改革，调整教学计划和课程设置，使学校教学工作健康发展。

1952 年，根据中央政务院关于整顿和发展中等技术教育，实行单一化、专业化管理的指示，蚕丝职业学校分成浙江制丝技术学校和浙江蚕桑技术学校，陈钟担任浙江制丝技术学校校务委员会主任，负责筹备工作。他发扬艰苦创业的精神，克服筹建中的种种困难，在较短的时间里就完成了筹建任务。同年，浙江工业干部学校纺织科并入浙江制丝技术学校，校名改为杭州纺织工业学校。次年，浙江工人技术学校并入杭州纺织工业学校，校名改为杭州工业学校，陈钟任副校长。这段时间，学校拆并调整较多，他始终顾全大局，与并入的学校领导一起，抓好学校工作，保证教育质量。

20 世纪 70 年代初，由于"文化大革命"的破坏，学校的教学秩序没有完全恢复正常，"读书无用论"流毒很广。但陈钟仍然教导学生要努力掌握真才实学。1973 年，陈钟带学生去嘉兴丝厂实习期间，常以一些缫丝技术上的问题提问学生，激发学生学习技术的兴趣。次年，陈钟又带学生到勾庄茧站实习，结合烘茧技术研究的课题，引导学生懂得，看似简单的烘茧却有深奥的理论问题和许多需要探索的实际问题。学生们都感到，陈钟是一位学者，又是良师。大家都乐于同他聊天，从聊天中获得知识，获得精神动力。

1979 年起，陈钟亲自担任硕士研究生导师。作为主管教学科研的领导和硕士生导师，在课题设计、研究方向、技术路线、研究计划及项目的实施等方面，都考虑得非常周密。陈钟十分重视发挥研究生的主观能动性，让学生有充分的余地拓宽知识面。经他培养的研究生大多已成为教学和科研的骨干。

陈钟在任浙江丝绸工学院副院长期间，分管教学、科研。他强调教学、科研、生产相结合。粉碎"四人帮"以后，陈钟在抓教学改革、教学管理的同时，重视抓好实验室和实习工厂的建设。陈钟认为学校没有实习厂和实习基地不行。为此，积极办好实习工厂，建立了一批比较稳定的实习基地。陈钟非常重视实验室建设。20 世纪 70 年代末 80 年代初，我国正处于经济恢复时期，学校经费还很紧张，他主张把眼光放远点，建设好重点实验室。他最早把计算机技术和远红外技术引进纺织材料学的研究和教学，购进当时最先进的仪器和设备。他还多方做工作，得到浙江省丝绸公司外汇上的支持，购进了当时最先进的剑杆织机，供科研和教学用。因而，促进了学校的科学研究，也为教学提供了新的内容、方法和手段。

倡议改革丝绸业的经营管理体制

陈钟从事丝绸事业 60 多年，除了在他的岗位上为发展丝绸业而忙碌外，还非常关注国家对发展丝绸的有关政策。他从 1958 年起，历任浙江省第二、第三、第五、第六届人大代表，省第五、第六届人大常委会委员，经常对发展丝绸业的有关政策提建议、谈看法。1984 年，陈钟退居二线，任浙江丝绸工学院顾问。他除了带研究生外，还花很多精力进行政策研究。他组织一个由学校教师和浙江省丝绸公司干部、丝绸情报站研究人员参加的调研小组，对浙江省丝绸业的现状和如何发展丝绸业进行调查研究。20 世纪 80 年代末和 90 年代初，由于国际市场变化和茧丝绸经营管理体制不顺等原因，导致蚕茧收购中的"蚕茧大战"和"卖茧难"的情况交替发生；生产上宏观失控，蚕茧质量和企业的产品质量下降；有出口权的企业竞相压价出口，丝绸企业效益下降，甚至出现严重亏损。陈钟就以浙江省人民政府参事室参事的身份，对浙江省丝绸业的发展提出了许多积极的建议。

他到蚕区和丝绸企业进行调查研究，又分析国际、国内丝绸业发展状况，建议对浙江省茧丝绸经营管理体制进行改革，主张茧丝绸实行农、工、贸一体化经营管理。1996 年 3 月，浙江省人民政府正式发文决定对全省茧丝绸实行农、工、贸一体化经营管理，即以贸（丝绸公司）为龙头，以资产为纽带，实行统一经营。实行这一改革后，效果明显，浙江丝绸业迅速得到恢复和发展。

长期以来，陈钟为祖国丝绸事业的繁荣和发展执著地奉献和追求。他爱国敬业，艰苦奋斗，甘为人梯；他虚怀若谷，尊重他人，从不计较个人得失。作为我国丝绸学术界的前辈，受到大家的尊重和爱戴。1997 年 9 月，浙江省原副省长翟翕武给陈钟题了一首诗，庆祝陈钟执教五十周年："蚕老丝未尽，缠绵五十年，且看桃李笑，不愁两鬓斑。"这是对陈钟像春蚕一样生命不息、吐丝不止、无私奉献的生动写照。

简　历

1919 年 9 月　出生于浙江省余杭县

1939 年 7 月　毕业于杭州蚕丝学校

1944 年 7 月　毕业于国立中央技艺专科学校

1946 年 10 月—1951 年 8 月　杭州蚕丝职业学校教务主任

1950 年　兼任杭州蚕丝职业学校制丝科分部主任

1951 年　兼任学校附属工厂浙丝三厂厂长

1952 年 9 月—1953 年 10 月　浙江制丝技术学校校务委员会筹备主任、
　　　　　　　杭州纺织工业学校副校长

1953 年 10 月—1956 年 1 月　杭州虎林丝厂副厂长

1956 年 1 月—1961 年 9 月　杭州丝绸联合印染厂总工程师

1961 年 10 月—1966 年 10 月　浙江丝绸专科学校副校长

1973 年　浙江省轻科所烘茧技术研究小组组长

1978 年 4 月—1983 年 12 月　浙江丝绸工学院副院长

1983 年 12 月—1988 年 10 月　浙江丝绸工学院顾问

1991 年　浙江省人民政府参事室参事

主要论著

陈钟. 桑蚕茧 [M]. 北京：纺织工业出版社，1958.

陈钟. 自动缫丝机 [M]. 北京：中国财政经济出版社，1996.

（原文刊于《中国科学技术专家传略：工程技术编：纺织卷（二）》，2004 年。文章原标题为"陈钟"，现标题为作者自拟）

附 录

浙江理工大学校址变迁情况

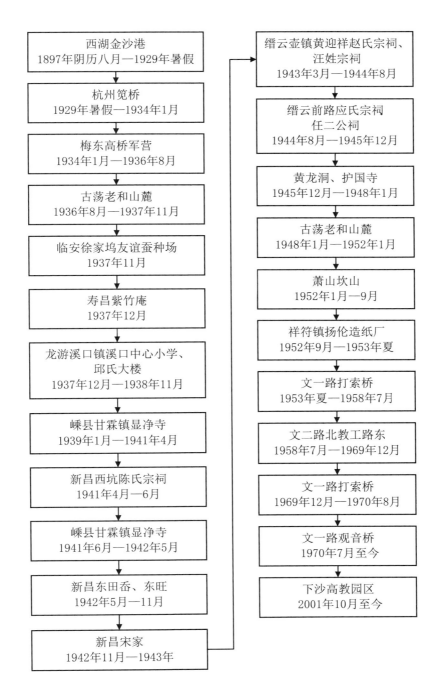

西湖金沙港
1897年阴历八月—1929年暑假

杭州笕桥
1929年暑假—1934年1月

梅东高桥军营
1934年1月—1936年8月

古荡老和山麓
1936年8月—1937年11月

临安徐家坞友谊蚕种场
1937年11月

寿昌紫竹庵
1937年12月

龙游溪口镇溪口中心小学、
邱氏大楼
1937年12月—1938年11月

嵊县甘霖镇显净寺
1939年1月—1941年4月

新昌西坑陈氏宗祠
1941年4月—6月

嵊县甘霖镇显净寺
1941年6月—1942年5月

新昌东田岙、东旺
1942年5月—11月

新昌宋家
1942年11月—1943年

缙云壶镇黄迎祥赵氏宗祠、
汪姓宗祠
1943年3月—1944年8月

缙云前路应氏宗祠
任二公祠
1944年8月—1945年12月

黄龙洞、护国寺
1945年12月—1948年1月

古荡老和山麓
1948年1月—1952年1月

萧山坎山
1952年1月—9月

祥符镇扬伦造纸厂
1952年9月—1953年夏

文一路打索桥
1953年夏—1958年7月

文二路北教工路东
1958年7月—1969年12月

文一路打索桥
1969年12月—1970年8月

文一路观音桥
1970年7月至今

下沙高教园区
2001年10月至今

浙江理工大学校名沿革情况

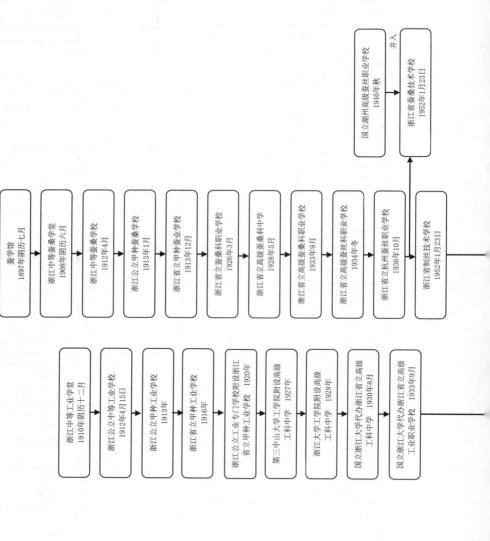

蚕学馆
1897年阴历七月

浙江中等蚕桑学堂
1908年阴历六月

浙江中等蚕桑学校
1912年4月

浙江公立甲种蚕桑学校
1913年1月

浙江省立甲种蚕业学校
1913年12月

浙江省立蚕桑科职业学校
1926年3月

浙江省立高级蚕科中学
1928年5月

浙江省立高级蚕丝科职业学校
1933年9月

浙江省立高级蚕丝科职业学校
1934年冬

浙江省立杭州蚕丝职业学校
1936年10月

浙江省制丝技术学校
1952年1月23日

国立湖州高级蚕丝职业学校
1946年秋

并入

浙江省立蚕桑技术学校
1952年1月23日

浙江中等工业学堂
1910年阴历十二月

浙江公立中等工业学校
1912年4月15日

浙江公立甲种工业学校
1913年

浙江省立甲种工业学校
1916年

浙江公立工业专门学校附设浙江省立甲种工业学校
1920年

第三中山大学工学院附设高级工科中学
1927年

浙江大学工学院附设高级工科中学
1928年

国立浙江大学代办浙江省立高级工科中学
1930年8月

国立浙江大学代办浙江省立高级工业职业学校
1933年9月

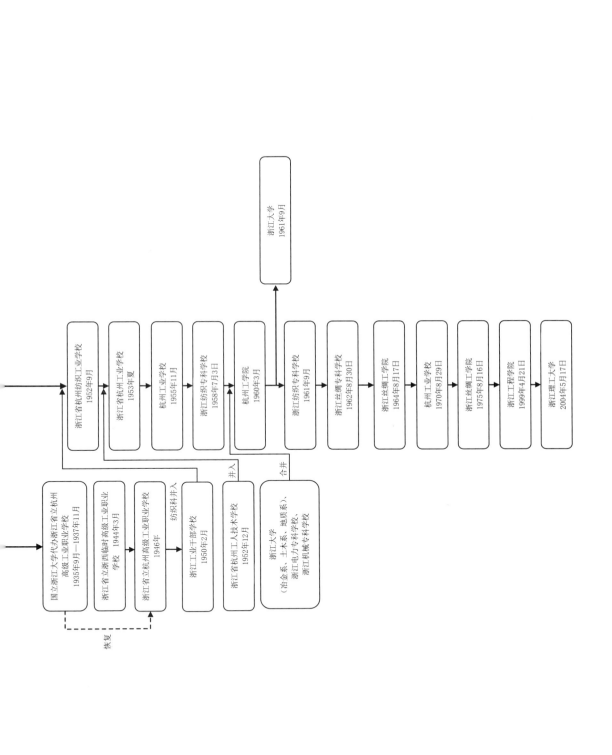

浙江大学
1961年9月

浙江省杭州纺织工业学校
1952年9月

浙江省杭州工业学校
1953年夏

杭州工业学校
1955年11月

浙江纺织专科学校
1958年7月3日

杭州工学院
1960年3月

浙江纺织专科学校
1961年9月

浙江丝绸专科学校
1962年8月30日

浙江丝绸工学院
1964年8月17日

杭州工业学校
1970年8月29日

浙江丝绸工学院
1975年8月16日

浙江工程学院
1999年4月21日

浙江理工大学
2004年5月17日

国立浙江大学代办浙江省立杭州
高级工业职业学校
1935年9月—1937年11月

浙江省立浙西临时高级工业职业
学校 1944年3月

浙江省立杭州高级工业职业学校
1946年

浙江工业干部学校
1950年2月

浙江省杭州工人技术学校
1952年12月

浙江大学
（冶金系、土木系、地质系）、
浙江电力专科学校、
浙江机械专科学校

纺织科并入

并入

合并

恢复

后　记

朱显邦老校长在《浙江省立甲种蚕业学校校友会杂志》序言中说：天下事以艰难而成。从 2017 年底我们初步确定校史研究志愿、拟订研究计划，到本书付梓，四年多时间里，我们走过不少地方，访谈过很多校友，查阅过海量资料，也开过多次会议……过程是枯燥的、艰苦的，但我们体味更多地是寻找的快乐、收获的喜悦。

这是对校史再认识的过程。我们发现了学校在办学治校、教育教学等方面更多的历史细节、更鲜活的办学故事。我们找到了 20 世纪 30 年代学校使用的校徽的图案，还找到了学校在黄龙洞办学时期使用的校徽实物。我们发现了20 世纪初学校的校训——"诚慎勤俭"，还发现了关于学校办学精神的早期表述——"实事求是，艰苦搏斗"，陈文兴校长提出的"自强不息，艰苦奋斗"的理工精神与之是一脉相承的。

也是对校史再保护的过程。社会各界、广大校友保护学校史料的意愿非常强烈，给我们的工作提供了大力支持。浙江省档案馆、浙江图书馆、绍兴市档案馆已将所藏学校档案全部数字化，广大校友积极响应学校的档案征集和口述校史活动，我们还多方访求、征购办学史料。为了更好地保护馆藏档案，2018 年下半年，学校开始建设数字档案馆，并于 2021 年获批"浙江高校示范数字档案馆"。

还是对校史再传播的过程。校史的生命力在于深化研究、广泛传播。我们深入开展校史研究，公开发表了关于校名沿革、校址变迁的研究成果。广泛开展校史教育，已连续三年为"浙理"新生讲校史，并在一些校友活动上作校史专题报告。此外，还积极传播校史文化，协助中国丝绸博物馆举办了"缤纷岁月——浙江丝绸工学院印染 77 级"特展，与学校丝绸博物馆合作举办"浙理芳华"校史特展。

　　作为浙江理工大学办学史料汇编的一次尝试，本书努力全面、忠实记录学校的办学历程，尽力梳理学校的历史发展脉络。希望读者朋友可以通过本书，读懂先贤创业之维艰、办学影响之深远，不忘先贤教育救国、实业富民的办学初心，领悟学校自强不息、艰苦奋斗的办学精神。

　　我们希望本书能够为读者朋友带来阅读趣味，给校史研究者提供研究便利。但是，由于本书的篇幅限制，还有不少重要史料未能收录，我们深以为憾；另外，由于水平、视野所限，本书难免存在遗漏错误之处，恳请广大读者批评指正。也希望读者朋友可以为我们继续开展史料访求工作提供线索，为继续开展校史研究工作与我们多多交流。我们将争取机会整理汇编新的史料，以飨读者。

　　对这个项目、这本图书，我们怀着一种神圣的使命感。对那些帮助支持我们的单位和领导，我们也心怀感恩。感谢学校为我们提供的良好平台，以及校内相关单位的大力支持，这是我们的项目可以长期坚持下来的基础。感谢浙江省档案馆、浙江图书馆、绍兴市档案馆的友好帮助，没有你们的支持我们就"难为无米之炊"。感谢广大校友对我们的热心支持，你们的关心关注就是我们走下去的不竭动力。其中，浙江丝绸工学院 1987 级校友，浙江理工大学广东校友会粤西分会会长、华泰期货副总裁郭劲；浙江理工大学 2001 级校友、浙江理工大学法律行业校友会会长、杭州校友会秘书长，浙江金驰律师事务所主任陈金峰为本书的出版助力颇多。还要感谢编委会的各位同仁，大家互相扶持、分工协作，才为读者呈现了一部合格的作品。感谢学校领导、家人朋友，你们的悉心指导、暖心陪伴和关心鼓励，是我们最大的幸福。

　　最后，祝愿浙江理工大学赓续百年初心、担当育人使命，事业永续发展、明天更加辉煌！

高　山

2022 年 3 月

图书在版编目（CIP）数据

浙江理工大学办学史料汇编 / 高山主编. — 杭州 ：
浙江大学出版社，2022.6
ISBN 978-7-308-22578-6

Ⅰ．①浙… Ⅱ．①高… Ⅲ．①浙江理工大学－校史
Ⅳ．①G649.285.51

中国版本图书馆CIP数据核字(2022)第074298号

浙江理工大学办学史料汇编

高　　山　　主编

策划编辑	吴伟伟
责任编辑	马一萍
责任校对	陈逸行
封面设计	周　灵
出版发行	浙江大学出版社
	（杭州市天目山路148号　　邮政编码310007）
	（网址：http://www.zjupress.com）
排　　版	杭州林智广告有限公司
印　　刷	杭州宏雅印刷有限公司
开　　本	710mm×1000mm　1/16
印　　张	23.5
字　　数	408千
版 印 次	2022年6月第1版　2022年6月第1次印刷
书　　号	ISBN 978-7-308-22578-6
定　　价	98.00元